国家社会科学基金项目资助（14BJY089）
扬州大学出版基金资助

农民工市民化进程中农村土地流转研究

徐美银　著

中国农业出版社
北　京

图书在版编目（CIP）数据

农民工市民化进程中农村土地流转研究 / 徐美银著
. —北京：中国农业出版社，2021.1
　　ISBN 978-7-109-27744-1

　　Ⅰ.①农…　Ⅱ.①徐…　Ⅲ.①民工－城市化－关系－
农村－土地流转－研究－中国　Ⅳ.①D422.64②F321.1

中国版本图书馆 CIP 数据核字（2021）第 015146 号

中国农业出版社出版
地址：北京市朝阳区麦子店街 18 号楼
邮编：100125
责任编辑：王秀田
版式设计：杜　然　责任校对：刘丽香
印刷：北京万友印刷有限公司
版次：2021 年 1 月第 1 版
印次：2021 年 1 月北京第 1 次印刷
发行：新华书店北京发行所
开本：700mm×1000mm　1/16
印张：16.75
字数：330 千字
定价：68.00 元

序

近年来，我国新型城镇化进程明显加快，大量农民工离开农村农业进入城镇从事非农产业。资料显示，按照常住人口统计的城镇化率由 2000 年的 36.22% 持续增加至 2019 年的 60.60%，平均每年城镇化率提高约 1.219 个百分点。然而，与按照常住人口统计数据相比，按照户籍人口统计的城镇化率却低很多，2019 年仅为 44.38%，两者相差 16.22 个百分点，其主要构成就是约 2.2 亿人的农民工。未来一段时期内，我国农民工数量仍将保持在较高水平，预计到 2030 年前，全国大约有 3.9 亿农民工需要实现市民化，其中存量约 1.9 亿人，增量超过 2 亿人。农民工已经成为我国经济转轨时期的特殊群体，虽然农民工市民化意愿强烈，但农民工市民化程度总体处于较低水平。制约农民工市民化的因素很多，农村土地问题是其中的一个主要因素。

在农业转移人口市民化过程中，如何顺利推进农村土地合理流转，已经成为一项重要议题。首先，农民工市民化与农村土地流转之间存在着非常密切的相互关系，需要从理论上深入分析农民工市民化对农村土地流转的影响机理，同时也要深入研究农村土地流转对农民工市民化的影响机理，只有这样，才能真正从理论上掌握两者之间的相互关系，进而在实践中进行验证，并充分利用正确理论对实践进行指导。其次，农民工市民化与农村土地流转也面临着许多理论和实践困难，主要表现在三个方面：一是要充分考虑农民工市民化程度所存在的差异，从农民工阶层分化角度深入研究农民工市民化程度与农村土地产权结构不同方面的适应关系，进而分析农民工的土地流转行为差异。二是要从农村土地价值功能转化角度，深入研究农民工阶层分化背景下不同市民化程度农民工对农村土地价值不同方面的异质性需求，进而分析其对农民工土地流转意愿的影响。三是要深入研究农村土地流转对农民工福利的影响。

本专著是徐美银教授长期从事我国农村土地制度改革研究并承担国家社会科学基金规划项目的研究成果，这些研究对我国农民工市民化进程中的农村土地流转问题进行了深入研究，取得了令人兴奋的研究结果。

第一，研究了农民工市民化与农村土地流转之间的互动机理，从理论上揭示了两者之间的相互关系，第一方面，农村土地多种形式的合理流转，可以充分实现多元化的土地价值，并逐步将农村土地资产化、资本化，为农民工市民化提供必要的资本支持；另一方面，农民工市民化程度提高，意味着非农就业机会增加并趋于稳定，这就对农村土地流转提出了迫切需求，会对农村土地流转提供重要的推动力；再一方面，农民工市民化对农村土地流转的推动作用与农村土地流转对农民工市民化的支持作用，两者之间存在着持续的反馈运动关系。在农民工市民化与农村土地流转互动过程中，最重要的动力机制是我国正在推进的新型城镇化建设；同时，还存在着两个重要的运行机制，一是农业人口向非农产业、农村人口向城镇的有序转移。二是农村土地资源在农业内部、在农业与非农产业之间的优化配置。

第二，从微观视角，立足于农民工阶层分化特征，在有效分解农村土地产权结构的基础上，揭示农村土地多元化价值特征，深入分析不同市民化程度农民工对农村土地流转的影响，建立了一个农民工市民化对农村土地流转影响的理论分析框架。在转型期社会分层背景下，农民工也出现了明显分化，按照市民化程度不同，农民工大致可以分为兼业者、务工者、准市民和市民。同时，我国农村土地产权也具有一定结构性特征，从产权方面来看，主要包括土地所有权、承包权和经营权，每个产权方面还包括许多内容，如占有权、使用权、收益权、处分权等，这样就呈现出多样化的结构特征。与农村土地产权结构相对应，农村土地也具有多元化价值，主要包括土地的生产性价值、保障性价值、流转性价值和财产性价值。不同阶层的农民工对农村土地产权结构的不同方面具有差异化的偏好强度，也对农村土地价值的不同方面具有不同的需求，最终导致差异化的土地利用方式。一般而言，市民化程度较低的农民工倾向于直接经营土地或短期流转土地经营权，市民化程度较高的农民工则倾向于长期流转土地经营权或有偿退出土地承包权。

第三，选择样本地区，进行实地调研，了解农民工市民化程度和市民化意愿情况，发现农民工市民化意愿比较强烈，但市民化程度总体较低，而且发达地区农民工市民化意愿和程度都比欠发达地区要高。实地调研还发现，农民工土地转出行为方面，超过半数的农民工有土地转出，市民化程度越高的农民工，土地转出比例越高；农民工土地转出意愿方面，约2/3的农民工有土地转出意愿，市民化程度越高的农民工，土地转出意愿越强；发达地区与欠发达地区农民工土地转出行为与意愿方面存在差异，发达地区农民工土地转出人数占比高于欠发达地区农民工，发达地区农民工土地转出意愿人数占比高于欠发达地区农民工。

第四，实地调研发现，农民工市民化与农村土地产权结构偏好方面，约1/4的农民工对农村土地所有权具有偏好，且市民化程度越低的农民工偏好强度越大；近九成的农民工对农村土地占有权有较强偏好，且市民化程度越低的农民工偏好强度越大；约 2/3 的农民工对农村土地使用权有较强偏好，且以兼业者为代表的市民化程度较低的农民工阶层偏好更为强烈；近六成的农民工对农村土地生产性收益权有较强偏好，约七成农民工对农村土地流转性收益权有较强偏好，超过九成的农民工对农村土地增值性收益权有较强偏好，近九成农民工对农村土地剩余性收益权有较强偏好，且农民工兼业者比较重视农村土地的农业生产性收益权，农民工务工者和准市民比较重视农村土地的流转性收益权，大多数农民工非常重视农村土地非农化的增值收益和未来的剩余收益；约 2/3 的农民工对农村土地流转权有较强偏好，且农民工兼业者和准市民的偏好程度较强；超过 70% 的农民工对农村土地抵押权有较强偏好，且农民工准市民和市民的偏好程度较强。

计量研究表明，农民工市民化程度对土地流转行为具有显著影响，市民化程度越低的农民工，土地流转比例越低；对农村土地生产性收益权偏好程度越强的农民工，土地流转的比例越低；对农村土地流转性收益权偏好程度越强的农民工，土地流转的比例越高；对农村土地抵押权偏好程度越强的农民工，土地流转的比例越低；农民工受教育程度对其土地流转行为具有显著影响，受教育程度越高的农民工，土地流转的比例越大；农民工家庭非农收入所占比例对土地流转行为具有显著影响，家庭非农收入占比越高的农民工，土地流转的比例越大；农民工非农就业稳定性和非农就业收入对土地流转行为具有显著影响，非农就业稳定性越高的农民工，土地流转的比例越大；非农就业收入越高的农民工，土地流转的比例越大。

第五，实地调研结果表明，不同市民化程度的农民工对农村土地的多元化价值具有不同的需求，就农村土地生产性价值而言，约 1/3 的农民工有需求，且市民化程度越低的农民工需求程度越高；就农村土地保障性价值而言，近半数农民工有需求，且市民化程度越低的农民工需求程度越高；就农村土地流转性价值而言，超过 3/4 的农民工有需求，且农民工准市民和农民工务工者这两类群体对农村土地流转性价值的重视程度比较高；就农村土地财产性价值而言，近 90% 的农民工有需求，且市民化程度越高的农民工需求程度越高。

计量研究表明，农民工市民化程度对土地流转意愿具有显著影响，市民化程度越高的农民工，土地流转意愿越强；对农村土地生产性价值需求程度越大的农民工，土地流转意愿越弱；对农村土地保障性价值需求程度越大的农民工，土地流转意愿越弱；对农村土地流转性价值需求程度越大的农民工，土地流转意愿越强；对农村土地财产性价值需求程度越大的农民工，土地流转意愿越强。

第六，运用模糊评价方法对农民工福利状况进行评价可以发现，农民工福利水平的总模糊指数为 0.384，处于较低水平。其中，农民工经济状况的隶属度为 0.392，表示福利状况处于较低水平；政治权利的隶属度为 0.295，表示福利状况处于较低水平；社会身份的隶属度为 0.467，表示福利状况处于中间水平；文化生活的隶属度为 0.431，表示福利状况处于中间水平；心理适应的隶属度为 0.382，表示福利状况处于较低水平。

计量研究表明，土地流转状况对农民工功能实现具有显著的正向影响，农民工的经济状况、政治权利、社会身份、文化生活、心理适应对其功能实现均具有显著的正向影响。

第七，根据理论和实证研究，可以提出一系列政策建议，主要包括：按照中国农村土地制度变迁逻辑，进行系统设计，有序推进农民工市民化进程中的农村土地流转；探索农民工市民化与农村土地流转两者之间良性互动的内在规律，协调推进农民工市民化与农村土地流转；在农民工阶层分化基础上，全面考察农民工市民化意愿、市民化程度，分析不同阶层农民工的土地流转行为和土地流转意愿，并充分考虑地区差异所带来的影响，在发达地区与欠发达地区制定差异化的政策措施；农民工市民化进程中的农村土地制度改革，需要建立在农民工阶层分化特征基础上，充分考虑农民工阶层分化与农村土地产权结构不同方面的适应性以及由此产生的对农民工土地流转行为的影响，并且考虑到不同地区农民工市民化程度差异性所带来的影响；农民工市民化进程中的农村土地制度改革，还需要建立在农民工阶层分化特征基础上，充分考虑不同市民化程度农民工对农村土地多元化价值的异质性需求以及由此产生的对农民工土地流转意愿的影响，并且考虑到不同地区农民工市民化程度差异性所带来的影响；重视农村土地流转对农民工福利功能的积极影响，采取综合措施，提高农民工福利功能水平，并充分考虑到异质性因素对农民工福利功能的影响。

农民工市民化进程中的农村土地流转问题涉及面广，是一个十分复杂的问题。本专著研究过程规范，研究结论不仅具有理论上的创新，而且对我国农民工市民化进程中的农村土地制度改革有实际指导意义。

最后，希望作者继续就这一主题展开研究，并期待更多的成果面世。

扬州大学商学院

2021 年 1 月 16 日

前　言

　　本书是在徐美银教授主持完成的国家社会科学基金规划项目"农民工市民化进程中农村土地承包经营权流转研究"成果基础上修订完成的。在项目完成过程中，张宇副教授、陈国波副教授、陆彩兰副教授等付出了大量辛勤劳动，在此表示衷心感谢！

　　扬州大学商学院钱忠好教授欣然为本书作序，深表谢意！

　　本书得到扬州大学出版基金资助，表示衷心感谢！

　　我国新型城镇化推进过程中，大量农民工离开农村农业进入城镇从事非农产业，为经济发展做出了重要贡献。现阶段，我国农民工市民化程度仍然较低，不能满足广大农民工强烈的市民化意愿。在农民工市民化进程中，农村土地流转问题表现得十分重要。农民工市民化与农村土地流转之间存在怎样的互动关系？发达地区与欠发达地区农民工市民化程度、土地流转意愿、土地流转行为存在哪些差异？不同市民化程度农民工的土地流转意愿和行为存在哪些差异？农村土地流转对农民工福利有哪些影响？如何在农民工市民化进程中顺利推进农村土地流转？等等。针对这些问题，本书运用现代产权理论、社会分层理论等进行了深入研究，并利用实地调研资料、建立计量经济模型进行了实证分析，得出了一系列研究结论，提出了针对性较强的政策建议。本书研究成果具有一定的理论价值和应用价值，可供高等院校、研究机构科研人员阅读参考，也可供政府相关部门决策参考。

目　录

第 1 章 //////////////////////////// ∨

导　　论

1.1　研究背景与研究意义

1.1.1　研究背景

进入 21 世纪以来，我国城镇化进程明显加快，按照常住人口统计的城镇化率由 2000 年的 36.22% 持续增加至 2016 年的 57.35%，平均每年城镇化率提高约 1.321 个百分点。然而，与按照常住人口统计数据相比，按照户籍人口统计的城镇化率却要低很多，2016 年仅为 41.20%，两者相差 16.15 个百分点，其主要构成就是约 2.8 亿人的农民工。农民工这一概念与我国特有的户籍制度相联系，是指户籍在农村，但主要在城镇从事非农产业的劳动人口。近年来，我国农民工数量不断增加并始终维持了较高数量，农民工总量从 2011 年的 25 278 万人逐步增加到 2017 年的 28 652 万人，每年均超过 25 000 万人。未来一段时期内，我国农民工数量仍将保持在较高水平。预计到 2030 年前，全国大约有 3.9 亿农民工需要实现市民化，其中存量约 1.9 亿人，增量超过 2 亿人（潘家华等，2013）。

农民工已经成为我国经济转轨时期的特殊群体，一方面，数量众多的农民工是我国城镇非农产业建设的一支重要的劳动大军，与城镇劳动人口一起为工业化、城镇化建设做出了积极贡献；另一方面，虽然农民工主要在城镇从事非农产业，工作、生活主要地点在城镇，但在就业、义务教育、公共医疗、保障性住房、低保和养老等方面并没有享有与城镇居民同等待遇，农民工市民化程度较低。相关研究表明，虽然农民工市民化意愿强烈，但农民工市民化程度总体处于较低水平，2013 年仅为 43%（国家统计局统计科学研究所，2013）。制约农民工市民化的因素很多，农村土地问题是其中的一个主要因素。

农民工市民化过程中的农村土地问题已经引起政府部门的高度重视。党的十八届三中全会指出，加快制度改革，有序推进农业转移人口市民化，依法维护农民土地承包经营权，提高农民在土地增值收益中的分配比例。2016 年中央 1 号文件明确提出，建立城镇建设用地增加规模同吸纳农业转移人口落户数量挂钩机制，维护进城落户农民土地承包权、宅基地使用权、集体收益分配权，支持引导其依法自愿有偿转让上述权益。《国家新型城镇化规划（2014—

2020 年)》指出，我国城镇化率不仅远低于发达国家 80％的平均水平，也低于人均收入与我国相近的发展中国家 60％的平均水平，还有较大的发展空间。新型城镇化水平持续提高，会使更多农民通过转移就业提高收入，通过转为市民享受更好的公共服务，这将为经济发展提供持续动力。因此，加快农民工市民化进程中的农村土地问题研究就成为一项重要的理论和实践课题。

1.1.2 研究意义

我国农村土地制度是一项涉及国家经济社会的基本制度安排，其制度变迁经历了一个逐步演化的过程，演化则遵循着制度环境—制度结构—制度绩效的基本逻辑。在一定制度环境下产生的制度结构，必然具有制度合理性，就使得整个农村制度安排取得了较好的制度绩效，促进了农业发展、农村进步和农民增收。现阶段，我国正处于新型城镇化深入发展的关键时期，需要有序实现大量农业转移人口市民化。在农业转移人口市民化过程中，如何顺利推进农村土地合理流转，已经成为一项重要议题。

首先，农民工市民化与农村土地流转之间存在着非常密切的相互关系，需要从理论上深入分析农民工市民化对农村土地流转的影响机理，同时也要深入研究农村土地流转对农民工市民化的影响机理，只有这样，才能真正从理论上掌握两者之间的相互关系，并进而在实践中进行验证和充分利用正确理论对实践进行指导。其次，农民工市民化与农村土地流转也面临着许多理论和实践困难，主要表现在三个方面：一是在农村土地承包经营权流转过程中，如何保证相关主体能够利益共享？党的十八大报告明确提出，改革征地制度，提高农民在土地增值收益中的分配比例。党的十八届三中全会再次强调，保障农民公平分享土地增值收益。2015 年 11 月中共中央、国务院《深化农村改革综合性实施方案》提出，建立兼顾国家、集体、个人的土地增值收益分配机制，合理提高个人收益。中国共产党十八届五中全会强调，坚持共享发展，坚持发展成果由人民共享，作出更有效的制度安排，使全体人民在共建共享发展中有更多获得感。因此，需要建立农村土地承包经营权流转过程中的利益共享机制，加快推进农村土地顺利流转。二是要充分考虑到农民工市民化程度所存在的差异，从农民工阶层分化角度深入研究农民工市民化程度与农村土地产权结构不同方面的适应关系，进而分析农民工的土地流转行为差异。现阶段，在我国社会阶层分化的大背景下，农民工群体内部也出现了明显分化，有的农民工市民化程度较高，已经成为市民或准市民，有的农民工市民化程度较低，仍然是农民工人或兼业者。与此同时，还应该充分认识到，我国农村土地产权结构的演进过程是一个不断细分的动态过程，产权的内部结构会有效分解并重新组合，产生新的产权结构，以适应制度环境的变化。由此，就需要深入研究农民工阶层分化背景下不同市民化程度农民工对农村土地产权结构不同方面的差异性偏好，进而分析这种适应关系对农民工土地流转行为的影响。三是要从农村土地价值功能转化角度，深入研究农民工阶层分化背景下不同市民化程度农民工对农村土地价值不同方面的异质性需求，进而分析其对农民工土地流转意愿的影响。我国农村土地具有多元化的价值功能，主要包括生产性价值、保障性价值、财产性价值、流转性价值等。随着经济社会发展过程的不断演变，农村土地价值功能也在不断变化，从传统的生产性价值、保障性价值向流转性价值、财产性价值转化。同时，在农民工阶层分化背景下，不同市民化程度农民工对农村土地价值功能的不同方面也具有异质性偏好，这会对农民工土地流转意愿产生直接影响。只有对此进行深入研究，才能从理论上揭示农民工流转意愿真正的影响因素，进而提出针对性较强的政策建议。最后，需要深入研究农村土地流转对农民工福利的影响。农民工农村土地流转前后，其福利水平会发生变化。需要在现代福利经济学理论基础上，构建农民工福利指标体系，一是在理论上深入分析农村土地流转对农民工福利变化的影响。二是利用实地调研资料，建立计量模型，实证研究农村土地流转对农民工福利变化的影响。

因此，对农民工市民化进程中的农村土地流转问题进行研究具有重要的理论意义和实际应用价值，可以为我国农村土地制度改革提供有益的经验和启示。

1.2　主要研究内容

主要研究内容共包括九个部分。

第一部分，我国农村土地流转制度变迁。这部分内容主要研究我国农村土地制度变迁的内在逻辑和变迁过程。首先，基于制度变迁理论建立一个制度环境—制度结构—制度绩效—制度变迁分析框架，深入研究我国农村土地制度变迁的内在逻辑。其次，运用这一分析框架对我国农村土地制度变迁过程的几个主要阶段进行研究。最后，根据农村土地制度变迁的内在逻辑，理性预测未来一段时期内我国农村土地制度变迁的路径和方向，强调农民工市民化进程中，以三权分置为核心的农村土地经营权流转是未来一段时期内制度改革的主要内容。

第二部分，农民工市民化对农村土地流转影响的理论分析。这部分内容主要理论分析农民工市民化程度差异对农村土地流转的影响。第一，分析农民工市民化阶层分化。第二，分析我国农村土地产权结构。第三，分析我国农村土地多元化价值特征。第四，理论分析农民工市民化对农村土地流转的影响。第五，研究基于农民工阶层分化背景下的农村土地制度改革。第六，对本章进行小结。

第三部分，农民工市民化与农村土地流转的互动机理及农村土地制度改革。这部分内容主要研究农民工市民化与农村土地流转之间的内在互动关系及未来的农村土地制度改革。首先，研究农民工市民化与农村土地流转之间的内在关系，揭示两者之间的互动机理。其次，介绍农民工市民化进程中的农村土地流转现状，指出其中存在的主要问题。再次，提出农民工市民化进程中的农村土地制度改革措施。最后，对本章进行小结。

第四部分，农民工市民化状况的调查发现。这部分内容利用实地调研资料，实证分析现阶段我国农民工市民化程度和市民化意愿。首先，利用实地调研资料，对农民工市民化程度和市民化意愿进行总体分析。其次，利用实地调研资料，对发达地区与欠发达地区农民工市民化程度和市民化意愿进行比较分析。最后，对本章进行小结。

第五部分，农民工土地流转状况的调查分析。这部分内容利用实地调研资料，对农民工土地流转状况进行分析。首先，利用实地调研资料，对农民工土地流转状况进行总体分析。其次，利用实地调研资料，对发达地区与欠发达地区农民工土地流转状况进行比较分析。最后，对本章进行小结。

第六部分，农民工市民化对农村土地流转行为的影响。这部分内容主要利用实地调研资料，研究不同市民化程度农民工的土地产权结构偏好程度差异及对土地流转行为的影响。首先，利用实地调研资料，统计分析不同市民化程度农民工对农村土地产权结构不同方面的差异性偏好。其次，利用实地调研数据，建立计量模型，总体分析农民工市民化程度差异对土地流转行为的影响。再次，利用实地调研数据，建立计量模型，比较分析发达地区与欠发达地区农民工市民化程度差异对土地流转行为的影响。最后，对本章进行小结。

第七部分，农民工市民化对农村土地流转意愿的影响。这部分内容主要利用实地调研资料，研究不同市民化程度农民工对农村土地多元化价值的异质性需求及对土地流转意愿的影响。首先，利用实地调研资料，统计分析不同市民化程度农民工对农村土地多元化价值的异质性需求。其次，利用实地调研资料，建立结构方程模型，总体分析农民工市民化对土地流转意愿的影响。再次，利用实地调研资料，建立结构方程模型，比较分析农民工市民化对土地流转意愿的影响。最后，对本章进行小结。

第八部分，农民工福利状况评价及农村土地流转对农民工福利的影响。这部分内容主要基于森的可行能力理论，利用实地调研资料，评价农民工福利状况，分析农村土地流转对农民工福利功能的影响。首先，简单介绍福利理论，基于阿玛蒂亚·森的可行能力福利功能理论框架分析农民工福利构成。其次，利用实地调研数据，运用模糊评价法对农民工福利状况进行评价。再次，利用实地调研资料，建立结构方程模型，研究农村土地流转对农民工福利功能的影响。最后，对本章进行小结。

第九部分，主要研究结论与相关政策建议。这部分内容总结前述研究结论，给出相关政策建议。首先，对前述研究进行总结，归纳出一些主要研究结论。其次，提出相关政策建议，有序推进农民工市民化，促进农村土地顺利流转，实现农民工市民化与农村土地流转的良性互动。

1.3　研究方法与技术路线

1.3.1　研究方法

主要研究方法包括文献综合法、历史与逻辑相结合法、规范与实证相结合法。

（1）文献综合研究方法

收集整理大量农民工市民化与农村土地流转方面的文献，对已有研究加以分类概括，总结已有文献的研究方法和研究结论，并以此为基础，确定本研究的主要内容和主要方法。

（2）历史分析与逻辑分析相结合研究方法

中国农村土地制度变迁的时空跨度很大，其中存在着内在的演变逻辑。运用历史分析方法回顾农村制度变迁的主要阶段，运用逻辑分析方法揭示其中存在的内在机理，并将两者结合起来，理性预测未来一段时期内我国农村土地制度变迁的主要路径和方向，强调农村土地流转的重要性，突出三权分置背景下土地经营权流转的改革方向。

（3）规范分析与实证分析相结合研究方法

农民工市民化进程中的农村土地流转存在着多方面的内在机理，运用规范分析方法，利用现代经济理论，对其加以深入研究。同时，农民工市民化进程中的农村土地流转也在各地进行了多样化实践，利用实地调研资料，运用统计方法、计量方法对其加以实证分析。进一步将规范方法和实证分析有机结合，深入研究农民工市民化进程中的农村土地流转问题，尤其是不同市民化程度农民工对农村土地产权结构不同方面的适应性与土地多元化价值的异质性需求，及其对农民工土地流转行为和流转意愿的影响，提出未来农村土地制度改革的主要措施。

1.3.2　技术路线

本课题按照"研究准备→机理揭示→规律探索→结论建议"的基本逻辑思路进行研究。研究准备部分主要进行研究方案设计，包括文献查阅、理论梳理和数据收集，数据收集包括调研方案、调研问卷、调研地点、实地调研、数据录入、数据初步整理等；机理揭示部分主要运用制度变迁理论、现代产权理论、社会分层理论、土地经济学、发展经济学等，对农村土地制度变迁逻辑过程、农民工阶层分化、农民工市民化与农村土地流转的互动关系、农民工市民化与农村土地产权结构适应性和多元化土地价值异质性需求等进行深入研究。规律探索部分主要利用实地调研资料，统计和计量分析农民工市民化进程中的农村土地流转问题，包括农民工土地流转行为和流转意愿及土地流转对农民工福利功能的影响。结论建议部分主要总结前述理论和实证研究结论，并提出针对性较强的政策建议，有序推进农民工市民化、促进农村土地顺利流转。研究思路和技术路线如图1-1所示。

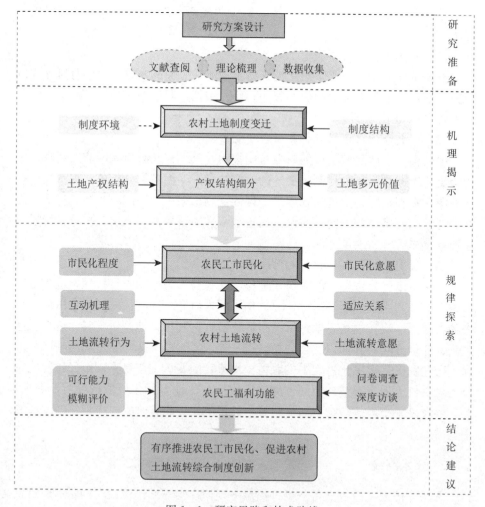

图1-1 研究思路和技术路线

1.4 主要观点、创新与不足

1.4.1 主要观点

（1）农村土地流转是农村土地制度变迁逻辑作用的结果

农村土地转让权从土地产权中分解出来并不断得到重视，本质上是我国农村土地制度变迁内在逻辑作用的结果，是制度结构适应制度环境变化的结果，未来我国农村土地制度改革的主要内容是在农民工市民化进程中基于三权分置创新促进农村土地经营权顺利流转。

（2）农民工市民化与农村土地流转之间存在持续的互动关系

一方面，农民工市民化对农村土地流转提出了迫切需求；另一方面，农村土地流转为农民工市民化提供了重要的资本支持，两者之间存在着持续的良性互动关系。在农民工市民化与农村土地流转的互动关系中，新型城镇化建设提供了重要的动力支持，农业人口有序转移与农村土地资源优化配置则表现为两个重要的运行机制。现阶段，在农民工市民化进程中，农村土地流转存在一些问题，主要表现在"土地城镇化"速度快于"人口城镇化"速度，农村土地流转收益不能满足农民工市民化要求，部分地区违背农户家庭意愿以放弃土地为条件推进农民工市民化，农村土地流转制度供给滞后于制度需求。为此，需要采取措施改革现有的农村土地制度，协调推进"人口城镇化"与"土地城镇化"，充分实现农村土地的多元化价值，保证农民工合理分享土地的各种权益，加强农村土地流转制度的有效供给。

（3）我国农民工阶层出现了明显分化，农民工市民化程度总体水平较低，不能满足农民工强烈的市民化意愿

在转型期社会阶层分化背景下，农民工阶层也出现了明显分化，部分农民工市民化程度较高，部分农民工市民化程度较低。实地调研资料显示，市民化程度较低的农民工占比高达81.1%，而市民化程度较高的农民工只占18.9%，这表明农民工市民化程度总体水平较低。大多数农民工市民化意愿比较强烈，约2/3的参与调查的农民工有市民化意愿。发达地区农民工市民化意愿比欠发达地区更为强烈，发达地区农民工市民化程度高于欠发达地区。

（4）农民工市民化程度差异对其土地流转行为具有重要影响

不同市民化程度农民工对农村土地产权结构不同方面具有差异性偏好，进而对其土地流转行为产生重要影响。实地调研结果表明，约54.3%的农民工发生了土地流转，约45.7%的农民工没有发生土地流转；市民化程度较低的农民工，流转土地的比例较低，市民化程度较高的农民工，流转土地的比例较高。计量结果表明，市民化程度越高的农民工，土地流转行为发生的可能性越

大；农民工对土地生产性收益权偏好程度越强，发生土地流转行为的可能性越小；农民工对土地流转性收益权偏好程度越强，发生土地流转行为的可能性越大；农民工对土地抵押权偏好程度越强，发生土地流转行为的可能性越小。

发达地区与欠发达地区农民工市民化对农村土地流转行为的影响存在一定差异，主要表现：第一，发达地区农民工市民化对土地流转行为的影响程度较大。第二，发达地区与欠发达地区农民工农村土地产权结构偏好对土地流转行为的影响程度存在差异。一是发达地区农民工土地生产性收益权偏好程度对土地流转行为的影响程度较小。二是发达地区农民工土地流转性收益权偏好程度对土地流转行为的影响程度较大。三是发达地区农民工农村土地增值性收益权偏好程度对土地流转行为的影响程度较大。四是发达地区农民工农村土地剩余性收益权偏好程度对土地流转行为的影响程度较大。五是发达地区农民工农村土地抵押权的偏好程度对土地流转行为的影响显著，但欠发达地区农民工农村土地抵押权的偏好程度对土地流转行为的影响不显著。

（5）农民工市民化程度差异对其土地流转意愿具有重要影响

不同市民化程度农民工对农村土地价值的不同方面会产生异质性需求，进而对其土地流转意愿产生重要影响。实地调研结果表明，约67.5%的农民工有土地流转意愿，约32.5%的农民工没有土地流转意愿；市民化程度较低的农民工，土地流转意愿较弱，市民化程度较高的农民工，土地流转意愿较强。计量结果表明，农民工市民化程度越高，土地流转意愿越强；农民工对土地生产性价值需求程度越高，土地流转意愿越弱；农民工对农村土地保障性价值需求程度越高，土地流转意愿越弱；农民工对农村土地流转性价值需求程度越高，土地流转意愿越强；农民工对土地财产性价值需求程度越高，土地流转意愿越强。

发达地区与欠发达地区农民工市民化对农村土地流转意愿的影响程度存在一定差异，主要表现：第一，发达地区农民工市民化对土地流转意愿的影响程度更大。第二，发达地区与欠发达地区农民工农村土地价值异质性需求对土地流转意愿的影响程度存在差异。一是发达地区农民工土地生产性价值需求程度对土地流转意愿的影响程度较小。二是发达地区农民工土地保障性价值需求程度对土地流转意愿的影响程度较小。三是发达地区农民工土地流转性价值需求程度对土地流转意愿的影响程度较大。四是发达地区农民工土地财产性价值需求程度对土地流转意愿的影响程度较大。

（6）农民工福利水平较低，农村土地流转状况对农民工福利功能具有重要影响

基于森的可行能力框架的农民工福利总体水平较低，农民工的经济状况对其功能实现影响最大，其余按照影响程度由大到小依次为社会身份、心理适

应、文化生活、政治权利。发达地区农民工的福利状况好于欠发达地区农民工。建立在实地调研资料基础上的计量研究表明，农村土地流转状况对农民工福利功能具有显著的促进作用。需要采取综合措施，提高农民工福利功能水平，并充分考虑到异质性因素对农民工福利功能的影响。需要赋予农户家庭更多土地权能，满足农民工流转土地意愿，提高农民工土地流转比例，提高土地流转性价值实现满意程度，改善农村土地流转状况，最终提高农民工福利功能实现程度。

1.4.2 创新之处

（1）研究视角的创新

从农民工阶层分化视角，研究不同市民化程度农民工的土地利用方式差异性与土地流转行为和意愿差异性。现阶段，在转型期社会背景下，我国社会阶层包括农民阶层出现了明显分化，农民工阶层也出现了较大分化，不同阶层农民工的土地流转意愿和流转行为具有较大差异，因此，这一研究视角可以保证研究成果更加符合实际、更加深入，具有一定创新性。

（2）研究方法的创新

建立一个研究框架，研究农民工市民化与农村土地产权结构、多元化价值结构之间的适应性，进而研究不同市民化程度农民工土地流转行为和意愿的差异性。在农民工市民化进程中，不同市民化程度农民工对农村土地产权结构不同方面具有差异性偏好，对土地多元化价值不同方面具有异质性需求，进而就会产生不同的土地流转行为和土地流转意愿。因此，这一研究框架既能够深入揭示农民工市民化与农村土地流转之间的内在机理，也能够充分利用实地调研资料进行实证分析，具有一定的创新性。

（3）研究观点的创新

在理论研究和实证分析基础上，本研究提出了一些主要观点，一是指出了农民工市民化与农村土地流转两者之间存在内在的互动关系，农村土地流转为农民工市民化提供了重要的资本支持，农民工市民化则对农村土地流转提出了新的需求，农民工市民化对农村土地流转的推动作用与农村土地流转对农民工市民化的支持作用两者之间存在着持续的反馈运动关系。二是指出了农民工市民化程度差异对土地流转行为和意愿具有重要影响，市民化程度越高的农民工，土地流转比例越高，土地流转意愿越强，内在的影响机理主要在于农民工市民化程度差异会对农村土地产权结构不同方面产生不同偏好，同时也会对农村土地多元化价值产生异质性需求。三是指出了农村土地流转状况对农民工福利功能改善具有积极影响。这些主要观点在同类研究中具有一定的创新性。

1.4.3 不足之处

（1）研究范围有待扩大

本项目研究共选择江苏、浙江、湖北、四川、湖南、广西等省（区、市）农民工作为调研样本，虽然样本数量在同类研究中属中等水平，但与全国庞大的农民工数量相比，样本范围和数量都有待扩大。未来的研究设想，将基于大范围、大样本的农民工实地调研资料，从农民工阶层分化视角，对农民工市民化进程中的农村土地流转问题进行更加深入的研究。

（2）福利功能研究有待深化

虽然理论和实证分析了农村土地流转对农民工福利功能的影响，但是，理论研究有待深入，实证研究也需要深化。未来的研究设想，在深入研究农村土地流转影响农民工福利功能的内在机理基础上，进行实证分析。

第 2 章
基本概念界定、理论基础与文献评述

2.1 基本概念界定

本研究涉及的基本概念主要包括农民工、农民工市民化和农村土地流转。

2.1.1 农民工

农民工是指户籍仍然在农村，在城镇从事非农产业的劳动人口。广义的农民工还包括在农村内部从事第二产业、第三产业的劳动人员。农民工分为本地农民工和外出农民工，本地农民工是指在户籍所在乡镇地域范围内从业的农民工；外出农民工是指在户籍所在乡镇地域范围以外从业的农民工。

农民工这一概念是我国特有的户籍制度的产物。1949 年以来，我国一直实行城乡分离的二元户籍管理制度，按照户籍划分，将全国人口分为城镇居民和农村居民，城镇居民拥有城镇户籍，农村居民拥有农村户籍。在户籍背后，存在着巨大的福利差别，城镇户籍人口所享有的福利待遇要远高于农村户籍人口。近年来，虽然在户籍制度改革上有所进展，但城乡户籍巨大的福利差距仍然存在。由于城乡二元分离户籍制度的存在，大量农民工虽然在城镇工作生活，已经满足常住人口标准，但仍然不能享受与市民同等的公共服务，其社会身份介于农民与市民之间，成为社会三元体制的独特群体。

近年来，随着工业化、城镇化的加速推进，我国农民工数量不断增加并持续处于高位。资料显示，从 2008 年到 2017 年，我国农民工总量从 22 542 万人增加到 28 652 万人，其中本地农民工数量从 8 501 万人增加到 11 467 万人，外出农民工从 14 041 万人增加到 17 185 万人，具体数据如表 2-1 所示。农民工群体已经成为新时期我国非农产业一支重要的劳动大军，在机械制造、建筑、物流等行业积极从事各种工作，是现代化建设的重要力量。近年来，全国农民工总量持续增加，但增速不断回落；外出农民工增长放缓，占比降低；农民工仍以青壮年为主，但所占比重不断下降，农民工平均年龄不断提高；农民工受教育水平不断提高；农民工在第二产业就业比重最高，但在第三产业就业比重不断上升；农民工收入不断增加，但增速有所放缓；超时工作情况有所改善；农民工签订劳动合同的比例下降；农民工被拖欠工资的比例上升，人均被拖欠工资也有所上升。

表 2-1　2008—2017 年全国农民工数量及构成

年份	农民工总量（万人）	外出农民工		本地农民工	
		数量（万人）	占比（%）	数量（万人）	占比（%）
2008	22 542	14 041	62.3	8 501	37.7
2009	22 978	14 533	63.2	8 445	36.8
2010	24 223	15 335	63.3	8 888	36.7
2011	25 278	15 863	62.8	9 415	37.2
2012	26 261	16 336	62.2	9 925	37.8
2013	26 894	16 610	61.8	10 284	38.2
2014	27 395	16 821	61.4	10 574	38.6
2015	27 747	16 884	60.8	10 863	39.2
2016	28 171	16 934	60.1	11 237	39.9
2017	28 652	17 185	60.0	11 467	40.0

资料来源：国家统计局《农民工监测调查报告（2008—2017 年）》。

新生代农民工，也被称为第二代农民工，主要是指 1980 年以后出生的农民工。2010 年中央 1 号文件提出"着力解决新生代农民工问题"，这是中央文件第一次使用"新生代农民工"这一概念。与第一代农民工相比，新生代农民工具有一系列新特点，新生代农民工大都在城镇成长，对农村不太熟悉，也没有农业从业经验；新生代农民工受教育程度较高，接受新事物能力较强，愿意从事现代非农产业，愿意融入城市成为城市居民，不愿意再回到农村从事农业。资料显示，新生代农民工数量已经占农民工总量的 60% 以上，成为农民工中的主体力量。

本项目研究农民工市民化进程中的农村土地流转问题，既包括外出农民工，也包括本地农民工，其中外出农民工在调研样本中占比较高；既包括第一代农民工也包括第二代农民工。

2.1.2　农民工市民化

农民工市民化是现阶段我国社会的一个热点问题，研究者从多个角度对其含义进行了界定。农民工市民化是指，以农民工整体融入城市公共服务体系为核心，推动农民工"四个融入"，即个人融入单位、子女融入学校、家庭融入社区、群体融入社会，实质是保证农民工享有与城镇居民同等的福利和社会保障。农民工市民化是指农民工获得与城镇居民在就业支持、教育、社会保障、公共卫生等方面的同等福利或公共服务的过程（申兵，2011）。农民工市民化是指农民工群体在实现职业转变基础上，获得与城镇居民均等一致的社会身份和权利，能公平公正地享受城镇公共资源和社会福利，全面参与政治、经济、社会和文化生活，实现经济立足、社会接纳、身份认同和文化交融（金三林，2013）。农民工市民化是指农村人口经历生产生活地域空间转移、户籍身份转换、综合素质提升、市民价值观念形成、职业与就业状态转变、生活方式与行为习惯转型，真正融入城市生活的过程和结果（邱鹏旭，2013）。农业转移人口市民化是指农业转移人口从农民转变为市民的过程，即农业转移人口在经历城乡迁移和职业转变的同时，获得城镇永久居住身份、平等享受城镇居民各项社会福利和政治权利真正成为城镇居民的过程（潘家华等，2013）。农民工市民化是指农民工在城镇获得稳定工作和永久居住身份、平等享受公共服务最终真正成为城市市民的过程（金中夏等，2013）。加快实现农民工市民化，既是推进新型城镇化健康发展的需要，也是彻底破除城乡二元分割体制的需要。《国家新型城镇化规划（2014—2020年）》指出，要以人的城镇化为核心，合理引导人口流动，有序推进农业转移人口市民化，通过健全农业转移人口落户制度、实施差别化落户政策，推进符合条件农业转移人口落户城镇；通过保障随迁子女平等享受教育权利、完善公共就业创业服务体系、扩大社会保障覆盖面、改善基本医疗卫生条件、拓宽住房保障渠道，推进农业转移人口享受城镇基本公共服务；通过建立成本分摊机制、合理确定政府职责、完善农业转移人口社会参与机制，建立健全农业转移人口市民化推进机制。

农民工市民化程度也是学者们定量研究的重点。刘传江等（2008）利用武汉市实地调研数据，估算了农民工市民化进程，第一代农民工市民化程度为31.30%，第二代农民工市民化程度为50.23%。王桂新等（2008）利用上海市实地调研数据，测算出农民工市民化程度为54%。刘传江等（2009）从生存职业、社会身份、自身素质、意识行为四个方面，估算出第一代农民工市民化程度为42.03%，第二代农民工市民化程度为45.53%。周密等（2012）利用沈阳、余姚的调查资料，测算出两地区新生代农民工平均市民化程度已经达到73%的水平。魏后凯等（2013）从政治权利、公共服务、经济生活条件、综合文化素质四个方面构建农业转移人口市民化程度综合指数，测算出2011年中国农业转移人口市民化综合程度约40%，据此推算2012年中国真实的完全城镇化率为42.2%。胡雯等（2016）研究发现，农民工市民化程度约为60.07%，新生代、老一代农民工的市民化程度分别为66.37%、52.31%。

本项目认为，农民工市民化是一个综合性概念，主要是指农民工逐步融入城市，完成从农民向市民的转化，与市民享有同等政治权利、同等公共服务水平、同等就业、同等工资收入、同等住房条件、同等教育机会等，不存在农民工与市民之间的福利待遇差别。对农民工市民化程度进行评价需要从多个维度展开，主要包括经济状况、政治权利、社会身份、文化生活、心理适应五个方面。农民工市民化程度评价同样需要从经济生活条件、政治权利、社会身份、综合文化素质、心理融合五个维度构建全面科学的指标体系，并结合大样本实地调研数据进行。

2.1.3 农村土地流转

本项目研究农民工市民化进程中的农村土地流转问题，其中的农村土地是指由农民家庭依法承包的用于农业生产的耕地。在农民工市民化进程中，农民工可以根据自身条件，自愿选择直接经营土地、流转土地经营权和退出土地承包权；农村土地流转是指农民家庭将依法承包的土地，在坚持土地集体所有权的前提下，保留土地承包权，而将土地经营权通过各种合法形式转让给其他农户或经营主体用于农业用途的行为。农村土地流转既包括土地转出也包括土地转入，本项目重点研究农民工市民化过程中的农民工土地转出问题，主要包括农民工土地转出行为、意愿、影响因素等。现阶段，我国农村土地流转形式多样，主要有转包、出租、互换、转让、入股等。农村土地顺利流转具有重要意义，一方面，可以动态响应农民工市民化进程中的人地关系变化，合理配置农村劳动力和农村土地资源。另一方面，可以发展农村土地适度规模经营，提高农业生产率，培养农业新型经营主体，发展现代农业。

近年来，我国农村土地流转规模不断扩大。农业部资料显示，全国承包耕地流转面积从 2001 年的 4 760.9 万亩*增加到 2016 年的 46 000.0 万亩，截至 2016 年年底，全国承包耕地流转面积已经超过承包耕地总面积的 1/3，在一些东部沿海地区，流转比例已经超过 1/2。具体数据详见表 2-2 所示。

表 2-2 2001—2016 年全国农村耕地流转面积

年份	农地流转面积（万亩）	年份	农地流转面积（万亩）
2001	4 760.9	2005	5 467.4
2002	5 385.9	2006	5 551.2
2003	5 631.3	2007	10 300.0
2004	5 823.9	2008	10 900.0

---

* 亩为非法定计量单位，1 亩＝1/15 公顷。——编者注

（续）

年份	农地流转面积（万亩）	年份	农地流转面积（万亩）
2009	15 000.8	2013	34 000.0
2010	18 700.0	2014	40 339.0
2011	20 700.0	2015	44 000.0
2012	27 000.0	2016	46 000.0

2.2　理论基础

本项目研究的主要理论基础包括制度变迁理论、产权理论和福利经济学理论。

2.2.1　制度变迁理论

制度变迁是指一种新制度对原有制度的替代过程，这种替代既可能是整体性的，也可能是局部性的。诺斯指出，制度变迁"一般是对构成制度框架的规则、准则和实施组合的边际调整"（North，1981）。制度变迁理论是西方制度经济学理论的一个重要方面，在逻辑结构上主要包括制度变迁动因研究与制度变迁方式研究。

（1）制度变迁动因研究

制度变迁动因主要分析制度变革产生的内外部原因及其推动力。制度具有一定稳定性，这种稳定性依赖于特定的制度环境，即制度具有环境依赖性。其含义表明，一定的制度环境产生一定的制度结构，制度结构对制度环境具有适应性，如果这种适应性比较好，就可以产生良好的制度绩效；反之，如果这种适应性较差，那么制度绩效也会较差；进一步地，制度绩效的性质对当事人具有激励和约束作用，良好的制度绩效可以激励主体维护当前的制度结构，较差的制度绩效则会推动主体进行制度变革，从而推动制度发生变迁。

制度变迁的主要动因在于制度环境的变化，尤其是"相对价格或偏好的变化"（North，1990）。当制度环境中主要物质的相对价格发生变化，或主体的偏好发生变化，或技术条件等发生变化，或者国家政策方式变化时，有些潜在的利润就逐步显现化，或者说一些原来处于"公共域"中的潜在利润就逐步清晰化（Barzel，1997），原有的制度安排就不能满足人们追求最大利益的动机。相关主体都存在着强烈的追求潜在利润从而实现收益最大化的动机，在这种动机推动下，主体就尝试对制度结构进行变革，以求得到潜在利润。当然，由于制度环境中存在多种形式的交易费用，制度变革需要支付一定的成本。理性的制度主体是否努力进行制度变革，其决策依据是基本的成本——收益计算，如果制度变革得到的收益低于需要支付的成本，当事人的净收益为负，那么制度主体暂时就不会进行制度变革，等待制度环境的进一步变化导致制度变革收益增加或制度变革成本减少；反之，如果制度变革得到的收益超过需要支付的成本，当事人的净收益为正，那么制度主体就会进行制度变革，制度变迁得以发生。制度变迁意味着对原有制度的调整和替代，得到新的制度结构。一般而言，新的制度结构能够适应新的制度环境，从而产生良好的制度绩效，制度变迁向着有效率的方向进行（North and Thomas，1973；North，2005）。需要强调的是，制度环境是动态变化的，有时是较小的量的变化，长时间量的积累最终变成质的变化，有时则是较大的质的变化，这些都对制度结构产生冲击，推动主体变更制度，发生制度变迁。因此，制度变迁是一个动态过程，会随着制度环境的不断变化而不断发生。

制度变迁动因可以从制度需求与制度供给两方面进行考察。与制度变迁相对的一个概念是制度稳定性，即制度的供求均衡性，其含义就是在一段时期内制度供给满足了制度需求实现了制度供求均衡，制度需求方和制度供给方都没有推动制度变革的动机。然而，当制度环境发生变化时，制度需求或制度供给会发生变化，原有的制度均衡被打破，出现了制度不均衡，可能是制度需求得不到满足，可能是制度供给滞后，也可能是制度供给过剩，三种情形下均产生了制度供求缺口，即制度需求与制度供给之间产生了内在的张力。进一步地，这种制度供求不均衡或内在张力会引导制度供求双方对制度进行变革，调整制度供给，满足制度需求，消除制度供求缺口，达成新的制度均衡。制度从不均衡向均衡变化的过程，就是制度变迁的过程。诺斯等人将制度变迁视为一种制度均衡—非均衡—均衡的动态过程（戴维斯等，1994）。

（2）制度变迁方式研究

制度变迁理论指出，制度变迁方式主要有三种，即诱致性制度变迁、强制性制度变迁和混合性制度变迁。

诱致性制度变迁是指制度主体响应制度环境变化、为了追求潜在利润所自发进行的制度变革。拉坦（1994）第一个明确提出诱致性制度变迁概念，强调经济内生变量对制度变迁的影响，从制度需求和制度供给两个方面对诱致性制度变迁进行分析，"对制度变迁需求的转变是由要素与产品的相对价格的变化以及与经济增长相关联的技术变迁所引致的；对制度变迁供给的转变是由社会科学知识及法律、商业、社会服务项目和计划领域的进步所引致的。"（Hayami and Ruttan，1971；Ruttan and Hayami，1984）诱致性制度变迁理论强调经济内部自发理论对制度变迁的推动作用，制度主体在制度不均衡状态下，为了追求潜在利润，会自发进行制度变革，最终推动制度变迁，自发力量构成了制度变迁的主要推动力，这也决定了诱致性制度变迁具有渐进性特征。然而，高昂的谈判成本、外部性和搭便车问题会在一定程度上阻碍诱致性制度变迁的发生，造成制度有效供给不足（胡乐明等，2014）。

强制性制度变迁是指政府或集团依靠行政力量强制进行的制度变革。林毅夫首次将制度变迁区分为强制性制度变迁和诱致性制度变迁（林毅夫，1994）。强制性制度变迁一般由政府通过行政命令或法律等形式强制实施。国家介入制度变迁可以解决"搭便车"问题，缓解制度供给不足，从而在一定程度上弥补诱致性制度变迁的不足。同时，国家作为主体推动制度变迁，还具有规模经济效应，在制度组织和制度实施方面都具有成本优势。强制性制度变迁主要是国家基于自身对制度环境的认识，或者是为了追求制度不均衡环境下的潜在利润，或者是为了解决利益集团之间的分配不均衡，依靠行政力量强制推动制度变迁发生。由中央政府发起并主导的自上而下的改革，通过"多数原则"有可能实现有效的制度变迁（姚洋，2003）。强制性制度变迁一般具有激进式特征，政府依靠行政力量自上而下推动制度变革。然而，由于统治者的偏好和有限理性、意识形态刚性、政治体制问题、集团利益冲突和社会科学知识的局限性等原因（Lin，1989），强制性制度变迁也可能失败，造成制度供给过度或制度供给结构失衡。

混合型制度变迁是指诱致性制度变迁与强制性制度变迁交织在一起同时发生。虽然在理论上对诱致性制度变迁与强制性制度变迁进行了区分，但实际上两种制度变迁往往交织在一起，相互联系、相互制约、相互补充，共同推动社会制度发生变迁。许多社会制度变迁一般是由于制度环境变化，尤其是稀缺资源相对价格变化，导致原有制度安排不能满足要求，出现制度失衡，制度主体自发进行制度变革，追求潜在利润，推动制度发生诱致性变迁；当诱致性制度变迁不能满足要求、出现制度供给不足时，国家会介入制度变迁，依靠行政力量以法律或命令形式强制推动制度变迁。

本项目运用制度变迁理论对中国农村土地制度变迁进行过程分析，分析的重点在于考察制度环境变化所引起的制度变迁，尤其是家庭承包责任制基本安排下农村土地流转制度改革产生的背景、演进路径和创新方向，揭示农村土地流转改革是制度环境变化的结果，未来的农村土地流转仍然需要适应制度环境的不断变化，这就为后续研究提供了基础。

2.2.2 产权理论

产权就是人们对财产的权利，直观上表现为人与物的关系，实质上则是人与人（产权主体）之间的权利关系。阿尔钦（1994）指出，"产权是一个社会所强制实施的选择一种经济物品的使用的权利。"产权理论是制度经济学理论的一个重要方面，主要包括产权属性研究和产权结构研究。

（1）产权属性研究

产权的基本属性主要包括明晰性、排他性、安全性、可交易性、可分解性。

产权的明晰性是指产权边界要求界定相对清晰，明确规定给相应的产权主体。只有这样，才能保证产权主体能够根据规定主张自身的合理权益，避免由于产权界定不清所产生的利益纠纷，避免人们产生不确定的预期。由于产权界定需要支付成本，还对技术有一定要求，因此，如果技术条件不成熟，或者产权界定成本过高，有一部分产权就不能得到清晰界定。这就意味着，产权明晰程度是相对的，必然存在一定的产权"公共域"或产权模糊性（Barzel，1997）。

产权的排他性是指对特定财产的特定权利只能有一个主体，从而使其能够阻止其他行为主体进入特定财产权利的领域。只有这样，才能避免"搭便车"问题，有效激励产权主体充分开发、利用稀缺资源。

产权的安全性是指产权主体的正当权益能够得到充分保障。产权安全性一方面可以避免当事人正当权益被剥夺，另一方面也可以激励当事人的生产性努力，提高资源的价值。

产权的可交易性是指主体可以根据自身意愿有偿转让产权或产权的某一方面。在现代市场经济环境下，产权的可交易性一方面可以保证稀缺资源能够自发向效率高的方向流动，实现资源的有效配置，另一方面可以保证产权主体能够通过交易实现资源价值。周其仁指出，在产权的多方面内容中，转让权最为重要（周其仁，2004）。

产权的可分解性是指产权的多个方面可以进行分解分别归属于不同的主体，从而实现产权的多种组合。产权的可分解性包括两方面的含义，即权能行使的可分工性和利益的可分割性。产权的不同权能可以由同一主体行使转变为由不同主体分工行使，这就是权能行使的分工；相应的利益分属于不同的权能行使者，这就是利益的分割（黄少安，2004）。产权分解需要支付成本，也受一定的技术条件限制，因此，产权细分不可能一步到位，必然是逐步进行的，具有明显的动态性特征。

（2）产权结构研究

产权结构是指产权构成因素及其相互关系和产权主体的构成状况。产权一般包括使用权、收益权、转让权（张五常，2014）。从产权构成因素研究产权结构，一个完整的产权主要包括所有权、占有权、使用权、收益权、处分权。所有权是指产权主体所拥有的、受到相关制度或规则保护的专有权利；占有权是指产权主体对财产进行实际支配和控制的权利，主要包括实际占有权和剩余占有权；使用权是指产权主体依照相关规定对资源进行实际利用的权利；收益权是指经济当事人根据法律或合同规定取得财产收益的权利，可以进一步加以细分，如生产性收益权、转让性收益权、财产性收益权、增值性收益权等；处分权是指相关当事人依据法律或契约规定处分资源的权利，主要包括转让、继承、抵押、出租、赠送等权利。从产权主体的构成状况研究产权结构，由于产权具有可分解性，一个完整的产权可以进行有效分解，分别归属于不同的产权主体，因此围绕产权可能同时具有多个产权主体，而且产权主体是动态变化的，相关产权主体之间存在着一定的组成结构，从而构成了产权结构。

产权结构具有三方面特性，即复杂性、适应性、动态性。产权结构的复杂性是指产权结构内部存在相互影响的多重关系。这种复杂性主要来自于三方面，一是产权结构的构成因素及其相互关系和产权主体的构成状况都比较复杂。二是产权构成因素与产权主体之间存在一定的对应关系。三是这种对应关系是不断变化的。产权结构的适应性是指，特定的产权结构总是产生于一定的制度环境，产权结构与制度环境之间存在着一定程度的适应性。如果产权结构对制度环境的适应程度比较高，那么这种产权结构就比较稳定，存续的时间就比较长，反之，如果产权结构对制度环境的适应程度比较低，那么这种产权结构就不太稳定，存在进一步调整的空间。产权结构的动态性是指产权结构是动态变化的。当制度环境发生变化时，原有的产权结构就不能适应新的制度环境，需要进行调整，得到新的产权结构。

本项目运用产权理论对中国农村土地产权结构进行分析，研究农民工市民化程度分化与农村土地产权结构不同方面的适应性特征，以及由此产生的土地利用方式差异，进而研究农民工市民化进程中的农村土地流转问题。

2.2.3　福利经济学理论

福利是指个人生活的满意程度。福利的大小通常可以用个人所获得的效用来衡量。个人福利同时包括物质和精神两个方面。社会福利则是个人福利的总和，其包含的范围十分广泛。福利经济学重点在于评价经济制度与政策对社会福利的影响，福利经济学致力于判断社会福利在一种经济状态下比另一种经济状态下更高或更低（黄有光，2005）。一般认为，1920 年庇古《福利经济学》一书的出版是福利经济学产生的标志。按照对"福利"概念的不同解释，可以将福利理论分为主观主义福利理论和客观主义福利理论（方福前等，2009）。主观主义福利理论将"福利"解释为"效用"，即人们对物品的主观心理评价。主观主义福利理论的代表性人物包括边沁、约翰·穆勒、杰文斯、马歇尔、庇古等。客观主义福利理论则将"福利"主要解释为收入、财富、基本物品、消费支出和资源等，它们具有客观性。客观主义福利理论代表性人物包括希克斯、罗尔斯等。

印度经济学家阿玛蒂亚·森在前人研究的基础上，于20世纪八九十年代提出了可行能力理论框架。能力方法源于亚里士多德、斯密、马克思和穆勒等人的思想，具有一种源远流长的学术传统。该理论重新定义了福利的概念，将福利定义为一个人的"自由"，即享受人们有理由珍视的那种生活的可行能力。一个人的"可行能力"就是对于当事人是可行的、列入清单的所有活动的组合。同时，自由既意味着个人享有的"机会"，也涉及个人选择的"过程"。在各种价值标准中，自由观的信息基础更为广泛、包容性更强，例如，就政治权利而言，政治参与本身就是发展的目标之一；在经济领域，自由交易是人的基本权利。基于能力方法的福利经济学是一个由"能力""功能"和"作为自由的发展"等概念构成的完整体系。阿玛蒂亚·森（2002）用五种工具性自由来表达可行能力：政治自由、经济条件、社会机会、透明性担保和防护性保障。政治自由是指人们依法参与政治活动的权利；经济条件是指个人享有的将其经济资源运用于消费、生产或交换的机会；社会机会是指在教育、健康等方面的社会安排；透明性担保是指人们在社会交往中需要的信用，取决于交往过程的公开性、信息发布的准确性等；防护性保障是为那些需要帮助的人提供的社会安全网。因此，能力方法突破了许多福利理论过于强调经济条件的局限性，从更为全面的视角来综合分析福利变化，具有广泛的应用价值。

能力方法用于福利分析还有一个突出优点，就是可以将福利进行量化，从而可以科学设计福利指标体系。通过实地调研，定量了解当事人福利变化情况，并借助于现代统计分析工具进行定量研究，得出更为可信的结论。

本项目运用福利经济学理论，尤其是阿玛蒂亚·森的能力方法分析框架，对农民工土地流转的福利效果进行评价，并利用实地调研结果进行实证分析。

2.3　文献回顾与简要评述

2.3.1　文献回顾

国内外学者从理论和实践两方面对农民工市民化进程中的农村土地问题进行了研究，现有研究成果主要集中在六个方面：一是宏观视角的农村土地问题研究。二是我国农村土地制度变迁研究。三是我国农村土地产权研究。四是农民工土地权益保护及其对农民工市民化的影响。五是农村土地流转对农民工的影响。六是农民工市民化问题研究。

(1) 宏观视角的农村土地问题研究

许多学者从宏观视角研究了农民工市民化进程中的农村土地问题。中国土地制度的重要特征是城乡二元土地差异化的权利体系（Liu，2009；刘守英，2014），这就使得城乡土地拥有不同的配置方式（马凯等，2009；晓叶，2016），土地增值收益在城乡之间分配严重不公（林瑞瑞等，2013；程宇等，2015；张安录等，2016）。农民工市民化过程中的土地问题，关键是在二元土地制度背景下，实现农村土地资源优化配置（张国胜，2009；汪阳红，2011；任辉等，2012；许经勇，2016；）。我国土地城镇化明显快于人口城镇化（陶然等，2008；Deng，2008；吕添贵等，2016），主要原因在于二元土地制度和二元户籍制度（蔡昉，2010；范进等，2012；蔡继明等，2013），需要采取措施改革土地制度，保证两者之间的协调性（陆大道等，2007；李培林，2012；许芬，2016）。我国农村土地产权主体模糊、产权残缺是阻碍土地资源优化配置的重要因素（邓大才，2009；谢冬水，2012；郭炜等，2015）。农村土地交易成本过高，阻碍了农村土地资源优化配置，进而对农业转移人口市民化产生消极影响（李孔岳，2009；罗必良等，2010；伍振军等，2011；邹宝玲等，2016）。我国现行的土地制度限制了农村土地需求，抑制了农村土地流转市场的发育，导致农民在市民化过程中无法充分实现农村土地的未来收益，增加了农民市民化的机会成本（贺振华，2006；王学龙等，2012；黄枫等，2015）。农民工群体是土地制度和城市化之间的互动产物，由于现有土地制度不合理，导致农民工处于被城市和农村双重边缘化的境地（汪远忠，2009；李宝元，2014；鲁强等，2016）。包容性增长的创新发展理念，为我国农民工市民化问题的解决提供了新思路（陈明星等，2011；张兴龙等，2012；张汉飞，2013）。稳步推进农民工市民化，必须以扩大农民工转移就业、保障农民工合法权益、完善农民工公共服务和安置农民工进城定居为重点，促进农民工共享改革发展成果（国务院发展研究中心课题组，2011）。

(2) 我国农村土地制度变迁研究

我国农村土地制度变迁研究主要集中在两个方面，即制度变迁方式研究与制度变迁动因研究。

①我国农村土地制度变迁方式研究。学者们对中国农村土地制度变迁方式研究的代表性观点包括三种，即诱致性制度变迁、强制性制度变迁、混合型制度变迁。

许多学者认为中国农村土地制度变迁具有诱致性特征。从变迁过程、类型及约束条件对改革开放以来中国土地制度变迁进行实证分析，可以发现中国农村土地制度变迁本质上是一种诱致性制度变迁（孔泾源，1993）。中国农村土地的历史制度变迁是利益诱致的结果，具有典型的路径依赖性（钱忠好，

1999）。家庭承包责任制的农村土地制度改革，是自下而上的制度创新的典范，自发性的制度创新代替了原有的国家强制性制度安排（姚洋，2000）。环境、制度变迁主体和路径依赖是制度变迁的内在逻辑，决定了中国农村土地制度变迁本质上只能是诱致性和渐进式的（夏玉华，2006）。家庭联产承包责任制的制度演化具有明显的路径依赖特征，我国农村土地制度变迁必然是渐进式的（张海丰，2008；Kung and Ying，2010；程世勇，2016）。

一些学者认为中国农村土地制度变迁具有强制性特征。中国农村土地制度变革的基本演进路径，是制度安排满足制度目标，早期的制度目标是迎合制度供给主体的意图，后期的制度目标则是满足制度需求主体的诉求，制度变迁总体上表现出明显的强制性特征（罗必良，2008）。

众多学者认为中国农村土地制度变迁兼有诱致性制度变迁和强制性制度变迁两重特征。中国农村土地制度变迁源于制度本身在公平与效率之间的权衡，制度变迁既具有诱致性，也具有强制性（邓大才，2000）。诱致性和强制性的制度变迁方式常常交织在一起，共同推动着中国农村土地制度的不断创新（张红宇，2002）。中国农村土地制度变迁的基本经验是：非正式制度与正式制度，诱致性变迁与强制性变迁相互影响、相互制约、相互促进，从局部改革到全局改革，从增量改革到存量改革（苗壮等，2008）。农民生存压力是中国农村土地制度变迁的第一推动力，政治权衡和改革结果的不确定性构成了农村土地制度变迁的约束条件，中国农村土地制度变迁是农民自发制度创新与国家强力推行相结合的方式（王景新，2008）。不同的土地产权制度会对农民主体性发挥产生重要影响，中国农村土地制度经历了强制性激进式—强制性渐进式—诱致性渐进式三种变迁形式，分别产生了不同的土地产权制度，对农民主体性作用的发挥产生了不同的影响（李汉卿，2009）。中国农村土地制度变迁是一个由强制性向诱致性过渡的历史过程，中国农村土地制度改革应该顺应这种趋势（韩德军等，2013；刘守英，2014）。应用连续的大样本调查数据，对中国农村土地调整的制度演进进行实证分析，可以发现具有诱致性制度变迁特征，同时也为强制性制度变迁假说提供了初步证据（丰雷等，2013）。

②我国农村土地制度变迁动因研究。现有研究认为，经济参数变动和非经济参数变动都会对中国农村土地制度变迁产生影响。

经济参数变动对农村土地制度变迁的影响。林毅夫（Lin，1995）研究了要素对农户的相对稀缺性如何决定单个农户是否参加土地市场交易。Liu，Carter 和 Yao（1998）的研究表明，一个村庄的土地制度与一些重要的经济参量有着较大的关系。Turner，Brandt 和 Rozelle（1998）研究认为，中国农村土地制度的区域差异取决于农村土地制度对全村生产剩余之和的影响，人口增长越快或非就业机会越多的地方，越需要进行土地调整。姚洋（1999）研究指出，其他要素市场，尤其是劳动力市场的限制性对中国农村土地租赁市场具有重要影响。杜鹰等（2002）研究认为，中国农村土地制度变迁在很大程度上受农村人口数量和结构、农村人口非农就业、农村人口流动等的影响。叶剑平等（2006）研究发现，产权和制度因素是约束中国农村土地流转市场发展的主要因素，农户家庭人口数、非农人口比例、农民受教育程度、区位条件等也对农村土地流转市场具有显著的影响。刘晓宇等（2008）研究表明，稳定的农村地权可以保持并推进农村劳动力的非农化转移，土地产权稳定性不仅影响着土地资源的利用方式和效率，还决定着劳动力资源的利用方式和效率。钱忠好（2008）研究认为，农户家庭决策的基础是尽可能利用家庭内部成员的分工优势，当非农就业机会出现后，家庭拥有的初始土地资源、家庭成员的劳动能力、农业与非农业的综合比较利益等会对农户的土地流转行为产生影响。詹和平等（2009）研究发现，农户家庭保障水平和非农就业机会是影响我国农村土地流转市场发展的重要因素。田光明等（2014）分析指出，农村土地制度改革要强化农村土地使用权的物权属性，建立城乡一体化的建设用地市场制度，设计合理的收益分配机制。付宗平（2015）分析认为，在农村土地利用规模化、集约化和信息化发展趋势下，农村土地制度改革具有进一步改革的现实需求。程承坪等（2016）提出，逐步剥离农村土地保障功能，强化农村土地经济功能，提高农业生产力，形成对农村剩余人口的推力作用。桂华（2016）分析认为，农村土地制度改革需要适应城镇化背景下农业生产力发展趋势和生产关系变革需求，探索与农业经营方式相适应、与农民生产需求相吻合的集体土地所有制实现方式。

非经济参数变动对农村土地制度变迁的影响。Kung（1994）和 Dong（1996）研究了农村社会保险市场缺失对现有农村土地制度的影响。龚启圣等（1998）研究指出，中国包产到户制度变迁，是各个村庄根据当时所面对的政策环境及各自的资源禀赋特征所进行的一次重构土地资源产权合约的集体行动。邓大才（2000）概括性地描述了农村信用制度、农业支持保护制度、农村社会保障制度、农村组织制度、农村税费征收制度、分税制度、农村公共产品供给制度、户籍管理制度对农户经营收益和成本的影响。陈志刚等（2003）分析了不同地区农村土地使用权、转让权和收益权的绩效差异对农村土地产权制度变迁和创新的影响。朱冬亮（2003）强调，在关注国家正式制度对村级土地制度实践影响的同时，更应该关注各种民间俗例等非正式制度对土地制度创新的影响。陶然（2005）认为，人口变动导致的农村土地调整压力仍将持续存在，这不仅导致长期的土地租赁市场无法发育，也限制了短期土地租赁市场的发展。赵振军（2007）分析了城市发展、户籍制度改革对农村土地制度改革的影响。罗必良等（2008）研究发现，农村土地流转受到包括人力资本异质性特征、人均拥有耕地面积、家庭社会关系等在内的农户资源禀赋现状，以及当地基础设施状况、经济发展水平、政策环境等多种因素的影响。邓宏图等（2008）研究表明，农村土地产权的集体性质、地方政府的政策偏好、人地比例关系、农村土地交易的商业化程度等因素影响了中国农村土地制度变迁的进程。黄祖辉等（2008）研究发现，虚化的土地权益主体、分散的流转形式、无序的中介服务组织、落后的社会保障体系显著地影响了农村土地流转。黎霆等（2009）研究发现，地权稳定性预期、劳动能力是影响农户参与农村土地流转的重要因素。凌斌（2014）研究指出，土地流转的中国模式，以政府和集体组织协调为基础，表现为对土地供需各方的双重代表和双重协调。刘磊（2015）指出，农村土地制度改革需要在统筹城乡关系背景下，在城乡间平衡配置土地制度红利，为农民工市民化提供支撑。孙圣民等（2015）认为，农村土地制度改革是一个动态过程，当前农村土地流转政策的设计是在维持农村土地产权框架基本不变前提下，进一步完善家庭联产承包责任制。孔祥智（2016）研究指出，未来农村土地制度发展的主要趋势有：农村基本经营制度不断完善、新型农业经营主体与微型家庭农场并存、新型农业社会化服务体系逐步完善。

（3）我国农村土地产权研究

改革开放以来，中国农村土地产权经历了重要的变迁过程，成为众多学者研究的热点，产生了一批代表性研究成果。对学者们的研究成果进行总结，可以发现中国农村土地产权主要具有结构性、模糊性、演化性三方面特征。

中国农村土地产权的结构性特征研究。姚洋（2000）指出，中国农村土地产权具有多面性，土地的法律所有权属于农村集体，其他权利则在集体与农户之间进行程度不等的分割，农民拥有剩余索取权，但其他权利却是不完整的。周其仁（2004）认为，中国农村土地产权主要包括使用权、收益权、转让权，其中转让权起着更为关键的作用。陈剑波（2006）分析表明，农村土地集体所有家庭承包经营制度存在委托—代理关系，随着农户经济转型与土地职能转变，这种治理结构面临着新问题。赵鲲等（2016）分析指出，从产权角度看，我国农业不同规模经营形式呈现出承包农户与新型经营主体之间不同的权利分享关系。肖卫东等（2016）研究认为，"三权分置"旨在重构农村土地产权结构，以"落实集体所有权、稳定农户承包权、放活土地经营权"为基本方向，实现农户承包权与土地经营权的有效分离。

中国农村土地产权的模糊性特征研究。刘守英（1993）指出，我国农村土地合约结构不完善导致农户土地产权残缺。钱忠好（2003）研究指出，基于成员权的土地均分制度安排却内生了一系列土地产权残缺问题。周其仁（2004）认为，现有的对农村土地转让权的法律规定，导致"征地悖论"，非公共利益性质的农村土地转用经过征地是违法的，因为不符合"为了公共利益"的宪法原则；不经过征地也是违法的，因为转为城市用的农村土地如果还是集体所有就违背了"城市土地均为国有土地"的宪法准则。Ho（2005）分析指出，中国农村改革之所以取得成功，关键在于中央政府经过审慎考虑之后，决定将本该成纲成条、没有任何歧义的农村土地产权制度隐藏在模棱两可的迷雾之中，这可以称之为"有意的制度模糊"。柯华庆（2010）研究表明，农村土地改革最重要的制度安排是有意的制度模糊，下一步改革应该明晰产权。罗必良（2011）研究认为，农村土地产权在技术、法律界定、法律歧视、农民行为能力不完全、农民行为能力受限制等五个方面存在公共领域。丰雷等（2013）分析表明，我国农村土地制度在实施特征方面存在渐进式有意模糊。黄砺等（2014）分析指出，模糊的农村土地产权是农户与政府在基础性制度和农村土地资源配置效率方面共同作用的产物。

中国农村土地产权的演化性特征研究。周其仁（2004）认为，中国农村改革一方面是国家集中控制农村社会经济活动的弱化。另一方面是农村社区和农民私人所有权的成长和发展。袁铖（2006）分析指出，产权的界定与实施决定着经济绩效，各种农村土地制度创新形式的不同经济绩效都与产权清晰程度和实施机制有关。孙圣民（2007）指出，中国农村土地产权制度有效变迁的过程主要包括农民制度创新、地方性政策支持、中央政策认可三个阶段。冀县卿等（2007）研究指出，中国农村第一轮土地承包更多地赋予了农民家庭剩余索取权，第二轮土地承包同时赋予农民家庭剩余索取权和剩余控制权，农村土地产权结构是逐步变革的。张曙光等（2012）研究认为，中国农村土地产权制度演化的一种重要方式是潜在权利的"显现化"或者说正式产权的"细分"，这一过程是随着制度环境与生产技术条件变化而不断进行的。李宁等（2015）研究认为，农村土地产权结构是中国农村土地制度变迁的核心，必须将其置于一个长期的经济变迁过程中才可以理解。王磊（2016）分析表明，农村土地产权制度变迁的内部动力来源于宏观层面上的制度不均衡性以及微观层面上的农民主观创造性，外部动力来自于变迁主体的动机及变迁环境。

（4）农民工土地权益保护及其对农民工市民化的影响

农民工土地权益保护及其对农民工市民化的影响得到许多研究者的重视。邵彦敏（2007）认为，农业人口流动与农村土地流转之间存在着明显的互动关系。韩学平等（2007）指出，可以从保障农民工的土地权利并将其转化为财产权利、规范宅基地流转行为、完善相关的法制建设与社会保障制度等方面维护农民工的土地权益。厉以宁（2009）指出，现阶段我国法律对农民的土地权益保护不明晰、不到位。谢勇（2012）研究指出，要改善农民工在城市中的就业状况，促进土地流转市场的发育和完善。许恒周等（2012）研究表明，农民工土地流转意愿的影响因素在代际之间存在差异。郭晓鸣等（2013）分析认为，推进农民工市民化的核心问题是农民能不能带着土地财产权进城以及如何带着土地财产权进城。闫小欢等（2013）研究指出，农民工土地流出程度与其非农就业及地权稳定性正相关。郑子青（2014）分析认为，土地制度变迁构成了农村人口流动的前提条件和决定性因素，现行土地制度对农村人口流动仍然存在着一定程度的束缚与限制。傅晨等（2014）研究认为，在农民分化背景下，土地功能的多样性和重要性发生了变化，分化农民的土地产权诉求也发生了变化，农村土地制度必须适时创新。黄忠华等（2014）分析指出，农村土地制度安排影响农民工市民化意愿和农民工市民化进程以及农村土地的集约利用程度。吴春梅等（2014）研究指出，现有农村土地产权制度在一定程度上阻碍了农民工市民化进程。钟水映等（2015）指出，农村土地制度是影响农村人口退出的核心因素，未来农村人口的顺利退出要求农村土地实现包括财产功能在内的多元化功能。李恒等（2015）研究指出，城乡经济势差仅仅提供了农民工城乡流动的动力，只有通过促进农村土地流转，推进农业生产方式转变，消除劳动力市场的二元分割，才能实现农业转移人口的有序市民化。张春龙（2015）认为，农民工对土地的选择取向，对其留城意愿有较大影响，也成为区分农民工现代性与传统性的主要内容。蔡瑞林等（2015）分析认为，土地因素可能成为农民工逆城市化的影响因素。杨婷等（2015）研究表明，农民工资源禀赋与社会保障制度对其土地流转意愿具有重要影响。李春香（2015）认为，农村土地退出补偿是农民工退出农村的主要影响因素，农民工存在土地自由退出权、土地资产化收益权、土地市场化流转权等制度需求。陈学法等（2015）研究指出，应该修改现行法律，允许农民工转为市民后放弃土地使用权但不放弃土地权益，即"放土不放权"。蔡洁等（2016）实证研究表明，农村土地流转对农业转移人口就近城镇化具有直接影响。匡远配等（2016）分析指出，需要将农村土地流转置于农业供给侧结构性改革的总体框架中，促进农村土地流转与农民工市民化有效衔接。陈春等（2016）研究认为，要充分尊重农民工农村土地流转意愿，提高城市融入程度。候风云等（2016）指出，我国农村集体土地产权制度为农民工提供了基本保障和劳资谈判底线，在一定程度上保障了农民工权益。

（5）农村土地流转对农民工的影响

一些学者研究了农村土地流转对农民工的影响。高进云等（2007）在可行能力框架下讨论了农村土地流转过程中农户的福利变化，结果显示农村土地流转导致农户总体福利水平略有下降。徐烽烽等（2010）的实证研究结果显示，"土地换保障"后农户总体福利水平有所提高。戚攻（2008）认为，农民工市民化的核心是农村承包地的顺利流转问题。张正河（2009）分析表明，在中国准城市化背景下农村人口的往返式流动必然导致农村土地流转的反复。林善浪等（2010）研究表明，需要通过加强农民工培训、建立区域性的劳动力市场、推进农村社会保障制度的建设来促进农村土地的流转。赵丙奇等（2010）认为，目前农村土地流转制度是以牺牲公平来提高效率，应在公平与效率的视角下重构农村土地流转的制度框架。方文（2011）认为，由于缺乏外在的制度性补给，加之土地自身的收益功能和保障功能的低下是造成城乡差距的根本原因。汪阳红（2011）提出，需要解决农民工市民化过程中的农村土地问题，既保障农民工的土地权益，也优化配置土地资源。黄锟（2011）认为，农村土地制度的缺陷严重阻碍了新生代农民工的市民化进程，农村土地制度改革必须建立基于承包权的农村土地流转制度。何立胜等（2011）指出，应该实施户籍制度、社会保障与土地流转制度的协同改革，实现农村人口流动与土地流转的联动。包屹红（2013）的实证分析显示，个人特征、家庭特征、社会特征、就业特征等对农民工土地流转意愿具有显著影响。何军等（2014）分析表明，我国土地流转规模远远滞后于农村劳动力非农流转规模，农民工是否转移土地基于对未来收入的预期，农民工土地流转行为在代际之间存在差异。张平（2014）探讨了城镇化与农村土地流转的相互作用机制，认为产业结构演化是驱动机制，劳动力转移是运行机制，城乡土地资源重新配置是关联机制。赵云（2014）提出，现有的农村土地流转制度限制了农民工进行永久性城镇迁移，农民工的非永久性迁移也在很大程度上制约着农村土地流转。朱冬梅等（2015）认为，我国农民工基本公共服务的供给长期不到位，农村土地的社会保障功能不断强化，严重制约了农村土地大规模流转。杨永磊（2016）认为，需要在积分落户政策中引入人地挂钩指标，实现各方激励相容，实现农民工积分落户与人地挂钩协同推进。郭熙保等（2016）提出了集体成员动态化的思路，应该在坚持集体所有制和家庭承包制基础上破解承包权转让难题。刘军辉等（2016）分析表明，农村土地产权制度的改革路径影响了户籍制度的改革效果，如果农民工"带着土地"进城可以放大户籍制度改革所释放的红利。楚德江等（2016）研究发现，农村土地承包权退出面临着农民工退出意愿低下、缺乏相应的制度规范、以社会保障制度为代表的配套制度不健全等问题。

（6）农民工市民化问题研究

农民工市民化问题研究主要从市民化能力、市民化意愿和市民化程度三个方面展开。

农民工市民化能力研究。张国胜（2008）认为，农民工市民化的最核心难题是社会成本问题，农民工市民化进展缓慢的根本原因是制度改革需要付出相应的社会成本。韩俊（2009）研究指出，农民工面临一些突出问题，主要包括劳动权益保护制度不健全、无法平等享受城市公共服务等。蔡昉（2010）研究指出，目前农民工城乡往返的模式，经济增长方面已经没有合理性，社会发展方面更存在风险，应该按照农民工市民化的思路推进城市化进程。李强（2012）研究指出，不同生活目标、生活预期、心理定位和生命周期的形成预示着农民工阶层已经出现分化。田明（2013）研究发现，个人特征、家庭特征和社会特征等对农业转移人口空间流动速度影响显著，进而对其城市融入程度产生影响。陈雪原（2013）分析认为，让农民"带资进城"是加快推进农民工市民化的必然要求，也具有现实基础。韩俊等（2014）提出，农村剩余劳动力转移难度加大，侵害农民工权益问题仍然存在，农民工在城镇享受的公共服务水平低，农民工管理服务不能适应新形势需要。有关研究发现，我国农业转移人口市民化在进程上具有非同步性，在结果上具有不完全性。杨仁浩等（2016）分析认为，现行户籍制度、土地制度、城乡社会保障制度以及落后的文化观念严重阻碍了农民工市民化进程。叶俊焘等（2016）指出，制度感知对农民工主观市民化水平具有显著影响，并且这种影响在农民工代际之间存在差异。卢海阳等（2016）实证研究发现，人力资本、社会资本、心理资本、迁移模式、户籍地等因素对农民工城市融入行为具有显著影响。谭崇台等（2016）指出，必须从城镇和农村两个层面上同步突破，同时解决成本分担机制、城市支持体系、农村集体退出机制三方面问题，才能实质性推进农民工市民化。

农民工市民化意愿研究。国务院发展研究中心课题组（2011）大样本调研结果显示，农民工市民化意愿强烈，在双向流动情况下，超过半数的农民工已在城镇有稳定工作；即使不放开户口限制，80%的农民工也将在城镇就业居住；能够自主选择的话，90%的农民工将在城镇定居。李俊霞（2016）实证研究发现，由于农民工不愿意放弃农村土地权益，农民工在城镇落户的有效意愿偏低。王伟等（2016）实证分析表明，长三角地区三四线城市的产业结构对跨省流动的新生代农民工吸引力不足，国内城市分工体系一定程度上削弱了新生代农民工在小城市定居的意愿。聂伟等（2016）实证分析显示，农民工入户意愿不强烈，具有明确入户意愿者仅为24.6%，较低就业质量带来的经济条件、社会交往、心理效应制约农民工主动市民化。孙学涛等（2016）实证研究发现，就业地和社会融合对农民工城市定居意愿影响显著。陈昭玖等（2016）实证研究认为，人力资本、地缘特征对农民工市民化意愿影响显著，呈正相关关系。

农民工市民化程度研究。刘传江等（2011）认为，农民工市民化面临着从被边缘化到自边缘化的新问题，二元户籍制度下的二元劳动力市场、二元社会保障是农民工市民化受阻的根本原因。徐增阳等（2012）调查发现，农民工享受公共服务的总体水平较低，农民工对政府提供公共服务的满意度不高。魏后凯等（2013）从政治参与、公共服务、经济生活、综合素质方面判定 2011 年中国农业转移人口市民化综合程度仅为 39.56%，据此推算 2012 年中国真实的完全城镇化率为 42.2%。潘家华等（2013）提出，预计到 2030 年前，全国约有 3.9 亿农业转移人口需要实现市民化，应该构建政府主导、多方参与、成本共担、协同推进的市民化机制。王美艳（2013）研究发现，新生代农民工的消费水平和消费边际倾向均高于老一代农民工。我国户籍人口城镇化滞后，2000—2015 年，城镇居住人口从 36.2% 提高到 56.1%，增长了约 19.9%，但城镇户籍人口仅从 24.7% 提高到 39.9%，增长了约 15.2%，现阶段我国约有 2.7 亿城镇居住人口是农村户籍，因此目前仅仅实现了"半城市化"。武丽丽等（2016）实证分析发现，发现农民工的政治资本十分匮乏。张永丽等（2016）实证研究表明，农民工群体内部分化现象明显，不同阶层农民工的市民化能力存在较大差异。胡雯等（2016）实证分析显示，农民工市民化程度为 60.07%，新生代、老一代农民工市民化程度分别为 66.37%、52.31%。

2.3.2 简要评述

现有文献对中国农村土地问题进行了深入研究，也对农民工市民化问题进行了研究，并将农民工市民化与农村土地制度改革结合在一起进行研究，得出了一批有价值的研究结论。这些文献及其研究成果构成了本项目研究的重要基础。然而，现有文献在三方面存在一定不足，需要进一步加以研究：一是现有文献没有在农村人地关系性质变化背景下，探讨农村土地产权结构进一步分解、农村土地价值多元化问题，并在此基础上建立一个统一的分析框架深入研究农民工市民化与农村土地流转问题。二是虽然已有少量文献对农民工阶层分化现象进行了研究，但大多文献仍然将农民工视为同质性群体，没有充分考虑农民工群体的内部分化现象，并在农民工阶层分化的真实背景下研究问题。三是虽然已有一些文献针对一些地区进行了实证分析，但没有同时对全国东部、中部、西部地区进行大样本实地调研，并在此基础上进行实证研究。

因此，本项目在现有文献基础上，将主要在三方面对农民工市民化进程中的农村土地流转问题进行研究。一是根据农村人口减少、人地关系性质变化的实际，对农村土地产权结构进一步有效分解，同时也对农村土地价值进一步细化，指出农村土地产权结构的动态演化性特征和农村土地价值的多元化变化特征，以此作为项目后续研究的重要基础。二是针对农民工市民化程度差异的实际，对农民工阶层分化现象进行研究，并以此为基础，建立一个统一分析框架，研究不同市民化程度农民工对农村土地产权结构不同方面的适应性以及对农村土地多元化价值的异质性需求，进而研究农民工市民化程度对其土地利用方式的影响，以此对农民工市民化进程中的农村土地流转问题进行深入研究。三是在理论研究基础上，选择东部、中部、西部代表性省市进行大样本实地调研，并对调研资料统计分析，进而建立多种计量模型进行实证分析，进一步研究农民工市民化进程中的农村土地流转问题。

第 3 章

///

我国农村土地制度变迁

为了从总体上把握中国农村土地制度变迁的基本规律，本章首先建立一个中国农村土地制度变迁的内在逻辑框架，并说明其中几个主要组成部分。其次，运用内在逻辑框架对1978年以前的中国农村土地制度变迁进行解释。再次，运用内在逻辑框架对1978年以来的中国农村土地制度变迁进行解释，分析现阶段制度变迁的主要特征，预测未来一段时期制度变迁的基本趋势。最后，对本章进行小结。

3.1 我国农村土地制度变迁的内在逻辑

制度经济学理论指出，制度变迁是按照一定的逻辑展开的，通过分析制度变迁的主要动力机制，可以发现制度变迁的基本方向和现实路径，也可以预测制度变迁的未来趋势。即使那些看似无序的制度变迁，如果深入分析其内在规律，同样可以发现其变迁的基本趋势、推动变迁的内在动力机制等基本性的逻辑。进一步发现，在制度变迁的内在逻辑框架中，存在着几个主要的组成部分，相互之间存在着紧密的逻辑关系。只有科学建立制度变迁的内在逻辑框架，深入分析主要组成部分之间的逻辑关系，才能真正把握制度变迁的基本规律，对已有的制度变迁过程进行合理解释，理性预测未来的制度变迁方向。

中国农村土地制度变迁是中国整个制度变迁的一个重要环节，其变迁过程同样有着基本的内在逻辑，其中也包含了几个主要的组成部分。对中国农村土地制度变迁进行研究，就需要建立一个适当的内在逻辑框架，深入分析主要组成部分之间的逻辑关系，把握制度变迁的基本规律。借助于这个内在逻辑框架，对已有的中国农村土地制度变迁过程进行合理解释，重点分析现阶段制度变迁的特征，预测未来制度变迁的总体方向。

3.1.1 我国农村土地制度变迁的内在逻辑框架

制度变迁理论指出，任何制度变迁总是在一定的制度环境中进行的，制度环境决定了制度结构，制度结构与制度环境的适应程度决定了制度绩效，制度绩效的性质则决定了制度变迁的方向和速度，同时制度变迁过程会对制度环境产生反馈作用（North，1990；North，2005）。在制度变迁过程中，存在着多种形式的交易费用。如果制度变迁沿着交易费用最小的路径进行，那么就会取得较好的适应性效率；相反，如果制度变迁过程中的交易费用较高，那么制度变迁可能就不会顺利进行（弗鲁博顿等，2006）。同时，制度变迁过程一般是逐步推进的，遵循着演化论的一般规律（Nelson and Winter，1982）。

中国农村土地制度变迁同样遵循了制度变迁的一般逻辑，即按照制度环境——制度结构——制度绩效——制度变迁的一般规律进行演化。我国现有的制度环境已经构成了对农村土地产权的严格约束，农村土地产权安排实际上是制度环境的直接产物（黄砺，2016）。在制度变迁过程中，存在着多种形式的交易费用，包括经济交易费用和政治交易费用等。多数情况下，中国农村土地制度变迁是逐步推进的；少数情况下，则依靠行政力量强制推进制度变革，使得农村土地制度发生跳跃式变迁。有些时期，中国农村土地制度变迁遵循了总交易费用最小化的演化路径，取得了良好的制度绩效，制度变迁得以顺利推进；而在少数时期，由于各种原因，制度变迁过程中的交易费用较高，制度变迁没有能够有效减小交易费用，没有能够取得较好绩效，制度变迁过程出现了停滞。由此，可以建立一个中国农村土地制度变迁的内在逻辑框架，如图3-1所示。

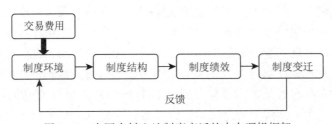

图 3-1　中国农村土地制度变迁的内在逻辑框架

3.1.2　农村土地制度变迁内在逻辑框架的主要组成部分

我国农村土地制度变迁内在逻辑框架主要包括四个组成部分，即制度环境、制度结构、制度绩效、制度变迁，相互之间存在着紧密的逻辑关系。

（1）制度环境

中国农村土地制度安排总是在一定的制度环境中形成的。制度环境是一个宽泛的概念，包括的内容比较广泛，既包括原有的制度安排，也包括影响制度形成的一切自然条件和社会经济条件，还包括相关主体对制度的认知。同时，在制度环境中存在着多种形式的交易费用，它们对制度形成产生重要影响。

首先，原有的制度安排构成了制度环境的基本内容。制度变迁是在一定的历史条件下进行的，原有的制度安排构成了制度变迁的初始条件，并对后续的制度安排产生重要影响，制度变迁具有明显的路径依赖性（诺思，1999）。中国农村土地制度每一阶段的变革，都是在原有的制度安排基础上进行的，原有的制度安排对后续的制度变革产生了重要影响。回顾中国农村土地制度变迁的历史可以发现，每一次重大的制度变革都充分考虑了原有制度安排可能产生的影响，尽量采取渐进式制度改革方式，既保证原有制度安排的基础性作用，也保证制度变革在一个可以接受的时间范围内逐步展开，保证相关主体能够逐步取得对改革的一致认识，共同推进改革，减少制度变革过程中的交易费用。

其次，制度环境还包括影响制度形成的一切自然条件和社会经济条件。自然条件是指一切的自然物质形态，包括资源禀赋状况、技术水平等。社会经济条件是指当事人所处的社会经济形态特征，包括社会制度安排、宏观经济形势、经济发展阶段、市场规模、社会文化特征、法律体系、道德规范、社会习俗等。自然条件和社会经济条件构成了特定的外部环境，是当事人从事各种活动的基础，并进而构成了制度环境形成的基础。需要用系统观和动态观来看待外部环境，一方面，自然条件和社会经济条件中的诸因素相互影响，构成了一个复杂的外部环境系统；另一方面，自然环境和社会经济环境会不断变化，外部环境变化构成了制度环境变化的重要部分，对制度变革具有重要的推动作用。

再次，相关主体对制度的认知也构成了制度环境的重要内容。认知是当事人对现实世界的主观反映，是行动者所拥有的、用以解释外部环境的精神模式（Arther and North，1993）。马克思指出，物质是意识的基础，意识是物质的主观反映；人具有主观能动性，人类不仅能够认识世界，而且能够改造世界。当事人是根据自己对外部环境的认知而作出决策进而采取行动的。如果当事人对制度的认知与自己的主观意愿相一致，那么当事人就会自觉遵守制度，保证制度顺利实施，也保证制度变革顺利进行；反之，如果当事人对制度的认知不符合自觉的主观意愿，那么当事人就会不遵守制度，阻碍制度的顺利实施。考虑到人类认知的有限理性，人们对现实世界的认知会发生偏差，"我们必须把现实世界与行动者所理解的世界加以区分"（德勒巴克等，2003）。因此，主体认知构成了制度环境的重要内容，对制度结构、制度绩效、制度变迁都会产生重要影响。同时，还应该注意到，一方面，主体认知与外部环境之间存在着持续的互动关系，外部环境变化会引起主体认知变化，主体认知变化也会导致制度环境变化。另一方面，不同主体的认知之间存在着持续的互动关系，不同主体的差异化认知会相互影响。在这两种形式互动的过程中，会产生交易费用，一是当事人认识外部环境所耗费的成本，一是主体认知互动所发生的成本。

需要强调的是，制度环境中存在着多种形式的交易费用，它们对制度形成和制度变革产生直接影响。我国农村土地制度环境主要存在着经济交易费用和政治交易费用。经济交易费用方面，一方面，由于外部环境具有复杂性和不确定性，人们认识外部环境就需要耗费一定成本，这就产生了经济交易费用Ⅰ。显然，外部环境越复杂、不确定性越大，经济交易费用Ⅰ就越大。另一方面，由于不同主体具有不同的认知模式，对同一制度会产生不同的认知效果，考虑到主体认知的有限理性，那么在不同主体认知互动过程中就会产生交易费用，可以称之为经济交易费用Ⅱ。显然，主体认知的差异性越大，经济交易费用Ⅱ就越大。政治交易费用方面，在我国政治体制改革过程中，由于政治市场不完全、政治契约复杂性、信息拥堵等原因会产生政治交易费用（Dixit，1996；周业安，2005），并对农村土地制度的形成产生影响。

（2）制度结构

制度是一个完整的体系，构成了一种特定的制度结构。诺思（2008）提出，制度主要由三个部分构成，即正式规则、非正式约束以及实施特征。埃莉诺·奥斯特罗姆（2000）认为，制度包括三个层次的规则，即宪法规则、集体选择规则、操作规则。制度状态包含人们相互依赖性的诸多方面，它们具有不同的重要性，应该进行分类排序，这就形成了制度结构（斯密德，2004）。

从产权角度来分析制度，就形成了产权结构。产权是一个社会所强制实施的选择一种经济品使用的权利，有助于形成合理的预期（德姆塞茨，1990）。马克思的所有制理论认为，产权关系强调的是人与人之间建立在物质基础上的经济权利关系。产权本质上是一组关于财产的权利，主要包括所有权、占有权、使用权、收益权、处分权（Alchian and Demsetz，1973）。产权可以进行分解，分别由不同的主体拥有，最终形成一个特定的产权结构。由于不同主体具有差异化的资源禀赋条件，处理不同产权子权利的效率存在差异，就会对不同子权利的需求产生偏好。如果产权子权利能够赋予利用效率较高的主体，那么整个产权结构就是有效的和稳定的；否则，如果相关主体不能获得利用效率较高的产权子权利，那么整个产权结构在效率方面就有改进的空间，产权结构就是不稳定的。需要强调的是，一方面，在产权结构形成过程中，存在着持续的博弈关系，相关主体围绕着产权分解，会进行一系列博弈，充分利用自身条件争取有利的产权安排。另一方面，产权结构具有明显的动态性特征，随着制度环境的变化，产权结构会跟着变化，只有保持产权结构对制度环境的动态适应性，才能保证产权结构具有动态效率。

我国的农村土地产权制度，在不同的历史时期，具有不同的结构性特征，具体表现为产权子权利的不同分解模式和不同配置模式。改革开放以前，我国农村土地制度大体经历了新中国成立初期的农民土地所有制和高级社、人民公社时期的土地集体所有、集体经营制度。改革开放以来，我国农村土地集体所有、农民家庭承包经营的基本制度安排，对土地所有权和承包经营权进行了有效分解，分别由两个不同的主体拥有。在此基础上，又根据不同发展时期的不同制度环境变化，不断完善土地承包经营权内涵，并对土地承包经营权进一步分解，分别配置给不同的主体。改革开放初期，为了提高农业生产效率，将土地承包经营权从产权中分解出来赋予农民家庭，由农民自主经营，极大地提高了农民的生产积极性，促进了农业发展；随着城镇化、工业化进程加快，大量农业转移人口逐步市民化，土地的交易价值不断显现，人们对土地的转让权提出了强烈要求，于是在农村土地产权安排方面就不断赋予农户土地转让权；现阶段，中国经济发展进入一个新阶段，在全面建设小康社会的大背景下，中央提出全面深化经济体制改革，在农村土地制度方面，需要将所有权、承包权、经营权"三权分置"，强化土地所有权、完善土地承包权、放活土地经营权，通过土地合理流转，实现适度规模经营。在产权结构演变过程中，各个产权主体围绕着产权子权利的分解和配置，进行了多层次动态博弈，最终形成了制度均衡。可以预见，随着制度环境的变化，我国农村土地制度仍然会继续演变，形成与制度环境相适应的制度结构。

需要指出的是，制度结构对制度环境具有反馈作用。当一定的制度结构形成以后，就会对制度环境的多个方面产生影响，从而改变制度环境本身。因此，制度结构与制度环境之间是一种动态的影响关系。

（3）制度绩效

特定的制度结构会产生一定的制度绩效。制度绩效的内容是多方面的，主要包括政治收益、经济收益、社会收益、文化收益、环境收益等。制度绩效既有质的规定性，也有量的规定性。诺思指出，制度效率必然是适应性的（诺思，1994）。其含义是说，制度绩效首先表现为制度能够适应特定的环境，在此基础上制度的实施才会带来良好的结果。这实质上是从质的规定性方面阐述了制度绩效的内涵。一旦制度取得了适应性效率，那么必然会带来正面的激励效应，激励当事人有效从事生产和交易，促进生产率提高，增加产出，增进福利。因此，制度绩效具有质的规定性和量的规定性两者的内在统一性。

制度绩效的质和量受到多方面因素的影响，主要影响因素包括制度环境中交易费用的大小、制度结构对制度环境的适应性、制度安排与主体认知的一致性程度等。①制度环境中交易费用的大小。如前所述，制度环境中存在着多种形式的交易费用，包括经济交易费用、政治交易费用等。如果通过宣传教育等活动提高主体的认知程度，减少外部环境对主体认知的不利影响，减少不同主体认知模式上的差异程度，那么就可以减少制度环境中总的交易费用，保证制度安排能够取得良好的绩效；反之，如果主体认知程度较低，不同主体认知模式差异程度较大，那么制度环境中总的交易费用就会较高，制度安排的整体效率就会降低。②制度结构对制度环境的适应性。如果整个制度结构体系是建立在对制度环境的正确判断基础上的，就可以保证制度结构能够较好地适应制度环境，从而保证制度安排的效率较高。制度结构对制度环境的适应性主要体现在两个方面，一是制度结构体系能够适应现有的制度环境。二是制度结构具有一定的弹性，能够适应制度环境的合理变化。这样，就可以保证制度结构与制度环境具有静态适应性和动态适应性两者的统一，从而保证制度安排在相当长一段时期内具有较高的效率。反之，如果制度结构不适应制度环境，那么制度安排就不能取得好的绩效。全面考察我国农村土地制度变迁过程可以发现，在很多时期，我国农村土地制度结构适应制度环境，因而整个制度安排取得了良好的制度绩效；但在一些时期，由于制度结构不适应制度环境，使得整个农村土地制度效率较低。③制度安排与主体认知的一致性程度。制度安排中的各个主体通过自身认知采取行动，进而对制度绩效产生直接影响。如果制度结构满足了主体的主观意愿，即制度安排与主体认知的一致性程度较高，那么主体就比较认可既有的制度安排，采取积极的生产性活动，最终会使得整个制度安排取得良好绩效；反之，如果制度结构违背了主体的主观意愿，导致制度安排与主体认知的一致性程度较低，那么主体就不会认可既有的制度安排，进而采取消极的抵制活动，导致整个制度安排的效率低下。我国农村土地制度变迁的多个阶段，制度安排满足了主体的主观意愿，取得了良好的制度绩效；也有一些阶段，制度安排违背了主体的主观意愿，导致制度绩效较低。

需要指出的是，制度绩效对制度环境和制度结构都存在反馈作用。制度绩效对制度环境的反馈作用方面，良好的制度绩效会改善政治、经济、社会、文化等外部环境，也会强化主体的正确认知、改进主体的不正确认知，促进外部环境与主体认知之间，不同主体认知之间的良性互动，减少制度环境中的交易费用；反之，低下的制度绩效则会带来消极的反馈作用，增加制度环境中的交易费用。当事人选择制度，制度也会影响当事人的偏好和认知，并相应地改变人类适应环境和改造环境的行为（诺思，1994）。制度绩效对制度结构的反馈作用方面，良好的制度绩效会强化已有的制度结构体系，较差的制度绩效则会推动制度结构变革。

（4）制度变迁

当制度环境发生变化时，原有的制度结构就不再适应新的制度环境，两者之间产生一定的张力，其中蕴含了一定的潜在利润，即在原有制度安排下不能被当事人获取的利润。当事人具有追求潜在利润的强烈动机，就会产生创新制度使潜在利润显现化的动力，从而推动制度变革，形成新的制度结构体系，使制度发生变迁。在制度变迁过程中，不同当事人围绕着潜在利润会进行多重博弈，争取有利于自身的潜在利润分配方案。制度变迁过程本质上是一种持续的博弈过程，需要在博弈论框架下理解制度变迁过程。同时，制度企业家在创新制度、推动制度变迁过程中，也遵循基本的成本收益原则，首先估算制度变革可能得到的潜在利润以及制度变革需要支付的成本。其次比较制度变革收益与成本的大小，只有当制度变革收益大于成本时，理性的制度企业家才会进行制度变革，制度变迁才得以顺利推进。制度变迁是否能够顺利进行，取决于新的制度安排能否减少制度环境中总的交易费用，如果新的制度安排能够减少制度环境中总的交易费用，那么制度变迁就可以顺利进行；反之，如果新的制度安排不能减少制度环境中的总的交易费用，那么制度变迁就不能顺利进行。

需要指出的是，由于制度环境总是在不断变化，因此制度变革具有明显的动态性特征，即制度变革是在不断进行的，并且在程度较小的制度变革积累到一定程度时，就会发生程度较大的制度变革，使制度变迁表现出量和质的统一性。制度变迁具有"刻点均衡"特征，制度变迁过程一方面是渐进的，另一方面又间或被一些转折点所穿刻，表现出与生物进化过程类似的特征（青木昌彦，2001）。同时，制度变迁过程也具有明显的路径依赖特征，原有的制度安排会对新的制度结构产生重要影响。

全面考察中国农村土地制度变迁过程可以发现，中国农村土地制度变迁总是在制度环境变化后、原有的制度安排不能适应新的制度环境背景下展开的，当事人为了追求潜在利润推动了制度变迁。新中国成立以后，中国农村土地制度变迁大体上经过了农民土地私有制、土地集体所有集体经营、土地集体所有农户家庭承包经营等几个主要阶段，在每个大阶段中又存在着诸多小阶段。无论是几个大阶段之间的变迁，还是诸多小阶段之间的变迁，其动力机制可以归结为两个方面，一是制度环境的变化。二是当事人追求潜在利润的强烈动机，其中制度环境变化是主要方面。在中国农村土地制度变迁过程中，多个当事人，主要包括中央政府、地方政府、农村集体、农户家庭、用地企业等都有自身的利益诉求，相互之间存在着多层次博弈关系，最终的博弈均衡结果决定了制度变迁的速度和方向。而且，这种博弈关系是动态的，博弈均衡结果也是不断变化的，推动了制度变迁不断发生。中国农村土地制度变迁同样具有路径依赖特征，前一阶段的制度安排对后一阶段的制度选择具有重要影响。

考察中国农村土地制度变迁需要特别重视政府的作用，政府在制度变迁过程中发挥了重要作用，有时甚至是决定性的作用，因此，从制度变迁形式上看，中国农村土地制度变迁既具有诱致性制度变迁特征，也具有强制性制度变迁特征（张红宇，2002）。

3.2　1978 年以前的我国农村土地制度变迁

本节运用中国农村土地制度变迁内在逻辑框架分析 1978 年以前中国

农村土地制度变迁的过程。新中国成立以后，我国农村土地制度发生了重要的变迁，变迁过程主要包括两个阶段：第一阶段，从 1949 年到 1955 年，制度变迁的主要特征是满足广大农民的主观意愿，实行农村土地农民所有制的基本制度安排。第二阶段，从 1956 年至 1978 年，制度变迁的主要特征是在政府行政力量指导下实行农村土地集体所有、集体经营的基本制度安排。

3.2.1 农村土地制度变迁过程的简要回顾

3.2.1.1 农民土地私有制：1949—1955 年

（1）农民土地私有制：1949—1952 年

新中国成立后，政府在全国范围内进行农村土地制度改革。改革的主要内容是，彻底废除封建的地主土地所有制，实行农民土地所有制。1949 年 9 月，《中国人民政治协商会议共同纲领》规定，"要有步骤地将封建半封建的土地所有制改变为农民的土地所有制"。1950 年 6 月，通过了《中华人民共和国土地改革法》，规定"废除地主阶级封建剥削土地所有制，实行农民的土地所有制，借以解放生产力，发展农业生产，为新中国的工业化开辟道路。"由此可见，新中国成立初期的土地改革，实行农民土地所有制，为新中国的工业化开辟道路。

到 1952 年底，除西藏自治区等少数地区外，全国基本上完成了土地改革，结束了旧中国长期以来实行的封建地主土地所有制，建立起农民土地所有制，满足了广大农民千百年来"耕者有其田"的强烈愿望。

（2）互助组、初级合作社：1953—1955 年

1953 年初，为了解决农民在生产过程中遇到的实际困难，中央号召开展农业生产互助合作。合作化运动初期，主要通过改变农业生产经营组织方式解决个体农户遇到的实际困难，并没有改变农民土地所有制性质。互助组强调农民自愿开展劳动互助，使农业生产经营方式从单个家庭的独立劳动转向多个家庭的互助劳动。

初级合作社是在互助组基础上发展起来的。初级合作社对土地产权进行了初步分解，土地所有权仍然由农民拥有，但土地必须以入股形式交由合作社统一经营，收益由合作社统一分配。这就意味着，土地使用权归合作社集体所有，收益权由合作社和农民共同分享，农民实际上已经不再拥有独立的土地使用权和收益权，实质上将土地所有权与使用权、收益权在一定程度上进行了分离。

1955 年底，全国参加农业生产互助合作的农户达 7 727 万户，占农户总数的 65%（廖洪乐，2008）。

3.2.1.2　农村土地集体所有、集体经营制度：1956—1978 年

（1）高级合作社：1956—1957 年

1956 年，全国各地掀起了兴办高级农业生产合作社的高潮。到 1956 年年底，约 88％的农户加入高级社，除西藏自治区等少数地区外，实现了全面"合作化"。原计划 15 年完成的制度变迁，仅仅 3 年就基本完成了（杜润生，2005）。在此过程中，高级社的规模不断扩大，从最初的 30 户左右，扩展到一个村的所有农户，规模约 150～200 户。最终，在短时期内高级社就成为中国农村合作化运动的主要形式，中国农村社会长期以来以分散性为主要特征的社会结构被以高度集中为特征的社会结构所替代（赵阳，2007）。

1956 年 6 月，通过了《高级农业生产合作社示范章程》，规定"社员的土地转为合作社集体所有，取消土地报酬"。由此，高级社建立起农村土地集体所有、集体经营的基本制度安排。

（2）"一大二公"的人民公社时期：1958—1961 年

1958 年 3 月，中央号召建立人民公社，全国掀起了建立人民公社的高潮。经过短短几个月时间，全国就基本上实现了"人民公社化"。根据 1958 年 12 月通过的《关于人民公社若干问题的决议》，"从 1958 年夏季开始，只经过了几个月时间，全国 74 万多个农业生产合作社，就已经在广大农民的热烈要求的基础上，改组成了 2.6 万多个人民公社。参加公社的有 1.2 亿多户，已经占全国各民族农户总数的 99％以上。"

这一时期人民公社的主要特征是"一大二公""政社合一"。原来属于高级社的土地都无偿归人民公社所有。人民公社的组织规模一般以乡为单位，约 2 000 户，远远超过了高级社的规模。

1958—1961 年三年困难时期，中央决定对农村土地制度进行局部调整。1960 年 11 月，中央指出"三级所有、队为基础，是现阶段人民公社的根本制度。"这里的"队"是指生产大队，这就大大缩小了农村集体组织的规模。然而，生产大队的规模仍然较大，有 1 000 人左右（胡穗，2007）。

（3）"三级所有、队为基础"的人民公社时期：1962—1978 年

中央又对农村土地制度进行了调整。1962 年 9 月，通过了《农村人民公社工作条例修正草案》，规定"生产队（有的地方也叫生产小队）是人民公社的基本核算单位。"生产小队的规模较小，约 30～50 户，共 200 人左右，制度变革取得了一定的成效，1963—1965 年农业产量取得较快增长。

1966 年开始了"文化大革命"，在极"左"思想的指导下，关于农村土地制度改革探索不多，人民公社"三级所有、队为基础"的制度安排基本保存下来。

1949—1978 年中国农村土地制度变迁过程如表 3-1 所示。

表 3 - 1　1949—1978 年中国农村土地制度变迁过程

阶段	第一阶段：农民土地私有制		第二阶段：农村土地集体所有、集体经营		
时间	1949—1955 年		1956—1978 年		
	1949—1952 年	1953—1955 年	1956—1957 年	1958—1961 年	1962—1978 年
特征	农民土地私有制	互助组、初级合作社	高级合作社	人民公社：一大二公	人民公社：三级所有、队为基础

3.2.2　1949 年至 1955 年的农村土地制度变迁

这一阶段的农村土地制度变迁总体上尊重了广大农民的主观意愿，实行了农村土地农民所有制的基本制度安排，既满足了广大农民的主观意愿，也能够适应当时的制度环境，最终取得了良好的制度绩效，保证农村土地制度变迁得以顺利推进。同时，制度变迁过程既体现出路径依赖特征，也兼有诱致性特征和强制性特征。运用上述制度环境——制度结构——制度绩效——制度变迁分析框架，可以对这一时期农村土地制度变迁进行分析。

（1）制度环境

这一时期影响中国农村土地制度改革的外部环境主要包括政治环境和经济环境，它们与政府及农民对土地制度改革的主观意愿结合在一起，构成了中国农村土地制度改革的整体环境。

政治环境方面。一方面，新中国成立后需要尽快发展国民经济，提出了国家工业化的发展战略，希望动员全社会资本尽快实现国家工业化，这就需要农村提供重要的资本和原材料支持，需要通过农村土地制度改革大力发展农业生产、提高农业产出。另一方面，中国共产党成立之初就提出土地改革主张并在新民主主义革命过程中加以实施，在解放区废除封建地主土地所有制，实行农民土地所有制，满足广大农民千百年来"耕者有其田"的强烈愿望，获得了农民的广泛支持，提高了农民的生产和革命积极性，取得了良好的成效。新中国成立后，中国共产党仍然坚持土地改革主张，满足农民的主观意愿，实行农民土地所有制。

经济环境方面。一方面，新中国刚成立，国民经济发展水平十分低下、人们生活遇到困难，需要通过大力发展生产尽快恢复国民经济，并通过工业化提高国民经济发展速度，这就需要对农村土地制度进行改革，提高农民生产积极性，提高农业产出，为城市、工业提供足够的物质支持。另一方面，农业的生产力水平较低，农民的生活水平较低，需要按照生产关系适应生产力的基本规律，合理安排农村土地制度，实行农民土地所有、农民自主经营的分散化制度结构。再一方面，新中国成立初期，人地矛盾十分突出，封建地主土地所有制仍然居于支配地位，少数地主仍然占有大部分土地，广大贫雇农只拥有少量土地，土地分配不平等程度十分严重。

主体意愿方面。政府的主观意愿与广大农民的主观意愿存在着一致性。一方面，政府希望继续采用解放区成功的土地改革方案，通过实行农民土地所有制，提高农民生产积极性，提供农业产出，既促进了农业生产力水平的提高，也改善了农民生活水平，更满足了国家工业化的发展战略。另一方面，广大农民千百年来就有着强烈的土地情结，希望满足"耕者有其田"的良好愿望，即希望能够实行农民土地所有制，由农民自主经营。

（2）制度结构

这一阶段农村土地制度安排的主要特征是废除封建地主土地所有制，实行农民土地所有制。《土地改革法》明确指出，"废除地主阶级封建剥削的土地所有制，实行农民的土地所有制，借以解放农村生产力，发展农业生产，为新中国工业化开辟道路。"这一制度安排保证农民拥有比较完整、独立的农村土地产权，包括土地所有权、使用权、收益权，农民自主经营，实现了土地所有权与经营权的统一，同时土地由农民拥有，土地收益由国家、集体和农民共同分享。由于当时农村生产力水平较低，土地制度安排主要为了提高农民农业生产积极性，土地转让交易等并没有现实需求，因此，在土地产权细分上强调了使用权，并没有明确转让权等处置权的归属。

同时，长期以来存在于中国农村社会的平均主义思想，对土地改革也具有深刻的影响。《土地改革法》规定，土地分配的具体方法是，以乡或相当于乡的行政村为单位，在原耕地的基础上，按土地数量、质量及其位置远近，采用"抽补调整"的办法按人口平均分配。这种按照人口平均分配土地的方式实际上满足了广大农民根深蒂固的平均主义思想观念。这充分反映了非正式制度与正式制度之间的有机协调，保证了整个制度结构的有机统一。

合作化运动初期主要通过建立互助组和初级合作社实现农业生产互助合作。互助组只是通过改变农业生产经营组织模式解决个体农户在生产过程中遇到的实际困难，并没有改变原有的农村土地制度安排，即农民仍然拥有土地所有权、使用权和收益权。初级合作社则对农村土地产权进行了部分分割，农民仍然拥有土地所有权，但土地必须以入股形式交由合作社统一经营，土地收益由合作社统一分配，实际上农民已经不再拥有独立的土地使用权和收益权，土地使用权归合作社集体所有，而收益权则由合作社和农民共同分享。可见，这种制度安排已经在一定程度上将土地的所有权与使用权进行分离，这就与原来由农民拥有完整土地产权的土地制度有所不同了。

（3）制度绩效

新中国成立初期所进行的农村土地制度改革，由于制度结构安排很好地适应了制度环境的变化，因而取得了良好的制度绩效。

从定性角度分析，这一时期农村土地制度改革取得的良好绩效主要表现在四个方面：首先，农村土地制度改革的主要内容符合当时的制度环境，实现了制度结构与制度环境之间的有效适应性。新中国成立初期，国民经济发展水平较低，仍然以农业经济为主，而旧中国长期实行的农村土地地主所有制严重阻碍了农业生产力的发展，需要通过土地改革实行农民土地所有制，调动农民生产积极性，促进农业生产力水平提高，由此就表现出制度供给与制度需求之间的有效耦合性，最终使土地改革取得了良好的制度绩效。

其次，农村土地农民所有制的基本安排，满足了广大农民千百年来"耕者有其田"的强烈愿望，既兑现了中国共产党成立以来对广大农民在土地改革方面的承诺，也满足了广大农民的主观意愿，坚定了农民对中国共产党领导政权的忠诚和支持，极大地调动了农民的生产积极性，使得农业产出得到很大提高，稳定了国民经济，并促进了国民经济的恢复和发展。

再次，农村土地改革的主要内容也符合政府方面的主观要求。一方面，中国共产党成立初期就承诺对农村土地制度进行改革，满足农民的土地诉求，在新民主主义革命过程中，中国共产党一直坚持进行土地改革，实行农民土地所有制，并且取得了良好成效，因此中国共产党仍然希望通过土地改革争取农民的支持。另一方面，新中国成立初期，国民经济发展水平低下，政府需要通过提高农业生产力恢复和发展国民经济，这也需要通过土地改革才能实现。

最后，新中国成立初期的农村土地制度改革有效实现了正式制度、非正式制度和制度实施三方面的有效适应。一方面，在实行农民土地所有制的正式制度安排过程中，尊重中国农村长期以来形成的平均分配习俗等非正式制度安排，按照人口平均分配土地，实现了正式制度与非正式制度的有效适应。另一方面，由于制度实施符合所有当事人的意愿，照顾到了所有当事人的利益诉求，因而取得了制度实施方面的同意一致性，导致制度实施过程中交易成本最小化。

从定量角度分析，新中国成立初期农村土地制度改革所取得的良好绩效主要表现在五个方面：一是提高了农业生产力。1949—1952年，全国粮食、棉花、油料等主要农作物产量均大幅度提高，全国粮食总产量由 11 318 万吨增加到 16 392 万吨，增长了 44.79%，年均增长 13.14%；棉花总产量由 44.4 万吨增加到 130.4 万吨，增长了 193.69%，年均增长 43.15%；油料作物总产量由 256.4 万吨增加到 419.3 万吨，增长了 63.53%，年均增长 21.17%（王景新，2001）；农业总产值增长了 49.0%，年均增长率为 16.3%；林业、牧业、副业、渔业也快速增长，各自产值的年均增长率分别为 19.6%、11.3%、14.7%、29.5%（杨德才，2002）。二是提高了农民收入。与 1949 年相比，

1952 年的农民收入增长了 30% 以上（胡绳，1991）。据估算，"土地改革中获得经济利益的农民约占农业人口的 60% 到 70%，全国得利农民连老解放区在内约 3 亿人，约有 7 亿亩土地分给了农民。在土地改革以前，农民为耕种这 7 亿亩土地，每年给地主交纳的地租即达 3 000 万吨以上的粮食，现在已不再交租了。农民已不再为地主劳动。"三是农村土地占有状况得到了很大改变，使农村土地占有状况基本实现了平均化。1953 年，全国完成土地改革的农业人口共 4.55 亿，约占全国农村总人口的 90%，约 3 亿多无地或少地农民获得了约 7 亿亩土地。占农村人口 90% 以上的贫雇农和中农，土地改革前占有全部耕地小于 30%，土地改革后则达到 90% 以上；占农村人口不到 10% 的地主、富农，土地改革前占有全部耕地的 70% 以上，土地改革后则下降为 10% 左右。土地改革使农村土地占有基本实现了平均化。四是保证国民经济得到全面恢复和初步发展。1952 年，全国工农业总产值为 810 亿元，比 1949 年增长77.5%，年均增长率为 25.8%。这就为随后的国家工业化奠定了坚实的基础。五是互助组和初级合作社发挥了农民互帮互助的作用，促进农村社会的发展和农业生产力的提高。与个体农户相比，初级合作社增加了主要农作物的平均产量。据 12 个主要的水稻生产省份统计，水稻平均亩产增加 10%；据 9 个主要的小麦生产省份统计，小麦平均亩产增加 7%；据 8 个主要的大豆生产省份统计，大豆平均亩产增加 19%；据 9 个主要的棉花生产省份统计，棉花平均亩产增加 26%。资料显示，与个体农民相比，两种形式的互助组在粮食产量方面都有较大程度的提高。

（4）制度变迁

新中国成立初期的农村土地制度变迁表现出来的最大特征就是制度结构对制度环境的良好适应性，最终取得了良好的制度绩效。这一时期农村土地制度结构对制度环境的良好适应性主要体现在四个方面，一是满足了广大农民强烈的主观意愿。通过实行农民土地私有制的基本制度安排，满足了广大农民千百年来"耕者有其田"的强烈愿望。这样，既争取了农民对新中国政权的坚决拥护，也充分调动了农民的生产积极性。二是适应了当时中国的政治、经济、社会环境。处于新民主主义革命阶段的新中国政权需要得到广大农民的坚决支持，才能尽快恢复国民经济，稳定社会环境。农村土地农民私有制充分调动了农民的生产积极性，使农业生产取得了较好成效，对恢复国民经济、稳定社会环境起到了积极的作用。三是保证了制度安排的连续性。解放战争时期解放区已有的土地改革，已经实施了农民土地私有制的基本制度安排，并且取得了良好的成效。新中国成立后的土地改革，延续了解放区土地改革的基本制度安排，保证了制度变革的连续性。四是制度安排保证了相关主体的一致同意性。农民土地私有制的基本制度安排，满足了农民的意愿，也符合政府的要求，在发展经济的同时稳定了社会，使所有执政主体的收益都得到了改进，满足了一致同意性条件。

正是由于制度结构很好地适应了制度环境，因此制度变迁过程中的交易费用最小化，制度变迁得以顺利推进。回顾这一时期的农村土地制度变迁，可以发现制度变迁表现出明显的协调性特征，一是强制性制度变迁与诱致性制度变迁的协调性。新中国政权的一个主要目标就是废除封建地主土地所有制，实现农村土地农民所有，因此政府强制性制度变革的最终目标是实行农民土地私有制。同时，广大农民长期以来的主观意愿，推动了农村土地制度向着农民土地私有制的方向变迁，这就表现出诱致性制度变迁与强制性制度变迁的协调性。二是正式制度安排与非正式制度安排之间的协调性。新中国成立初期的农民土地私有制，充分尊重了中国农村长期以来形成的平均主义习俗，基本按照农村人口均分土地，这就表现出正式制度安排与非正式制度安排之间的协调性。

合作化运动初期的农村土地制度变革，基本延续了新中国成立初期的土地制度安排，实行农民土地所有制，只不过在一定程度上将土地所有权与使用权进行了分离。回顾这一时期的农村土地制度变迁，可以发现具有四个特征，一是制度结构对制度环境的良好适应性。这一时期的农村土地制度结构，仍然实行土地农民私有制的基本制度安排，最大程度上维持了农民的土地权利。互助组、初级合作社的制度变革，只是将土地使用权交由集体，比较好地发挥了农民互助、合作的积极作用。二是制度安排满足了农民的意愿。一方面，土地仍然由农民所有，稳定了农民的土地意愿；另一方面，通过互助、合作，增加了农业产出，得到了农民的支持。三是制度变迁主要由政府推动。政府基于增加农业产出的考虑，积极推动农民进行互助、合作，政府推动力是这一时期农村土地制度变迁的主要力量。四是制度变迁主要为国民经济发展目标服务。国民经济恢复以后，政府主要的经济发展目标是尽快实现国家工业化，这就需要增加农业产出，对国家工业化进行支持。在这样的政策目标下，农村土地制度变革就逐步向着合作化、集体化的方向演化。总体而言，这一时期的农村土地制度安排能够适应当时的制度环境，取得了良好的制度绩效。

3.2.3 1956—1978 年的农村土地制度变迁

这一阶段的农村土地制度变迁主要由政府依靠行政力量推动，表现出明显的强制性特征。政府基于国家工业化等发展战略的考虑，积极推进了这一时期的农村土地制度变革，通过实行农村土地集体所有制的基本制度安排，满足了国家工业化对农村资源等多方面的要求。然而，这种土地制度安排在一定程度上违背了农民的主观意愿，也超越了生产力发展的实际水平，总体制度绩效不太令人满意。运用上述制度环境——制度结构——制度绩效——制度变迁分析框架，可以对这一时期农村土地制度变迁进行分析。

（1）制度环境

政治环境方面。这一时期的政治环境总体上存在着较大压力，一方面，西方资本主义国家仍然对中国实施封锁、制裁，限制了中国的外交空间。另一方面，中苏关系破裂，中苏边境局势紧张，中国面临着较大的军事、政治压力。此外，政府内部存在着一些反动势力，挑起了一系列反革命运动，扰乱了正常的政治秩序。这些政治环境对这一时期农村土地制度改革的方向、方式产生了直接影响。

经济环境方面。由于新中国面临着西方资本主义国家的封锁，又失去了苏联等社会主义国家的支持，只能完全依靠自身力量进行经济建设，这就要求包括农村居民在内的全体公民提高储蓄率，完成尽可能多的资本积累。国家工业化优先发展战略要求农业支持工业、农村支持城市，相应地，就建立起包括城乡户籍制度、计划经济体制、城乡要素扭曲在内的三位一体的城乡分离体制。这种体制内生因素决定了需要实行农村土地集体所有制。

社会环境方面。为了适应城市优先、工业优先的国家发展战略，采取了严格的城乡分治的二元经济社会体制，严格限制农村人口向城市流动。在这种体制安排下，农村成为相对封闭的一个个独立体，农民一方面为国民经济发展提供了大量剩余，另一方面努力为自身及家庭成员的基本生存条件而奋斗。

主体认知方面。广大农民仍然希望继续实行农民土地私有制的基本制度安排，通过以家庭为单位的农业生产，解决自身的温饱问题。但政府基于缓解政治压力，优先发展国家工业化战略的考虑，希望农业、农民能够积累尽可能多的劳动剩余支持国民经济发展，因而希望通过实行土地集体所有制达成上述目标。由此可见，政府认知与农民认知存在着较大的矛盾。

（2）制度结构

这一时期农村土地制度结构的主要特征是集体所有、集体经营。虽然高级合作社、人民公社时期的集体规模有所变化，但总体上都是实行了农村土地的集体所有、集体经营。

集体所有、集体经营的农村土地制度，将土地产权的多个方面进行了合并，统一归属于农村集体。具体而言，在农村土地集体所有、集体经营的基本制度安排下，农村土地所有权、经营权、收益权、处置权等都归属于农村集体，实行了单一的农村产权制度。这种农村产权制度具有四方面特征，一是产权主体单一化。产权的多个方面没有进行有效分解，而是统一归属于农村集体，最终使得产权主体过于单一化，违背了产权效率的基本条件。产权经济学理论指出，产权的多个方面可以进行有效分解，分别赋予使用效率相对高的产权主体，才能取得整体产权的高效率。二是产权主体规模过大。高级合作社农村土地产权规模达到 150～200 户，人民公社初期产权规模高达约 2 000 户，

"三级所有、队为基础"的基本安排产权规模也有 1 000 人左右，这些安排都导致农村土地产权规模过大。三是产权主体相对模糊。这一时期农村土地产权统一归属于农村集体，然而对农村集体的界定却是模糊的，最终导致农村土地产权主体也相对模糊。一方面，究竟农村集体是指人民公社、村集体，还是指生产大队、生产小队？法律在这方面并没有明确规定。另一方面，在农村集体内部，土地产权边界也不清晰，存在着一定模糊性。四是正式制度与非正式制度之间的矛盾性。中国农村长期存在着平均主义、家族观念等传统习俗、惯例，而土地集体所有、集体经营的正式制度安排则与这些非正式制度存在矛盾，增加了制度之间的协调成本。

（3）制度绩效

高级社的农村土地制度安排虽然也取得了一定的积极绩效，但由于制度变迁表现出一种明显的强制性激进式特征，违背了农民的主观意愿，也超越了当时的社会经济发展水平，因而总体上带来了比较消极的影响。据统计，粮食生产的增长速度，1949—1952 年平均增长 13.1%，1955 年增长 8.5%，1956 年增长 4.8%，而 1957 年仅增长 1.2%。虽然高级社期间粮食等农作物的总产量仍然继续增加，但却是通过扩大耕地面积取得的，亩产不仅没有提高，反而有所下降。农业总产值的增长速度也呈下降趋势，农业总产值增长指数，以 1952 年为 100，1953 年为 103.1，1954 年为 103.4，1955 年为 107.6，而 1956 年则下降为 105.0，1957 年进一步下降为 103.6。农业总产值，1953 年为 510 亿元，1954 年为 535 亿元，1955 年为 575 亿元，1956 年为 610 亿元，1957 年则下降为 537 亿元（杨德才，2002）。

1958—1961 年，"人民公社化"运动初期，土地产权归人民公社所有。由于人民公社规模很大，生产经营过程中监督成本很高，因此，这种农村土地制度变革产生了消极的影响（林毅夫，2005）。从 1959 年起，中国农业生产出现了连续三年的剧烈滑坡，1959 年的谷物产量下降了 15%，1960 年和 1961 年的谷物产量只有 1958 年的 70%。

从 1962 年开始，为了应对危机，调整了人民公社初期的农村土地制度，确立了"三级所有、队为基础"的基本经济制度，将土地产权主体从人民公社转变为生产队，减小了集体规模，在一定程度上缓解了规模过大的问题。同时，也将自留地归还给农民。这些制度变革，降低了农业生产过程中的监督成本，在一定程度上提高了农民的生产积极性，使农业生产有所发展。1962—1965 年，农业生产取得了一定的增长。据统计，粮食产量，1965 年达到 3 890 亿斤[*]，比 1962 年增加了 690 亿斤，已经接近 1957 年 3 900 亿斤的水平；棉

---

* 斤为非法定计量单位，1 斤＝500 克。——编者注

花产量，1965年为4 195万担，超过1957年的3 280万担；其他农产品也有一定幅度的增产。

但是，随着时间的推移，"三级所有、队为基础"的农村土地制度安排不断暴露出内在的缺陷，导致农业生产的绩效较差。粮食生产方面，由"一五"时期的年净出口200万吨改变为"五五"时期的年净进口710万吨；29个省（区、市）中，有11个省（区、市）由粮食调出转变为粮食调入；到20世纪70年代末，只有3个省（区、市）能够调出粮食。食用油方面，由"一五"时期的年净出口25.9万吨改变为"五五"时期的年进口22.2万吨。棉花方面，由"一五"时期的年净进口3.1万吨改变为"五五"时期的年净进口42.5万吨。农产品普遍由出口转变为进口，虽然有人口增加等原因，但农产品产量的持续下降是一个重要原因。

（4）制度变迁

这一时期农村土地制度变迁主要表现出强制性、激进性、不协调性特征。

一，强制性制度变迁特征。高级社、人民公社时期农村土地集体所有、集体经营的基本制度安排，主要是由政府依靠行政力量强制推动的，政府认知下的行政力量构成了这一时期农村土地制度变迁的主要推动力。政府基于快速实现国家工业化的发展战略考虑，需要通过实行农村土地集体所有、集体经营的制度安排，强化对农业生产的管理，以较低价格收购农产品，为工业生产、城市发展提供尽可能多的原材料，完成必须的资本积累。因此，农村土地集体所有、集体经营的单一经营体制，本质上是内生于这一时期的国家发展战略的。政府依靠强大的行政力量主导了农村土地制度改革，将农民土地私有制快速转变为土地集体所有、集体经营的制度结构，完成了土地制度的重大变迁。

二，激进性制度变迁特征。这一时期的农村土地制度变迁，以大规模的群众运动方式在短时间内快速完成，表现出明显的激进式特征。从初级合作社的农民土地私有制到高级合作社的土地集体所有、集体经营的制度转变，在短短一年时间内就宣告完成，随即又开始了"人民公社化"运动，将农村集体规模进一步扩大。无论是农村土地制度基本结构方面的改变，还是土地产权边界的重新划分，抑或是经营体制的根本转变等，都由政府行政力量强制推动，通过发动群众运动方式快速完成。

三，不协调性制度变迁特征。制度经济学理论指出，制度是一个有机系统，制度变迁需要各个制度子系统之间有机协调才能最终完成。这一时期农村土地制度变迁存在着多方面的不协调性，一是主体认知之间的不协调。政府基于自身对国家工业化发展战略的考虑，强制推动了农村土地制度变迁，但集体所有、集体经营的基本制度安排违背了广大农民的主观意愿，农民仍然希望能够实现"耕者有其田"的良好夙愿。二是正式制度安排与非正式制度安排之间的不协调。农村土地集体所有、集体经营的正式制度安排，与中国农村长期以来形成的以家庭为单位的传统农业生产方式等不相一致，正式制度安排与非正式制度安排之间存在着张力。三是，农村土地基本制度安排与经济发展水平的不协调。农村土地集体所有、集体经营的基本制度安排，公有制程度较高，这就与当时较为低下的生产力发展水平不相适应，生产关系与生产力之间存在矛盾。四是制度安排内部的不协调。高级社、人民公社作为农村土地的产权主体，规模过大，导致农村土地产权边界不清晰、产权主体模糊，降低了产权安排的整体效率。

3.3　1978 年以来的我国农村土地制度变迁

本节运用中国农村土地制度变迁内在逻辑框架分析 1978 年以来的中国农村土地制度变迁过程。1978 年国家实施全面的改革开放政策以来，在农村土地制度的基本安排方面进行了重大变革，由计划经济体制下的农村土地集体所有、集体经营的单一经营体制转变为农村土地集体所有、农民家庭承包经营的双层经营体制，将农村土地产权进行了分解，使产权不同方面归属于不同的产权主体，并且随着制度环境的不断变化，产权细分过程一直在动态进行中，保证了制度结构对制度环境的动态适应性。1978 年以来的农村土地制度变迁可以分为农村土地家庭承包经营体制的建立、完善和创新三个阶段。

3.3.1　农村土地制度变迁过程的简要回顾

3.3.1.1　农村土地集体所有、农民家庭承包经营体制的建立：1978—1983 年

1978 年秋，安徽省凤阳县小岗村的农民自发进行了"包产到户"的农村土地制度创新试验，取得了较好的成效。1979 年 9 月，中央允许在一些特殊情形下实行"包产到户"。于是，安徽、贵州、内蒙古等地区允许在群众自愿基础上实行"包产到户"，农业生产取得良好效果。

1980 年是农村土地制度改革最为关键的一年。5 月，邓小平公开赞扬了安徽肥西县的"包产到户"和凤阳县的"大包干"。9 月，中央允许各地农民根据实际情况选择"包产到户"等农村土地制度改革模式，建立农业生产责任制。到 1981 年 10 月，已有 97.8％的农村基本核算单位建立起各种形式的生产责任制，其中"包产到户""包干到户"占一半左右（刘广栋等，2007）。

1982 年初，中央 1 号文件①第一次明确了"包产到户"的社会主义性质。文件同时规定，"社员承包的土地，不准买卖，不准出租，不准转让"。9 月，党的十二大再次肯定了"包产到户"的改革方向。12 月，全国人大对《宪法》

---

① 从 1982 年开始，中共中央连续五年以 1 号文件的形式，对农村改革发展问题进行了原则性规定。

进行了修改，明确规定"城市的土地属于国家所有。农村和城市郊区的土地，除由法律规定属于国家所有的以外，属于集体所有。"

1983 年 1 月，中央 1 号文件对"包产到户"给予了充分肯定，认为家庭承包责任制"具有广泛的适应性"。到 1983 年年底，全国已有 1.75 亿农户家庭实行了包产到户，占农户总数的 94.5%（赵阳，2007）。

至此，以"包产到户"为主要形式的家庭承包责任制得以正式确立。

3.3.1.2　农村土地集体所有、农民家庭承包经营体制的完善：1984—2011 年

1984 年，中央 1 号文件规定，土地承包期一般应在 15 年以上，坚持"大稳定、小调整"的原则。同时，文件还鼓励土地逐步向种田能手集中，表明中央已经预见到农民可能对土地转让权存在合理要求。

1986 年 6 月，《土地管理法》正式颁布，要求加强土地管理，合理利用土地资源。

1988 年 4 月，全国人大修正了《宪法》，规定"任何组织或者个人不得侵占、买卖或者以其他形式非法转让土地。土地的使用权可以依照法律的规定转让。"这就为土地转让奠定了法律基础。

1991 年 11 月，中央文件明确指出，以家庭联产承包为主的责任制、统分结合的双层经营体制"是中国农民在党的领导下的伟大创举，是集体经济的自我完善和发展，绝不是解决温饱问题的权宜之计，一定要长期坚持，不能有任何的犹豫和动摇。"

1992 年 9 月，中央强调要使家庭承包经营责任制长期稳定，并不断深化，将其纳入法制轨道。

1993 年 3 月，全国人大通过宪法修正案，将"家庭承包经营"明确写入《宪法》，使其成为一项基本经济制度。

1993 年 11 月，中央要求"为了稳定土地承包关系，鼓励农民增加投入，提高土地的生产率，在原定的承包期到期后，再延长 30 年不变。"这一规定对于稳定完善家庭承包经营责任制具有重要意义。同时，中央提出，"在坚持土地集体所有和不改变土地用途的前提下，经发包方同意，允许土地使用权依法有偿转让"。这表明，随着农村经济形势的不断发展，农民对土地权利的要求更加全面，中央能够根据农民的合理要求，逐步完善土地承包经营权内涵。

1995 年 3 月，中央对土地承包合同的严肃性、土地承包期、土地经营权流转等方面做了明确规定。

1997 年 8 月，中央再次明确宣布土地承包期再延长 30 年不变，指出集体土地实行家庭承包经营制度是一项长期不变的政策，要求及时向农户颁发土地承包经营权证书，并对土地使用权流转做出了具体规定。

1998 年 8 月，全国人大通过《土地管理法》修订案，以法律形式规定

"土地承包经营期限为 30 年"，保障了土地承包关系的长期稳定。10 月，中央文件明确了农民的市场主体地位，明确农民依法拥有土地经营的各项权利。文件同时指出，坚持依法自愿有偿原则，合理流转土地使用权。1998 年秋，中央强调"中央关于土地承包的政策是非常明确的，就是承包期再延长 30 年不变。而且 30 年以后也没有必要再变。"

1999 年 1 月，中央再次提出承包期延长 30 年不变，要求将承包合同书和土地承包经营权证"一证一书"全部签发到农户，实行规范管理，确保土地承包关系长期稳定。

2000 年 10 月，中央提出加快农村土地制度法制化建设。

2001 年，中央要求土地使用权流转必须坚持依法自愿有偿原则，强调"土地流转的主体是农户，土地使用权流转必须建立在农户自愿的基础上"。这表明，中央充分尊重农民对土地转让权的合理要求。

2002 年，《中华人民共和国农村土地承包法》明确规定了农村土地承包采取农村集体经济组织内部的家庭承包方式，国家依法保护农村土地承包关系的长期稳定。2004 年颁布了《中华人民共和国农村土地承包经营权证管理办法》《中华人民共和国农业法》，2005 年颁布了《农村土地承包经营权流转管理办法》。这些相关法律的颁布和实施，标志着我国农村土地管理法律体系的不断建立和完善。

2003 年，中央提出"农户在承包期内可依法、自愿、有偿流转土地承包经营权，完善流转办法，逐步发展适度规模经营。"

2004 年，中央 1 号文件对土地征用制度做了原则性规定，要求严格区分公益性用地和经营性用地，明确界定政府土地征用权和征用范围；完善土地征用程序和补偿机制，提高补偿标准，改进分配办法，妥善安置失地农民，提供社会保障。

2005 年，中央要求加快推进农村土地征收、征用制度改革，强调承包经营权流转和发展适度规模经营，必须在农户自愿、有偿的前提下依法进行。

2007 年 3 月，《物权法》明确规定农民的土地使用权利是一种排他性的用益物权，就是一种事实上的物权，而不是简单的合同权利。

2008 年 10 月，中央强调，赋予农民更加充分而有保障的土地承包经营权，现有土地承包关系保持稳定并长久不变；按照产权明晰、用途管制、节约集约、严格管理的原则，进一步完善农村土地管理制度；加强土地承包经营权流转管理和服务，建立健全土地承包经营权流转市场，按照依法自愿有偿原则，允许农民以多种形式流转土地承包经营权，发展适度规模经营；土地承包经营权流转，不得改变土地集体所有性质，不得改变土地用途，不得损害农民土地承包权益。

2009 年，中央明确指出，稳定农村土地承包关系、建立健全土地承包经营权流转市场。赋予农民更加充分而有保障的土地承包经营权；做好集体土地所有权确权登记颁证工作，将权属落实到法定行使所有权的集体组织；稳步开展土地承包经营权登记试点。

2010 年，中央强调，稳定和完善农村基本经营制度、有序推进农村土地管理制度改革；全面落实承包地块、面积、合同、证书"四到户"，扩大农村土地承包经营权登记试点范围；加强土地承包经营权流转管理和服务，健全流转市场，在依法自愿有偿流转的基础上发展多种形式的适度规模经营；加快修改《土地管理法》。

3.3.1.3　农村土地集体所有、农民家庭承包经营体制的创新：2012 年至今

2012 年，党的十八大报告明确指出，有序推进农业转移人口市民化；依法维护农民土地承包经营权、宅基地使用权、集体收益分配权；改革征地制度，提高农民在土地增值收益中的分配比例。

2013 年，中央要求，坚持依法自愿有偿原则，引导农村土地承包经营权有序流转，鼓励和支持承包土地向专业大户、家庭农场、农民合作社流转，发展多种形式的适度规模经营；逐步建立城乡统一的建设用地市场。

2014 年，中央要求，在落实农村土地集体所有权的基础上，稳定农户承包权、放活土地经营权；抓紧落实农村土地承包经营权确权登记颁证工作；在符合规划和用途管制的前提下，允许农村集体经营性建设用地出让、租赁、入股，实行与国有土地同等入市、同权同价。坚持依法、自愿、有偿原则，引导农业转移人口有序流转土地承包经营权；现阶段，不得以退出土地承包经营权、宅基地使用权、集体收益分配权作为农民进城落户的条件。

2015 年，中央要求，抓紧抓实土地承包经营权确权登记颁证工作，稳步推进农村土地制度改革试点。

2016 年，中央指出，建立城镇建设用地增加规模同吸纳农业转移人口落户数量挂钩机制；维护进城落户农民土地承包权、宅基地使用权、集体收益分配权，支持引导其依法自愿有偿转让上述权益。完善"三权分置"办法，充分发挥"三权"的各自功能和整体效用，形成层次分明、结构合理、平等保护的格局。

1978 年以来中国农村土地制度变迁的过程如表 3-2 所示。

表 3-2　1978 年以来中国农村土地制度变迁的过程

阶段	第一阶段：建立期	第二阶段：完善期	第三阶段：创新期
时间	1978—1983 年	1984—2011 年	2012 年至今
特征	土地集体所有、家庭承包经营体制的建立	土地集体所有、家庭承包经营体制的完善	土地集体所有、家庭承包经营体制的创新

3.3.2 1978 年至 1983 年的农村土地制度变迁

1978 年开始的改革开放国家发展战略开启了中国农村土地制度重大变革的历程，中国农村土地制度进行了第一次重大创新，从计划经济体制下的土地集体所有、集体经营的单一体制转变为集体所有、农民家庭承包经营的双层体制，适应了生产力发展的实际水平，满足了政府、农民等当事人的主观意愿，取得了良好的制度绩效。运用制度环境——制度结构——制度绩效——制度变迁分析框架，可以对这一时期农村土地制度变迁进行分析。

（1）制度环境

政治上，结束了长达 10 年的"文化大革命"，提出了实事求是的思想路线，全党思想趋于统一。党的十一届三中全会提出，全党同志和全国人民要解放思想，努力研究新情况、新事物、新问题，坚持实事求是、一切从实际出发、理论联系实际的原则，正确改革同生产力发展不相适应的生产关系和上层建筑，改革一切不适应的管理方式、活动方式和思想方式。党的十一届三中全会以后，认真清理了"左"的错误思想，废除了"无产阶级专政下继续革命"理论，停止使用"以阶级斗争为纲"口号，统一了全党和全国人民的思想。思想认识上的拨乱反正，使人们摆脱了长期以来的各种束缚，使农村基层干部和广大农民自发进行各种农村土地制度创新成为可能。

经济上，提出了全党工作重点转移到经济建设上来的正确主张，开启了以经济建设为中心的改革开放历程。党的十一届三中全会明确指出，应当适应国内外形势的发展，及时、果断地把全党工作的重点和全国人民的注意力转移到社会主义现代化建设上来。为了顺利实现全党工作重点的转移，党对中国社会的主要矛盾作了正确阐述，指出"我们的生产力发展水平很低，远远不能满足人民和国家的需要，这就是我们目前时期的主要矛盾，解决这个主要矛盾就是我们的中心任务。"应该说，全党工作重点转移到经济建设上来，为全国农村改革创造了条件，为农村土地制度改革创造了条件。

主观意愿上，农民迫切解决生存问题的改革需求与政府大力发展国民经济的良好愿望结合在一起，构成了中国农村改革的主要推动力。由于长期实行农村支持城市、农业支持工业的发展战略，农民迫切希望通过改革农村土地制度，通过家庭承包经营提高农业产量，解决家庭成员的温饱问题。在将工作重点转移到经济建设上来的思想指导下，政府希望首先在农业进行改革，既解决广大农民面临的生存危机，也探索有效的改革路径，为进一步改革提供经验。因此，这一时期农民自发的改革意愿与政府推进改革的自觉意愿实现了有机结合。

（2）制度结构

农村土地集体所有、农民家庭承包经营的双层经营体制，将农村土地产权进行了有效细分,农村集体拥有土地所有权,农民家庭拥有土地承包经营权。这一制度改革的核心是在土地集体所有权基础上,将土地承包经营权从原有的单一产权中分解出来赋予农民家庭,适应生产力发展水平,满足农民承包经营土地的合理诉求,提高广大农民的生产积极性。

具体而言,这一制度安排将农村土地产权有效分解为所有权和承包经营权两部分,分别赋予不同的产权主体,农村集体拥有土地所有权,农民家庭拥有土地承包经营权。农村集体拥有土地所有权,保证了农村集体所有制性质,保证农村土地制度改革在社会主义公有制范围内展开,使得制度变迁具有连续性。农民家庭拥有土地承包经营权,赋予农民直接经营使用土地的权利,可以充分调动广大农民的生产积极性,有效发挥农民家庭分散经营的优势,更好适应当时较为低下的农业生产力发展水平。

需要指出的是,这一时期农民家庭所拥有的土地承包经营权主要包括土地的农业生产使用权和农业产出的部分收益权(收益权由农民家庭、国家、农村集体共享),不包括转让权在内的土地处置权。由此可见,这一阶段农民家庭所拥有的土地承包经营权比较笼统,还有进一步细分的可能,后续农村土地制度改革的主要方向就是适应制度环境变化不断完善承包经营权,赋予农民家庭土地承包经营权更为丰富的内涵,对承包经营权进行进一步细分。

(3)制度绩效

农村土地集体所有、农民家庭承包经营的制度改革,既成功开启了中国改革开放的征程,探索出一条适合中国国情的改革路径,也有效提高了农业产出,取得了良好的制度绩效。

中国改革开放首先从农村起步,家庭联产承包责任制是第一个有益探索,为后续改革积累了丰富经验。首先,农村改革取得极大成功,鼓舞了人心,坚定了改革开放的决心和信心,为后续的全面改革创造了良好条件。改革开放初期,人们对改革能否取得成功仍然心存疑虑,仍然存在着关于改革的很多争论,农村改革取得的巨大成功,在很大程度上打消了人们的怀疑态度,坚定了改革的决心和信心,为以后的改革创造了良好条件。其次,农村改革模式成为后续中国改革的主要模式。农村土地制度改革模式中所包含的许多成功要素,如农民自发创新与政府自觉引导相结合、先试点后推广、渐进式改革等,都为后续中国全面改革提供了重要的经验借鉴,成为具有中国特色的改革模式。

家庭联产承包责任制有效分解了农村土地产权,通过赋予农民家庭承包经营权满足了广大农民的合理诉求,充分调动了农民的生产积极性,有效提高了农业产出。1978—1984 年,中国农业总产值以不变价格计算,增长了 42.23%,其中,48.64% 是农村各项制度改革的显著贡献;在各项制度改革中,从生产队体制向家庭承包责任制的转变最为重要,46.89% 就来自这一农地制度改革所导致的生产率的提高。同期，全国粮食产量从 30 475 吨增加到 40 730 吨，增长了 33.7%，农民的温饱问题得到基本解决；棉花产量从 217 万吨增加到 626 万吨，增长了 188.5%；油料作物产量从 522 万吨增加到 1 191 万吨，增长了 128.2%。同时，农地制度改革也较大程度地提高了农民收入。这段时期，农民家庭人均纯收入从 133.57 元上升到 355.33 元，增长了 166%，年均增长 17.7%。

(4) 制度变迁

这一时期的农村土地制度变迁主要表现出混合性、创新性、同意一致性、灵活性特征。

首先，混合性制度变迁特征。由于农村土地集体所有、集体经营的制度安排，违背了农民的主观意愿，超越了生产力的发展水平，带来了消极的制度绩效，广大农民有强烈的改革动机。"文化大革命"结束以后，国家的政治秩序走向正规，允许农民和农村集体进行制度改革探索。在这样的制度环境下，农民和农村集体为了解决生存问题，自发进行了包括包产到户等形式在内的多种制度改革创新，并且取得了明显成效。安徽凤阳小岗村成为农村改革的发源地，充分说明了基层农民进行的自发创新在农村改革中的重要性。在部分地区基层农民自发改革创新绩效的示范作用下，加之国家政治社会环境的进一步宽松，政府对待基层农民包产到户等制度创新的态度逐步发生变化，从最初的明确反对到允许试点再到全面推行。最终，在农民自发创新基础上，借助政府行政力量的推动，家庭联产承包责任制就很快在全国建立起来。由此可见，这一时期的农村土地制度变迁实现了农民自发性与政府自觉性的有机结合，表现出明显的诱致性与强制性相结合的混合性制度变迁特征。

其次，创新性制度变迁特征。家庭联产承包责任制将农村土地产权进行了有效分解，农村集体拥有土地所有权，农民家庭拥有土地承包经营权，最终开启了农村土地制度改革的一次重大创新。改革开放前所实行的农村土地集体所有、集体经营的单一农村经济体制，严重束缚了广大农民等微观主体的生产积极性，超越了农业生产力发展水平，而家庭承包责任制将土地承包经营权赋予农民家庭，极大地调动了广大农民的生产积极性，同时变农业集体经营为家庭分散经营，也符合当时农业生产力发展水平，保证生产关系能够适应生产力，从而完成了一次我国农村改革的重大创新。

再次，同意一致性制度变迁特征。农村土地制度安排由集体所有、集体经营的单一体制改革为集体所有、农民家庭承包经营的双层体制，符合广大农民的主观意愿，也符合政府的主观意愿，同时提高了农民收入、发展了国民经济，使所有当事人的福利都得到了增进，具有明显的同意一致性特征。对于农民家庭而言，正是因为原有的农村土地制度安排不符合其主观意愿，严重束缚了其生产积极性，使其生存受到威胁，因此部分地区农民才愿意承担较大风险进行制度改革创新，家庭联产承包责任制满足了其主观意愿，充分调动了其生产积极性，使得其收入增加、福利改善，广大农民坚决支持和拥护这项改革；对于政府而言，长期的制度扭曲严重阻碍了农业的正常发展，也严重影响了国民经济的正常发展，政府希望通过改革农业经营体制调动农民的生产积极性，在大力发展农业基础上，推进国民经济健康发展，因此，家庭联产承包责任制的制度安排也符合政府的意愿，有效推动了国民经济的快速发展。

最后，灵活性制度变迁特征。农村土地集体所有、农民家庭承包经营的基本制度安排，内在具有一定灵活性，可以有效适应制度环境的不断变化。在农村基本经营体制中，集体所拥有的土地所有权是相对明确的，但农民家庭所拥有的承包经营权却具有一定的模糊性，给接下来的改革留足了空间，表现出一定的制度灵活性。产权理论指出，产权界定需要耗费成本，只有当产权界定所带来的收益大于所耗费的成本时，当事人才有动机将产权边界进行清晰界定，而产权界定所需要的成本受到制度环境等的影响，因此，在一定的制度环境下，任何产权都具有一定模糊性，存在一定的产权"公共域"。改革开放初期，由于制度环境的限制，农村土地产权改革赋予农民家庭的承包经营权是比较笼统的，主要强调了农民家庭所拥有的土地农业使用权和部分收益权，而包括转让权等的其他权利则受到了严格限制。这种制度安排符合当时的制度环境，有效促进了农业产出，也为以后的改革留下了足够的空间，未来的农村土地制度改革就是沿着不断完善农民家庭承包经营权的路径而进行的。

3.3.3　1984 年至 2011 年的农村土地制度变迁

家庭联产承包责任制建立以后，农业生产取得了良好的制度绩效，为改革开放初期国民经济健康发展作出了突出贡献。随着改革开放进程的持续深入，城镇工业改革逐步推开，中央提出建立相对完善的社会主义市场经济体制，政治体制、经济体制、社会体制等全方位改革不断推进。在这样的背景下，农村土地制度所面临的外部环境一直处于动态变化中，这就要求对农村土地制度进行不断改进和完善，一方面通过稳定农村土地基本制度安排来稳定农民的预期，另一方面强化农村土地制度法制化建设，再一方面不断赋予农民更为丰富的土地承包经营权内涵。可以运用制度环境——制度结构——制度绩效——制度变迁分析框架对这一时期农村土地制度完善改革进行研究。

（1）制度环境

政治环境方面。改革开放初期农村改革取得的巨大成就，极大鼓舞了人们坚持改革的信心和决心。在农村改革成功基础上，改革领域逐步向城镇工业推进，并提出了建设有中国特色社会主义市场经济体制的改革目标。在改革总目标指导下，政府职能也不断发生转变，突出了经济建设的中心工作地位。政府在推进国民经济持续增长、产业结构优化升级、城镇化建设等方面进行了大量工作。同时，政府在改革过程中的学习能力也不断提高，治理能力有所进步，宏观调控国民经济能力显著提升。因此，这一时期总体上的政治环境比较开明，中心工作是经济建设。改革目标主导下的政治环境为农村土地制度改革创造了良好的条件。

经济环境方面。这一时期的经济环境构成了制度环境的主要内容。随着改革开放战略的不断推进，经济环境发生了重大变化，一是国民经济持续增长。二是人民生活水平不断提高、经济发展阶段不断演化。三是产业结构不断合理化、高级化。四是城镇化进程不断推进。这些经济环境方面的重大变化，使得农村人地关系不断发生变化，农村土地功能也不断发生演变，从供给和需求两方面推动了农村土地制度改革。

社会环境方面。随着政治、经济环境的不断变化，社会环境也发生了重要变化，一是社会的开放程度不断提高。交通便利、信息技术、人口流动从根本上改变了原有的封闭社会状态，整个社会的开放程度空前提高，这对人们的生活方式产生了深刻影响。二是就业的广度和深度不断提高。经济发展水平提高使得社会分工进一步细化，就业多元化趋势明显，人们的就业广度提高。社会分工细化要求人们具有专门技能，就业深度也得到加强。三是农业人口不断向城镇聚集。城镇化进程加快导致大量农业转移人口向城镇转移，农村居民的生产、生活方式发生了重大变化。社会环境方面的这些变化，从多方面对农村土地制度改革产生了重要影响。

（2）制度结构

这一时期的农村土地制度在坚持农村集体所有、农民家庭承包经营的基本制度安排下，从多个方面不断完善农民家庭所拥有的承包经营权。

一，赋予农民家庭稳定的承包经营权。通过规定并延长承包期限，将承包期从 30 年不变到永远不变，赋予农民家庭长期而稳定的承包经营权，稳定农民预期，调动农民合理使用土地的积极性。提倡"大稳定、小调整""增人不增地、减人不减地"，防止土地频繁调整，鼓励农民对土地进行长期投资，增加土地产出。

二，逐步赋予农民家庭土地转让权。在农村土地集体所有的前提下，按照依法、自愿、有偿原则，逐步赋予农民家庭土地转让权。随着非农就业机会不断增加，大量农业转移人口进入城镇，土地流转成为必然。在农村人地关系逐步发生变化的背景下，中央在强化农村土地所有制管制、用途管制、规划管制基础上，逐步赋予农民家庭合理流转土地的权利。

三，改革征地制度。随着工业化、城镇化进程不断推进，大量农村土地非农化，土地征用制度的规范和改革显得十分迫切。为了强化农民的土地财产权利，中央从征地范围、征地程序、征地补偿等多方面不断推进征地制度改革，逐步提高农民个人在农村土地非农化过程中的增值收益分配比例。

四，强化农村土地制度法制建设。强化农村土地法律制度建设，建立了包括《宪法》《土地管理法》《农村土地承包法》《物权法》等一整套法律体系。《宪法》增加了关于农村土地制度的基本规定，并进行了多次修改；《民法通则》《物权法》也对农村土地制度的一些方面进行了明确规定；包括《农业法》在内的法律法规，也构成了农村土地法律制度体系的有机组成部分。运用法律保障农民家庭的土地承包经营权，保证农民正当的土地权益不受其他主体的侵害。

（3）制度绩效

这一时期的农村土地制度结构较好地适应了制度环境，取得了积极的制度绩效。

首先，经济上取得了明显的绩效。一方面，家庭联产承包责任制的完善促进了农业的持续增长。从1984年到2011年，第一产业增加值由2 316.1亿元增加到47 486.2亿元，粮食产量由30 477.0万吨增加到57 120.8万吨，棉花产量由217万吨增加到658.9万吨。粮食、油料、蔬菜、水果等产量连续多年居世界第一。另一方面，有力推动了国民经济快速增长。发展经济学指出，农业发展的本质是"加速农业产出和生产率的增长，以便与现代化经济中的其他部门的增长相一致。"从1984年到2011年，中国国内生产总值由7 208.1亿元增长到472 881.6亿元，农业对国民经济快速增长作出了较大贡献。再一方面，农民收入持续增加，生活水平不断提高。从1984年到2011年，农民人均纯收入由356元增加到6 977元。农民生活水平明显提高，全国农村已由温饱不足发展到总体小康并向全面小康迈进。最后，引发了农业生产资源合理流动。从1984年到2011年，第一产业就业人数由30 868万人减少到26 595万人，比重由64.0%降低至34.8%，第二、第三产业从业人员比重由19.9%和16.1%分别上升到29.5%和35.7%。

其次，政治上重塑了政府与农民的关系。家庭联产承包责任制的不断完善及其所取得的良好绩效，从多方面重塑了政府与农民的关系。一方面，改革模式上实现了农民自发创新与政府自觉推动有机结合。家庭联产承包责任制的不断完善，是在制度环境方式变化的背景下逐步展开的，主要推动力量来自于农民对制度环境变化的主动响应，第二推动力量则来自于政府的行政推动，这就实现了农村自发创新与政府自觉推动的有机结合。实践证明，这是一种成功的改革模式，充分发挥了两类主体改革的能动性，最终形成一种改革合力。另一方面，良好的改革绩效增强了政府与农民之间的相互信任程度，减少了改革阻力，为后续改革创造了良好条件。家庭联产承包责任制完善所带来的良好绩效，增强了农民持续进行改革的动力，也激励政府通过支持农村改革推进整体改革的积极性，这就提高了改革的同意一致性程度，减少了改革目标不一致所产生的各种交易费用，增进了改革净收益，推动了改革的顺利进行。

最后，经验上为其他改革提供了有益借鉴。农村家庭联产承包责任制的建立和完善是中国改革开放取得的重要成就之一，农村土地制度改革为其他改革积累了丰富的经验。一方面，农村改革取得了巨大成效，促进了农业持续发展、农民持续增收、农村不断改进，为国民经济健康发展打下了坚实基础，为城市化、工业化创造了条件。另一方面，农村土地制度改革允许农民和基层农村进行自发创新、试点，然后政府对试点经验加以总结推广，有机结合了微观主体自发创新力与政府自觉推动力，成为一种适合中国国情的成功模式，这就为后续的城市工业改革等提供了基础，并上升为中国改革的基本模式。再一方面，农村家庭承包责任制的逐步完善，遵循了渐进式的改革模式，与中国的整体改革相协调，保证了制度系统的协调性和一致性，这样的改革方式既保证了包括农村改革在内的总体改革能够顺利推进，也奠定了中国改革渐进性和协调性的基调，保证后续的重要改革都能取得良好成效。

（4）制度变迁

这一时期的农村土地制度变迁表现出四个特征，即稳定性特征、需求诱致性特征、适应性特征和渐进性特征。

一，稳定性制度变迁特征。家庭联产承包责任制所取得的巨大成就，充分说明这一基本制度安排适合中国国情，是很长一段时间内中国农村经营体制的基础。这一时期的农村土地制度变革始终坚持农村土地集体所有、农民家庭承包经营的基本制度安排，保证了制度变迁具有稳定性。首先，强调农村土地集体所有，并以此作为制度变革的重要基础。农村土地集体所有制充分保证了农业经营体制的社会主义公有制性质，为后续的改革打下坚实的制度基础。其次，保证农民家庭拥有长期稳定的土地承包经营权。无论是第一轮的15年承包期，还是第二轮的30年承包期，以及后来的承包经营权永久不变，中央的这些政策规定其目的都是为了赋予农民家庭长期稳定的土地承包经营权，并据此稳定农民的土地预期，调动农民合理利用土地的积极性。

二，需求诱致性制度变迁特征。这一时期中国政治、经济、社会环境发生了巨大变化，导致农村土地制度所面临的外部环境发生了很大变化。在不断变化的制度环境下，原有的制度结构已经不能适应新的制度环境，两者之间产生了较大张力。农民作为农村土地制度的重要主体，具有强烈的推进制度改革的动机，同时制度改革所产生的潜在利润也足以弥补制度改革所耗费的成本，制度变迁得以发生的条件已经具备。在这样的背景下，农民等微观主体的制度需求成为制度变迁的主导力量，制度变迁表现出明显的需求诱致性特征。无论是土地承包期的稳定，还是农民土地承包经营权内涵的不断完善，这两条制度改革的主要动因都在于农民制度环境变化过程中对新制度所产生的需求。政府正是顺应了农民合理的制度需求，通过适当的行政力量提供了相应的制度供给，解决了制度供给与制度需求之间的矛盾，最终推动制度发生变迁。

三，适应性制度变迁特征。这一时期农村土地制度变迁的重要特征是制度结构对制度环境的适应性。这种适应性主要表现在三个方面，一方面，制度改革适应了外部环境的不断变化。农村土地承包经营权的稳定和完善，充分适应了政治、经济、社会、技术等外部环境的变化，是对外部环境变化的动态响应；另一方面，制度改革满足了农民等主体的主观意愿。在不断变化的制度环境中，农民对土地产权的要求不断提高，已经不再满足于土地使用权，而是要求稳定产权预期、要求包括转让权在内的处置权、要求土地的财产权等，这一时期的农村土地制度改革基本满足了农民在这些方面的主观要求。再一方面，制度变迁过程符合中国整体改革的总体安排。制度是一个有机系统，农村土地制度是中国整个制度体系的一个重要组成部分。农村土地制度改革是在中国总体改革过程中进行的，其改革进程符合中国整体改革的总体安排，表现出制度系统的协调性。由于制度变迁具有明显的适应性特征，因此这一时期的农村土地改革取得了积极的成效。

四，渐进性制度变迁特征。家庭联产承包责任制的建立，是在较短时间内完成的，制度变迁表现出一定的快速性特征，后续的制度完善就需要采取渐进性方式。同时，中国整体改革的总体安排也是渐进性方式，希望通过温和的制度改进来推动制度改革。在这样的背景下，农村土地制度改革也表现出明显的渐进性特征。一方面，在制度改革动力上，以农民的制度需求为诱因，辅之以政府适当的行政推动力，保证微观主体的自发需求与政府的自觉供给形成有效合力。另一方面，在制度改革方式上，允许农民和农村基层组织自发创新，通过试点地区的改革探索，积累较为成熟的改革经验，然后再加以逐步推广。再一方面，在改革进程上，允许经过较长时间的探索，通过反复试错，最终总结出成功的改革模式逐步推广。

3.3.4　2012年以来的农村土地制度变迁

党的十八大以来，我国经济社会逐步进入一个新的发展时期，政治、经济、社会等外部环境进一步发生变化，推动农村土地制度进一步改革；而且，中国改革发展进入一个关键阶段，为了实现"两个一百年"奋斗目标，需要对未来一段时期内的农村土地制度安排进行长远规划。这就要求对农村土地制度进行创新改革，不仅要适应已经变化了的制度环境，而且要适应未来一段时期内制度环境的可能变化。在这样的背景下，中央及时提出对农村土地制度进行创新改革，以土地确权为基础，实现所有权、承包权、经营权三权分置，开启了农村土地制度的第二次重大创新。可以运用制度环境——制度结构——制度绩效——制度变迁分析框架，对这一时期的农村土地制度变迁过程进行深入分析。

（1）制度环境

政治环境方面。党确定了"两个一百年"的奋斗目标。为了实现战略目标，党的十八大以来，中央提出全面深化改革的总目标，强调推进国家治理体系和治理能力现代化，注重改革的系统性、整体性、协同性，使市场在资源配置中起决定性作用，加快转变经济发展方式，加快建设创新型国家。着力解决市场体系不完善、政府干预过多和监管不到位问题，从广度和深度上推进市场化改革，推动资源配置依据市场规则、市场价格、市场竞争实现效益最大化和效率最优化。这就为农村土地制度创新改革提供了重要基础。

经济环境方面。国民经济进入重要的转型期，一方面，经济增长速度进入换挡期，由过去的高速增长转换为中高速增长；另一方面，经济结构进入深刻调整期，经济发展方式由传统型向现代型转变、产业结构不断优化升级。我国农业发展也面临着一些新矛盾，一是传统农业与现代市场之间的矛盾，传统农业已经不能适应现代市场的要求，传统农产品的供给滞后于现代市场的需求，结构性矛盾突出；二是粮食等主要农产品生产成本与效益之间的矛盾，由于劳动力成本上升和国际主要农产品价格下降，使我国粮食等主要农产品面临着"地板上抬"和"天花板下压"双重挤压，生产成本与效益之间的矛盾突出。这就对现代农业、规模农业发展提出了要求，相应地要求农村土地制度进行创新性改革。

社会环境方面。城乡一体化建设进程加快，大量农业转移人口进入城镇就业生活，但户籍制度改革滞后，农业转移人口市民化任务迫切而艰巨。一方面，农村人地关系发生重要改变，虽然人均耕地面积没有变化，但直接经营土地的农业从业人员数量大幅度减少，农村土地撂荒现象严重，农业从业人员老年化、女性化、低水平化现象明显，严重制约了农业规模经营和现代农业发展。另一方面，大量农民工虽然就业生活在城镇，但受到包括就业、社会保障、子女教育等多方面歧视，市民化程度不高。在农业转移人口市民化进程中，农村土地作为农民家庭重要的财产，其功能远远没有得到充分发挥，农村土地制度的创新改革显得尤为迫切。

（2）制度结构

这一时期的农村土地制度结构最大的特征是"三权分置"，同时着重强调土地处置权和财产权的逐步实现。

首先，农村土地"三权分置"创新改革，即将农村土地产权进一步分解，分为土地所有权、承包权和经营权，坚持同等保护集体土地所有权、农户土地承包权和经营主体土地经营权。一方面，落实集体土地所有权。农村土地集体所有是中国农村基本经营体制的基础，是农村土地制度改革的基本原则，是社会主义制度的根本体现，任何形式的农村土地制度改革都需要坚持集体所有制。在新时期下，需要探索土地集体所有权的实现形式，保证农民集体法定的土地发包权、有偿收回权、使用监督权、流转知情权与同意权、征地谈判权、收益分配权等。另一方面，稳定农户土地承包权。理论和实践都充分证明，家庭联产承包责任制非常适合中国农村经济发展，具有极强的弹性，可以适应不同生产力发展水平，是长时期中国农村的基本经营体制。家庭联产承包责任制的重要内容是农户家庭基于集体成员资格拥有稳定的土地承包权，包括土地占有权、使用权、收益权、处置权。在农业转移人口市民化背景下，农户土地承包权主要体现在土地自愿流转、有偿退出、财产收益分配等。再一方面，放活土地经营权。这是农村土地"三权分置"创新改革的核心内容。在人地分离背景下，农村土地流转交易已经成为必然趋势，在依法自愿有偿原则下，农户将承包土地通过各种方式进行流转，保留土地承包权，让渡土地经营权，培育新型农业经营主体，包括种植大户、家庭农场、农业合作社等，发展农业适度规模经营。新型经营主体的土地经营权主要包括直接使用权、经营决策权、抵押担保权、流转到期后的优选续约权等。

其次，农村土地处置权的逐步实现。农村土地处置权主要包括转让权、继承权、抵押担保权、退出权等。在新的制度环境下，农户土地转让权逐步得到实现，在依法自愿有偿原则下，农户流转土地的比例逐步增加，土地流转租金也逐步上升；随着大量农业转移人口逐步市民化，进城农民有偿退出土地的有效机制也在积极探索中；三权分置创新改革过程中，土地经营权抵押担保功能也得到重视，已经在多地进行试点改革。

最后，农村土地财产权的逐步实现。农村土地主要具有生产、保障和财产三方面功能，新时期农民更加重视土地的财产功能。这一时期，主要通过征地制度改革和城乡建设用地一体化改革，逐步实现土地的财产权。征地制度改革方面，通过强化公益用地属性、规范征地程序、提高征地补偿标准、保障农民集体和农户家庭谈判权等合法权利等，积极探索改革方式；城乡建设用地一体化建设方面，通过试点改革，积极探索农村建设用地直接入市路径，逐步实现农村建设用地与国有建设用地同权、同价。

（3）制度绩效

农村"土地三权"分置创新改革以及土地处置权与财产权的逐步实现，符合人地分离趋势下农民的主观意愿，也符合政府所倡导的创新改革要求，能够适应新时期制度环境变化的实际要求，取得了良好的制度绩效。

首先，农村土地创新改革促进了土地流转，发展了农业适度规模经营。2012—2015 年，全国承包耕地流转总面积从 2.7 亿亩增加到 4.4 亿亩，增加了 0.63 倍，年均增长速度约 18.0%，占家庭承包耕地面积的比例从 21.5% 增加到 35.0%。通过土地经营权流转形成的农业规模经营主体发展较快，2015 年全国经营承包耕地面积超过 50 亩的农户已达 341 户，经营耕地面积约 3.5 亿亩。截至 2015 年年底，农民专业合作社 153.1 万家，实际入社农户 10 092 万户，约占承包农户总数的 42%。据统计，2015 年全国共有农业产业化组织 35 万多个，还有农机作业服务组织 17.5 万个，专业化统防统治组织 3.8 万个（赵鲲等，2016）。至此，大部分农户已经通过各种方式实现了不同程度的农业规模经营。

其次，土地制度改革有效促进了农民收入增长。土地制度创新改革通过多种途径有效增加了农民收入。一方面，农用地流转形成的规模经营增加农户家庭经营性收入、劳动力转移增加了工资性收入、土地流转租金形成了财产性收入、土地规模流转补贴增加了转移性收入。另一方面，农村建设用地流转通过显化资产价值、增加非农就业机会、通过农业规模经营程度、提高社会保障水平，可以有效增加农户家庭的财产性收入、工资性收入、经营性收入、转移性收入（欧名豪等，2016）。资料显示，2012—2015 年，我国农村居民人均纯收入从 7 916.6 元增加到 10 772 元，年均增长率超过 10%。

最后，农村土地"三权分置"改革创新为相当长一段时期内我国农村土地制度做出了合适的制度安排。农村土地所有权、承包权、经营权三权分置，不仅适应现阶段人地分离背景下的制度环境变化，而且能够适应未来我国城镇化进程中大量农业转移人口逐步市民化的趋势，具有较强的适应性，是未来我国农村土地制度的基本安排。按照常住人口计算，我国城镇化率将从 2012 年的 52.57% 增加到 2015 年的 56.10%，有约 5 000 万人从农村进入城镇；根据国家新型城镇化发展规划，到 2020 年我国城镇化率将达 60%，2030 年城镇化率将达 70%，这就意味着未来 5～15 年，中国将有 5 000 万～20 000 万人从农村进入城镇。在这样的背景下，农业从业人员将逐步减少，农村人地比例关系将不断变化，人均经营土地面积将不断增加，土地的规模经营及其他形式的农业规模经营将成为趋势。农村土地"三权分置"，通过落实集体土地所有权、稳定农户土地承包权、放活土地经营权，可以在保证农村经济社会主义集体性质、保证农村家庭承包经营体制基本稳定的前提下，将土地经营权分解出来赋予新型农业经营主体并不断增加抵押担保等权利内涵，这样的产权结构安排能够促进土地经营权顺利流转，发展农业适度规模经营。由此可见，农村土地"三权分置"的产权安排将构成未来一段时期内我国农村土地制度的基本内容。

（4）制度变迁

这一时期农村土地制度变迁具有创新性、前瞻性、延续性三大特征。

制度变迁的创新性特征。这一时期农村土地制度变迁的最大特征就是创新性。如果说家庭联产承包责任制的建立是中国农村土地制度改革的一次重大创新，那么"三权分置"改革是又一次重大创新。家庭联产承包责任制对农村土地产权进行了一次有效分解，将单一的土地产权形态分解为所有权与承包经营权，也就将农村土地集体所有、集体经营的单一体制改革为土地集体所有、农民家庭承包经营的双层体制，其重要创新是赋予农民家庭土地承包经营权；农村土地"三权分置"改革则在家庭联产承包责任制框架内将土地产权进一步有效分解，实现集体土地所有权、农户土地承包权、主体土地经营权"三权分置"，其重要创新是将土地经营权从原有产权中分解出来，赋予新型经营主体，保证新型农业经营主体拥有独立的土地经营权，并赋予抵押担保等更多的权利内涵。农村土地三权分置改革既能够满足人地分离背景下农民家庭对土地承包权的稳定性要求以及新型农业经营主体对土地经营权的独立性要求，也符合政府创新性改革的根本原则。

制度变迁的前瞻性特征。农村土地"三权分置"是制度环境变化的客观要求，也符合中国未来农村土地制度改革的大方向，因此，"三权分置"创新改革具有前瞻性特征。未来相当长一段时期内，我国社会经济发展的一个重要内容是大量农业转移人口逐步市民化，随着农业从业人员数量的不断减少，人地分离状况将会持续，农业规模经营将成为必然趋势。如何在保证农村基本经营体制稳定的前提下，适应人地分离变化，实现农业规模经营？农村土地所有权、承包权、经营权三权分置创新改革是最有效的解决途径。落实集体土地所有权，可以保证农村经营体制的社会主义公有制性质；稳定农户土地承包权，可以保证农村基本经营体制的稳定性；放活土地经营权，可以保证新型农业经营主体独立经营土地的权利。可以预见，土地三权分置改革将是未来农村土地制度改革的主要内容。

制度变迁的延续性特征。无论是"三权分置"创新改革，还是土地转让权、财产权的逐步实现，这些改革都是在前面改革的基础上进行的，制度变迁表现出明显的延续性特征。土地转让权改革方面，家庭联产承包责任制完善阶段的一个重要内容就是逐步赋予农户家庭土地转让权，按照依法自愿有偿原则流转土地，这一时期在土地转让权方面的进一步改革是在原有基础上有序进行的，改革具有连续性；土地财产权改革方面，征地制度改革、城乡建设用地一体化建设已经持续了多年，改革一直都在进行中，同样具有连续性；"三权分置"改革的一个重要前提是农村土地确权颁证，因此前期的土地确权改革为"三权分置"创新改革打下了良好基础。

3.4　本章小结

　　制度变迁理论指出，一定的制度环境形成相应的制度结构，制度绩效则取决于制度结构与制度环境之间的适应程度。如果制度结构能够适应制度环境，那么就会取得良好的制度绩效；反之，如果制度结构不能适应制度环境，那么制度绩效就较差，此时制度结构与制度环境之间以及制度结构内部就会产生张力，制度改革就会发生。更为普遍的情况是，如果制度环境发生变化，就会产生原有制度安排下无法显现化的潜在利润，相关主体在追逐潜在利润的博弈过程中，就会推动制度变革，最终发生制度变迁。因此，分析制度变迁的一个有效框架就是制度环境——制度结构——制度绩效——制度变迁。

　　运用这一分析框架对我国农村土地制度变迁进行深入分析可以发现，新中国成立初期的农民土地私有制以及合作化运动初期的制度安排，很好地适应了制度环境，取得了良好的制度绩效；而高级合作社和人民公社时期农村土地集体所有集体经营的制度安排，既违背了农民的主观意愿，也超越了生产力发展水平，制度结构不能很好地适应制度环境，总体制度绩效较差；改革开放以后农村土地家庭联产承包责任制的建立和完善，既满足了农民的主观意愿，也符合制度环境的动态变化，制度变迁是有效率的。近年来，建立在确权基础上农村土地"三权分置"改革创新，既符合现阶段农村发展的实践，也顺应了未来一段时期农村发展的趋势，具有重要的创新意义。可以预见，"十三五"时期以及未来相当长一段时期，伴随着新型城镇化和农业转移人口市民化进程，农村土地所有权、承包权、经营权"三权分置"改革将是主要的制度安排。

第 4 章

农民工市民化对农村土地
流转影响的理论分析

为了理论分析农民工市民化对农村土地流转的影响，本章从微观视角，立足于农民工阶层分化特征，在有效分解农村土地产权结构的基础上，揭示农村土地多元化价值特征，深入分析不同市民化程度农民工对农村土地流转的影响。

4.1 农民工阶层分化

在中国社会分层背景下，农民工群体也出现了明显分化（李强，2012）。由于自身人力资本、家庭资源禀赋、地区经济发展水平等诸多因素的综合影响，农民工出现了明显的分化，市民化程度产生了较大的差异。按照市民化程度不同，农民工逐步分化为兼业者、务工者、准市民、市民。

农民工中的兼业者具有以下特征：户籍在农村；居住在农村；在农村或附近乡镇从事非农产业，同时利用工余时间直接从事农业生产活动，兼业化特征明显；主要收入来源包括农业生产经营收入和非农产业收入两部分。显然，这些人口刚从农业中部分转移出来，从事非农产业的时间和空间都受到较大制约，只有一部分时间用于非农产业，务工区域也仅局限于农村或附近乡镇。虽然兼业者的收入水平要高于农村居民，但与务工者、准市民和市民相比，兼业者的收入水平较低。兼业者的以上特征，决定了其仅仅处于市民化的开始阶段，市民化程度很低。

农民工中的务工者具有以下特征：农村户籍；主要在城镇工作、生活；主要从事非农产业，非农产业收入是主要收入来源。虽然许多务工者在农村老家还有家庭成员、住房等，春节等重大节日也回乡团聚，但其日常工作、生活的空间主要是在城镇。一些务工者可能在农忙季节短时间回乡帮助农业生产，一些务工者已经完全不从事农业生产活动，城镇非农产业是务工者的主要职业，非农收入在总收入中占有很高比例，与农村居民和兼业者相比，务工者收入水平有了一定程度的提高。然而，由于户籍制度的限制，务工者的工资水平较低，就业稳定性和公平性得不到保证，社会保障程度较低。显然，务工者的市民化程度较低。

农民工中的准市民具有以下特征：已经从农村户籍改变为城镇户籍，但加入城镇户籍时间较短，一般在 1～2 年以内；生活在城镇，在城镇有自己的住房；在城镇从事非农产业，就业稳定性较高，非农产业收入是其主要收入来源。一些农民工较早进入城镇经商或打工，在城镇具有较为稳定的职业，收入来源可靠，已经积累了一定的经济基础，也基本适应了城市生活，在城市具有一定的社会关系资源，有能力在城镇购房，举家迁移至城镇，刚刚转为城镇户籍，从法律上正式成为了城镇居民。然而，由于其加入城镇户籍时间较短，还不能全部享有城镇户籍所带来的公共服务，在城镇生活还会受到一定的歧视，还需要进一步适应城市生活。因此，农民工中的准市民市民化程度较务工者为高，但仍然不是完全意义上的市民。

农民工中的市民，很早就进入城镇从事非农产业，工作稳定，收入较高；长期在城镇工作、生活，已经完全适应下来，具有自己的社会关系网络；在城镇有自己的住房；加入城镇户籍较长时间，能够享有城镇户籍的全部福利；举家迁入城镇，子女在城镇接受正常的公办教育。这些农民工已经与城镇居民融为一体，成为城镇居民的一部分，其市民化程度较高。

需要指出的是，以上只是按照市民化程度对农民工阶层所做的一个简单分类，实际上在每个类型中，农民工的市民化程度也有差异，还可以进一步细分。

4.2　农村土地产权结构

产权经济学理论指出，产权本质上是一组关于财产的权利，主要包括所有权、占有权、使用权、收益权和处分权（Alchian and Demsetz，1973）。产权系统的各个子权利可以进行有效分解，由不同的经济主体所拥有，形成一个特定的产权结构。产权结构具有明显的均衡性和动态性特征：产权结构的形成过程，实质是经济主体围绕产权子权利进行持续动态博弈的过程；在一定的制度环境约束下，参与者的博弈达到一个均衡，其结果就是一个特定的产权结构；随着制度环境的变化，参与者的相对支付结构会发生改变，博弈又会达到一个新的均衡，得到一个新的产权结构，产权结构始终处于不断变化当中，本质上是一种"刻点均衡"（青木昌彦，2001）。制度环境变化所产生的潜在利润"显性化"或者复杂产权的"细分"是产权制度演化的重要方式（张曙光等，2012）。

所谓土地产权，实质上是以土地为客体的各种权利的总和。现阶段，我国农村土地产权制度实行集体所有、农民家庭承包经营的基本制度安排，农村集体拥有土地的所有权，农民家庭拥有土地的承包经营权。近年来，在农村土地"三权分置"改革过程中，为了顺应农民保留土地承包权、流转土地经营权的合理意愿，将土地承包经营权分设为土地承包权和土地经营权，实行农村土地所有权、承包权、经营权分置并行，由此，形成了特定的农村土地产权结构如表4-1所示。

表4-1 农村土地产权结构

产权方面	产权主体	产权内容	产权规定
所有权	农民集体	土地所有权人依法享有占有、使用、收益和处分的权利	在完善"三权分置"办法过程中，要充分维护农民集体对承包地发包、调整、监督、收回等各项权能
承包权	农户家庭	土地承包权人依法享有占有、使用、收益和处分的权利	在完善"三权分置"办法过程中，要充分维护承包农户使用、流转、抵押、退出承包地等各项权能
经营权	经营主体	土地经营权人依法享有在一定期限内占有、耕作并取得相应收益的权利	完善"三权分置"办法过程中，要充分维护经营主体从事农业生产所需的各项权利，使土地资源得到更有效合理的利用

（1）农村土地所有权

我国《宪法》明确规定，农村土地所有权由农民集体拥有。所谓集体所有权，从法理上讲，就是由全体集体成员共同所有，因此，农村土地集体所有权就是土地归农村集体经济组织的全体农民共同所有。2016年中央《关于完善农村土地所有权承包权经营权分置办法的意见》明确指出，农民集体是土地集体所有权的权利主体，依法享有占有、使用、收益和处分的权利；在完善"三权分置"办法过程中，要充分维护农民集体对承包地发包、调整、监督、收回等各项权能，发挥土地集体所有的优势和作用。可见，我国农村土地所有权的权利主体在法律规定上是明确的，即农民集体。

然而，在实践中农村土地所有权的实现却存在一些困难。一是由于农民缺乏行使集体所有权的组织形式或程序，客观上就由集体经济组织代表农民集体行使所有权，而对农村集体经济组织代表的监督机制不健全，可能产生代表"越权"现象。二是由于农村集体组织处于国家行政科层结构的最末端，上级行政机构可以凭借行政权力对农村集体的土地所有权权利进行不同程度的侵害，削弱农村集体的土地所有权利，造成一定程度的产权"残缺"。这就需要完善农村集体经济组织，探索农村集体土地所有权的有效实现形式。

（2）农村土地承包权

我国法律明确规定，农户家庭作为农村集体经济组织成员依法拥有农村集体土地承包权。2016 年中央《关于完善农村土地所有权承包权经营权分置办法的意见》明确指出，农户享有土地承包权是农村基本经营制度的基础，要稳定现有土地承包关系并保持长久不变；土地承包权人对承包土地依法享有占有、使用和收益的权利；在完善"三权分置"办法过程中，要充分维护承包农户使用、流转、抵押、退出承包地等各项权能。由此可见，农民家庭作为土地承包权主体对承包土地依法享有占有、使用、收益、处分的权利。

①占有权。农村土地家庭承包经营责任制内在规定了农民家庭实际控制土地，拥有土地的占有权。农民家庭可以根据依法拥有的实际控制权，分享土地的合理收益、适当处置土地。更为重要的是，在我国城镇化进程不断推进的背景下，农村土地会以多种方式流转，还会有相当数量的农地非农化，带来一定的土地流转收益和较大的农地非农化增值收益，农民家庭可以凭借实际控制权，拥有剩余控制权和剩余索取权，分享土地增值的剩余收益。

我国农村土地承包经营制度规定了明确的委托—代理关系（陈剑波，2006），农村集体是土地承包合同的委托方，农民家庭是土地承包合同的代理方。由于主体的有限理性、外在环境的不确定性、信息的不完全性，任何契约都不可能是完全的（Hart and Moore，1988），我国农村土地承包合同也不例外。虽然国家政策强调农村土地承包合同长期不变，但一些地区的土地调整、国家对土地的征用等都会对土地未来控制权的分配带来影响。因此，农民家庭对土地的未来控制权就存在着一定的不确定性。

②使用权。农村土地承包经营合同赋予农民家庭直接利用土地的权利，农民家庭拥有农村土地的使用权。同时，国家对农用地实行严格的用途管制，坚持"农地、农有、农用"的原则，限制农地非农化（Lall etc，2009）。由此可见，农民家庭在土地承包期内享有比较充分的农业用途使用权，但非农用途使用权则受到严格限制。

③收益权。农村土地承包权中的收益权主要包括四个方面：农业生产收益权、流转收益权、农地非农化增值收益权、剩余收益权。

根据农村土地承包经营合同，土地的农业生产收益全部由直接经营的农民家庭获取。

中央文件明确规定，坚持依法自愿有偿原则，引导农村土地有序流转，流转收益主要由转出土地的农民家庭获取。由于我国农村土地市场化程度较低，土地流转价格的市场形成机制不太健全，导致土地流转价格总体上处于一个较低的水平，并没有真实反映农村土地流转市场的供求关系。可以预见，随着我国农村土地市场的逐步建立和完善，农村土地流转价格会对供不应求的市场状况做出反应，最终土地流转价格会不断提高。

我国相关法律规定，农村集体土地只能通过土地征收转为国有建设用地，进而通过政府出让国有土地使用权的方式开发利用。同时，《土地管理法》规定，按照被征收土地的原用途给予补偿，土地补偿费和安置补助费的总和不得超过土地被征收前3年平均年产值的30倍。由此可见，国家垄断了农村土地征用的一级市场，获取了大部分农地非农化增值收益；农村集体在土地征用、补偿款分配等方面拥有较大的决策权，也分享了一部分农地非农化增值收益；农民家庭所处的弱势地位、众多农民的"集体行动困境"，使农民只能获取小部分农地非农化增值收益。

我国农村土地发挥了多维度功能，具有多方面的价值，如社会保障性价值、资产投资价值和未来增加价值等。考虑到制度环境对制度结构的约束作用，我国农村土地承包经营合同是在一定的制度环境下生成的，必然存在一定的局限性，不可能对农村土地的全部价值在事前做出完备的规定，导致一部分剩余价值留存其中。

④处分权。农村土地承包权中的处分权主要包括流转权、抵押权、退出权。

我国《农村土地承包法》明确规定，通过家庭承包取得的土地经营权可以依法采取转包、出租、互换、转让或者其他方式流转。党的十八届三中全会又进一步规定，鼓励经营权在公开市场上向专业大户、家庭农场、农民合作社、农业企业流转，发展多种形式规模经营①。2017年中央1号文件明确指出，大力培育新型农业经营主体和服务主体，通过经营权流转、股份合作、代耕代种、土地托管等多种方式，加快发展土地流转型、服务带动型等多种形式规模经营；积极引导农民在自愿基础上，通过村组内互换并地等方式，实现按户连片耕种；完善家庭农场认定办法，扶持规模适度的家庭农场。现阶段，虽然农村土地流转市场尚不完善，土地流转收益偏低，土地流转规模偏小，有时还存在政府行政权力的不当干预，但农民家庭的土地流转权基本得到保证，承包土地的农民可以根据自身条件决定是否流转土地、选择合适的流转方式。

在我国实行严格金融管制的制度环境下，由于涉及诸如农村征信体系建设、执行成本、社会稳定等许多系统性问题，因此现有法律对于农村土地抵押权或者没有明确规定，或者给予了否定性规定。《担保法》禁止耕地等集体所

---

① 2015年1月22日，国务院办公厅《关于引导农村土地经营权有序流转发展农业适度规模经营的意见》明确规定，农村土地是否流转，价格如何确定、形式如何选择，应由承包农户自主决定。2015年1月22日，国务院办公厅《关于引导农村产权流转交易市场健康发展的意见》指出，现阶段通过市场流转交易的农村产权以农户承包土地经营权为主，不涉及农村集体土地所有权和依法以家庭承包方式承包的集体土地承包权。

有土地的使用权用于抵押（许恒周，2011），《农村土地承包法》没有明确给予农民家庭土地抵押权，《物权法》则就农村土地承包经营权抵押进行了区分和回避性的规定（王艳萍，2011）。然而，在城镇化建设不断推进的过程中，农村土地的财产功能日益显现，许多农民对土地抵押权提出了强烈需求。近年来，为了适应农民对土地抵押权的要求，政府开展了试点工作，也启动了立法程序，努力扩大农村土地抵押规模，为农民工提供资本支持。2016 年中央《关于完善农村土地所有权承包权经营权分置办法的意见》指出，在完善"三权分置"办法过程中，要充分维护承包农户抵押承包地等各项权能，承包农户有权依法依规就承包土地经营权设定抵押。

在农民工市民化进程中，随着大量农业转移人口离开农业农村，部分农民工希望通过有偿退出承包地的方式，既实现承包土地的财产价值，也为实现市民化提供必要的资本积累。中央《关于完善农村土地所有权承包权经营权分置办法的意见》指出，承包农户有权依法依规自愿有偿退出承包地，要充分维护承包农户退出承包地等各项权能；不得违法调整农户承包地，不得以退出土地承包权作为农民进城落户的条件。

（3）农村土地经营权

中央《关于完善农村土地所有权承包权经营权分置办法的意见》指出，在土地流转中，农户承包经营权派生出土地经营权，赋予经营主体更有保障的土地经营权，在依法保护集体所有权和农户承包权的前提下，平等保护经营主体的土地经营权；在完善"三权分置"办法过程中，要依法维护经营主体从事农业生产所需的各项权利，使土地资源得到更有效合理的利用；鼓励采用土地股份合作、土地托管、代耕代种等多种经营方式，探索更多放活土地经营权的有效途径。由此可见，土地经营权人依法享有在流转期限内占有、使用、收益、处分土地的权利。

①占有权。土地经营权人依照流转合同，在流转期限内依法依规对经营土地进行实际控制，拥有土地的占有权。经营主体可以根据依法拥有的实际控制权，在符合规定的前提下，自主从事农业生产经营并获得相应收益；经承包户同意，可依法依规改良土壤、提升地力，建设农业生产配套设施等。

②使用权。经营主体依据土地流转合同，在流转期限内，有权直接使用土地，自主从事农业生产经营，拥有土地的使用权。现阶段，国家对农业用地实行严格的用途管制，农村土地使用权仅限于农业用途，非农用途使用权则受到严格限制。

③收益权。经营主体依据土地流转合同，依法经营土地并享有相应收益。土地经营权中的收益权主要是从事农业生产经营的相应收益。

④处分权。土地经营权人依法依规，在土地流转期限内，享有一定的土地

处分权。土地经营权中的处分权主要包括土地经营权的抵押权。中央《关于完善农村土地所有权承包权经营权分置办法的意见》指出，鼓励经营主体依法依规开展土地经营权抵押融资。2016 年 3 月 15 日，中国人民银行、中国银监会、中国保监会、财政部、农业部颁布《农村承包土地的经营权抵押贷款试点暂行办法》，在北京市大兴区、天津市蓟县等地开展农村土地经营权抵押贷款试点。可以预见，农村土地经营权抵押融资规模会不断扩大。

　　需要指出的是，我国农村土地"三权分置"改革才初步展开，许多理论问题仍然需要进行深入研究，需要在实践基础上，探索农村集体所有权、农户承包权、土地经营权的相互关系、权利边界，制定法律法规对权利主体的权利内涵进行明确界定，严格保护权利主体的合法权益，通过正式规则与非正式规则的良性互动，实现土地权利的优化配置。因此，以上仅仅根据研究需要，对我国农村土地产权结构进行了初步分析，我国农村土地产权结构会随着制度环境变化而不断变化，将来需要进行更加深入的研究。

4.3　农村土地多元化价值

　　在农民工市民化进程中农村土地具有多方面价值，主要包括生产性价值、保障性价值、流转性价值和财产性价值。

　　（1）生产性价值

　　农村土地是重要的生产资料，是农业生产主要的要素投入。农村土地与劳动、资本等生产要素相结合，可以生产粮食、棉花等各种农产品，发挥基本的农业生产功能，具有重要的生产性价值。相应地，农村土地的农业产出可以为农民家庭等经营者带来一定的生产收入。农村土地的生产性功能是一项基本功能，农村土地的生产性价值也是一项基本价值，在任何时期都会发挥作用。对于中国这样的人口大国，粮食生产、粮食安全具有非常重要的战略意义，中央多次强调，农村改革的一条底线是保证耕地数量和质量，保证国家粮食安全。其实，农村土地制度改革是在保证耕地红线、粮食安全、农民权益三条底线的基础上开展的。农民工市民化进程中的农村土地制度改革，主要目的也是为了在新的制度环境下，尤其是人地分离形势下更好地发展农业规模经济，充分发挥农村土地的生产性价值。

　　（2）保障性价值

　　我国农村土地仍然是许多农民工家庭维持生计的重要生产资料，为一部分农民工提供了基本的生活保障，并且承担了一定的失业保险功能，具有一定的保障性价值。长期以来，我国实行城乡分割的二元社会经济体制，农村居民的社会保障水平较低，农村土地成为农户家庭重要的保障来源，农村土地作为社会保障的替代品，为广大农民提供了基本的生活保障，成为维护社会稳定的一个重要因素（姚洋，2000）。在农民工市民化背景下，虽然包括农民工在内的农村居民的社会保障水平有所提高，但与城镇居民的社会保障水平相比仍然较低，农村土地仍然承担了一定的社会保障功能。一方面，农民工非农就业存在不稳定性，一旦遇到失业风险，农民工可以将土地作为抵御风险的有效屏障，非农就业失业后暂时返回家乡从事农业生产，继续寻找新的非农就业机会。另一方面，一些农民工不能完全市民化，最终会回到农村，土地则构成了其重要经济来源，可以直接经营获取收入，也可以自愿流转获得租金收入等。当然，随着农民工收入水平的提高，农民工收入来源的多样化，非农就业收入占比提高，土地收入占比下降，土地的保障性价值也会随之下降。我国区域经济发展水平差异较大，在发达地区，农民工非农收入占比较高，农村土地的保障性价值相对较低；在欠发达地区，土地收入的重要性仍然较高，农村土地的保障性价值仍然较高。

（3）流转性价值

产权一般包含转让权、使用权和收益权三项重要权利，其中转让权发挥更为关键的作用，自由转让权一定包含明确的使用权和收益权（周其仁，2004）。农村土地流转交易可以产生多方面价值，一是流转土地可以为转出方带来一定的租金收入。二是农村土地流转可以减少土地撂荒等低效利用方式，提高土地生产率。三是农村土地流转可以产生交易效应，即土地资源从生产率较低的主体转移到生产率较高的经营主体，提高土地资源的配置效率。四是农村土地流转可以减少农民工从事非农产业的机会成本，保证农民工专业从事非农产业，增加农民工收入。五是土地经营权流转有利于农业的适度规模经营，产生规模经济效应。在农民工市民化进程中，农村土地多方面的流转性价值都有所体现并且不断提高，以土地租金为例，近年来由于人地关系变化、劳动力工资水平上升、经济持续发展等综合因素影响，农村土地流转租金不断提高，一些平原地区已经达到每亩 700～800 元，有些地方甚至超过每亩 1 000 元（赵鲲等，2016）。

（4）财产性价值

"土地是财富之母"，当土地所有制出现以后，土地就拥有了财产功能，形成了一系列土地财产制度（毕宝德，2011）。农村土地作为一种重要的生产资料，具有重要的财产价值，可以为农村土地产权主体带来一定的财产收益。农村土地的财产性价值主要体现在三个方面：一是农民可以通过直接经营承包地，获取相应的生产性收入。二是农民可以将承包地流转，获取一定的租金收入。三是如果承包地被征用或以其他方式改变用途，农民可以获取一定的农地非农化增值收益。在农民工市民化进程中，农村土地的功能正在发生转换，财产性价值不断增加，一方面，农村土地流转租金水平不断提高。另一方面，也是更为重要的方面，随着城镇化进程不断推进，农地非农化所产生的增值收益快速上升，农民所得比例也不断提高。农村土地作为农户维持生计和增加收入的功能逐步削弱，而作为财富的功能则逐步增强（陈剑波，2006）。

4.4　农民工市民化对农村土地流转的影响

不同市民化程度的农民工，会依据家庭资源禀赋条件对农村土地产权结构的不同方面提出差异性偏好，进而对土地价值的不同方面提出异质性需求，从而以直接经营、流转经营权、退出承包权等不同方式利用土地，对农村土地流转产生影响。为此，可以建立一个农民工市民化对农村土地流转影响的理论分析框架，如图4-1所示。

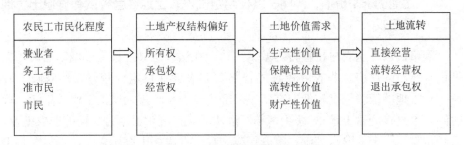

图4-1　农民工市民化对农村土地流转的影响

农民工市民化对农民工土地流转的影响具体体现在以下两个方面。

4.4.1　市民化程度较低的农民工对农村土地产权具有现时性偏好，比较重视土地的现在价值，倾向于直接经营土地或在保留土地承包权的前提下以互换、出租、转包、入股等方式短期流转土地经营权

具体而言，兼业者刚从农民中分化出来，在从事农业生产的同时，兼业从事非农产业，农业收入在总收入中仍然占有较高比例，总体收入水平较低，对土地的依赖程度较大，土地不仅具有重要的生产性价值，而且是家庭成员重要的生活保障，具有较大的保障性价值。兼业者生活和工作的区域以农村为主，一段时期内还没有进入城镇工作、生活的愿望，市民化意愿低，倾向于直接经营土地。因此，兼业者对农村土地的实际控制权和农业用途使用权具有天然的偏好，比较重视农业生产收益权。现有的制度安排已经将承包地的实际控制权、农业使用权和农业生产收益权都明确规定为由农民家庭拥有，因此现行的农村土地产权结构与兼业者的资源禀赋条件具有较好的适应性。

务工者主要在城镇从事非农产业，非农收入占总收入的比重较大，对土

的依赖程度较低，土地的生产性价值降低。然而，由于户籍制度限制，务工者普遍受到就业歧视，工资水平偏低，工作稳定性较差[①]，务工者需要将土地作为可能失业以后的缓冲，作为家庭基本生活的保障；同时，由于我国社会保障体系尚不健全，务工者的社会保障水平依然较低[②]，因此对于务工者而言，土地仍然具有一定的社会保障功能。虽然务工者市民化意愿有所提高，但市民化能力不强，市民化程度较低。务工者根据自身条件，对土地的未来控制权、流转收益权有较强偏好，倾向于短期内转出土地，如期限较短的代耕、转包等，仅在打工期间让渡土地的经营权，但不放弃承包权。现阶段，农村土地流转市场化程度不够，土地流转还受到交易费用、农户认知等因素的影响（罗必良等，2012；李孔岳，2009），不太适应务工者的需求，存在一定的改革空间。

4.4.2 市民化程度较高的农民工对农村土地产权具有长期性偏好，比较重视土地的未来价值，倾向于以长期方式流转土地经营权或有偿退出土地承包权

　　准市民已经从农村户籍转为城镇户籍，在法律意义上成为了城镇居民，在城镇有自己的住房，非农就业技能较强，非农就业稳定性较好，非农收入较高，对土地的依赖程度较低；准市民已经离开农村、进入城镇工作、生活一段时间，不直接经营土地，"恋土情结"逐步弱化；准市民通过长期的非农就业，已经积累了一定的财富基础，家庭保障和社会保障能力有所提高，不需要将土地作为保障来源，因此不太重视土地的生产性价值、保障性价值。然而，准市民加入城镇户籍时间较短，还不能完全享受城镇户籍所有的福利，在一定程度上仍然受到就业歧视、工资歧视等，在城镇工作、生活的压力较大，需要将土地资产化、资本化，为家庭财力提供支持，因此，准市民比较重视土地的财产性价值。考虑到土地未来巨大的增值空间，准市民会高度重视土地的剩余性价值。相应地，准市民偏好于农村土地的剩余控制权、抵押权，倾向于以出租、股份合作等形式长期流转土地，通过让渡期限较长的经营权，获取较大的土地流转收益，但依然保留土地的承包权。现有的农村土地产权制度安排，剩余控制权分配模糊，抵押权不明确，发展权归国家，与准市民的意愿差距较大，导

---

　　① 数据显示，2013—2015 年，务工者均月收入分别为 2 609 元、2 864 元、3 072 元，城镇职工人均月收入分别为 4 366 元、4 780 元、5 270 元，农民工平均工资与城镇职工平均工资的比例分别为 59.8%、59.9%、58.3%。资料来源于国家统计局《全国农民工监测调查报告（2013—2015 年）》和《中国统计年鉴（2016 年）》。

　　② 数据表明，2013 年，外出农民工参加养老保险的比重为 15.7%，参加工伤保险的比重为 28.5%，参加医疗保险的比重为 17.6%，参加失业保险的比重为 9.1%，参加生育保险的比重为 6.6%，明显处于较低水平。资料来源于国家统计局《2013 年全国农民工监测调查报告》。

致其不愿意直接退出土地承包权。

　　已经成为市民的农民工，在城镇有稳定的就业和非农收入，基本适应了城市生活，能够平等分享城市公共服务，对未来生活具有良好预期，经济上已经不需要农业收入，生活方式上已经远离了农村生活。从农民工转化而来的市民，希望能够通过一定方式有偿退出土地承包权，充分实现土地的财产性价值；同时，期望以合理方式分享农地非农化产生的巨大增值性收益。然而，现有的农村土地制度安排，并没有合理设计农民工土地承包经营权退出机制，农民得到的土地增值收益比例偏低（蔡继明等，2010；晋洪涛等，2010），财产性价值没有充分实现，导致许多农民工虽然已经成为市民，但依然不愿放弃土地承包权，阻碍了农村土地资源的优化配置。

4.5　本章小结

　　在转型期社会分层背景下，农民工也出现了明显分化，按照市民化程度不同，农民工大致可以分为兼业者、务工者、准市民和市民。同时，我国农村土地产权也具有一定结构性特征，从产权方面来看，主要包括土地所有权、承包权和经营权，每个产权方面还包括许多内容，如占有权、使用权、收益权、处分权等，这样就呈现出多样化的结构特征。与农村土地产权结构相对应，农村土地也具有多元化价值，主要包括土地的生产性价值、保障性价值、流转性价值和财产性价值。不同阶层的农民工对农村土地产权结构的不同方面具有差异化的偏好强度，也对农村土地价值的不同方面具有不同的需求，最终导致差异化的土地利用方式。一般而言，市民化程度较低的农民工倾向于直接经营土地或短期流转土地经营权，市民化程度较高的农民工则倾向于长期流转土地经营权或有偿退出土地承包权。

第 5 章

农民工市民化与农村土地流转的
互动机理及农村土地制度改革

为了研究农民工市民化与农村土地流转之间的相互关系，本章在深入分析农民工市民化与农村土地流转互动机理基础上，指出农民工市民化进程中农村土地流转存在的问题，提出改革农村土地制度的有效措施，保证实现农民工市民化与农村土地流转的良性互动。

5.1 农民工市民化与农村土地流转的互动机理

近年来，在工业化、城镇化进程不断加快的背景下，我国农民工数量始终保持在较高水平。国家统计局抽样调查结果显示，2010—2015 年，全国农民工总量稳定在 2.3 亿人至 2.8 亿人之间，其中，外出农民工则达到 1.5 亿人至 1.8 亿人。虽然农民工市民化意愿十分强烈，但农民工市民化的实际进程却相对缓慢。国务院发展中心课题组组织的大样本实地调研表明，随着农民工进城务工就业趋于稳定，市民化意愿越来越强烈，但包括就业、社会保障、居住条件、子女教育、社会参与等在内的市民化程度依然处于较低水平（国务院发展研究中心课题组，2011）。中国社会科学院《中国城市发展报告》称，2011 年农业转移人口市民化程度综合指数仅为 40.7%（潘家华等，2013）。国家统计局发布的 2013—2015 年《全国农民工监测调查报告》显示，2013—2015 年，农民工人均月收入分别为 2 609 元、2 864 元、3 072 元，城镇职工人均月收入分别为 4 366 元、4 780 元、5 270 元，农民工平均工资与城镇职工平均工资的比例分别为 59.8%、59.9%、58.3%；2016 年与雇主或单位签订合同的农民工比例仅为 35.1%；2014 年参加养老保险、工伤保险、医疗保险、失业保险、生育保险、住房公积金的农民工比例分别为 16.7%、26.2%、17.6%、10.5%、7.7%、5.5%，均大大低于城镇职工的覆盖水平。Knight 等（2005）通过计量分析发现，城镇职工的工资率是其边际劳动生产率的 124.2%，而农民工的工资率仅为其边际劳动生产率的 25.9%，明显存在着对农民工的工资歧视。

那么，究竟是哪些因素阻碍了农民工市民化的顺利实现？学者们从不同角度进行了研究，代表性的观点有两类：一是相对滞后的户籍制度改革严重阻碍了农民工市民化进程。李强（2012）分析认为，城市农民工的地位变迁受到了户籍制度的阻碍。胡平等（2014）、李仕波等（2014）研究指出，户籍制度是农民工市民化受阻的根本原因。二是相对高昂的公共成本是阻碍农民工市民化的重要因素。《2009 年中国新型城市化报告》估算，每个农民工转变为市民需要支付 9.8 万元社会总成本。中国社科院的调查报告显示，农民工市民化的人均成本为 10 万元，5 亿农民工市民化至少需要 40～50 万亿元。如此巨大的公共成本支出显然超出了政府财政可以承受的程度，在一定程度上造成农民工市民化进程缓慢。

显然，以上两类研究都从宏观视角指出了阻碍农民工市民化顺利推进的原因。其实，农民工市民化进程相对迟缓，更存在着深刻的微观因素。农民工要完成从农民到市民的身份转变，需要相当大的个体财产支持才能实现。然而，农民财产性收入不足是一个普遍性的事实。土地是农村的重要资源，土地承包经营权则是农户家庭重要的财产权利，如果能够合理处置土地承包经营权，保证土地产权顺畅流转，充分实现土地产权的财产性价值，那么农民的财产性收入会大幅度增加。但是，现有的制度安排对农村土地流转施加了多重管制（刘守英，2014），妨碍了土地价值的充分实现，减少了农民的财产性收入，迟滞了农民工市民化进程。本质上，新型城镇化建设既要实现"土地"从农村向城市的用途转变，更要实现"人"从农民向市民的身份转换，因此，农民工市民化与农村土地流转之间存在着比较紧密的相互促进关系，只有深入研究两者之间的内在联系，才能真正发现农民工市民化的微观基础，通过改革农村土地制度，推进农村土地顺利流转，有序推进农民工市民化。

农村劳动力和土地是农村两种核心资源，农村劳动力流动与农村土地流转之间必然存在着紧密的关系。本质上，农民工市民化与农村土地流转之间存在着持续的互动关系：一方面，农村土地多种形式的合理流转，可以充分实现多元化的土地价值，并逐步将农村土地资产化、资本化，为农民工市民化提供必要的资本支持。另一方面，农民工市民化程度提高，意味着非农就业机会增加并趋于稳定，这就对农村土地流转提出了迫切需求，会对农村土地流转提供重要的推动力。农民工市民化与农村土地流转的互动机理如图 5-1 所示。

农民工市民化与农村土地流转的互动关系可以具体表述为三个方面：

第一，农村土地流转可以为农民工市民化提供重要的资本支持。农民工市民化需要巨大的成本支出，这些成本一部分由政府公共财政支付，一部分需要由农民工家庭独立承担。这就意味着，为了顺利实现市民化，农民工家庭需要相当大的财力支持。根据测算结果，我国东、中、西部地区的城镇，农民工市

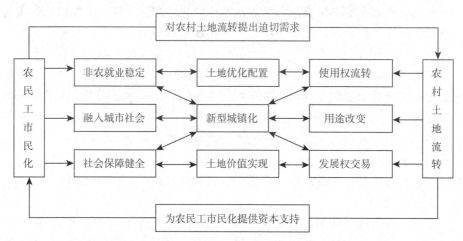

图 5-1　农民工市民化与农村土地流转的互动机理

民化的人均公共成本分别为 17.6 万元、10.4 万元和 10.6 万元，全国平均约为 13 万元；同时，大多数农民工还需要支付一笔购房成本，在东、中、西部城镇分别为 12.6 万元/人、8.4 万元/人和 9.1 万元/人，全国平均约为 10 万元/人，平均每户农民工家庭需支付约 30 万元（潘家华等，2013）。近年来，虽然农民工工资不断上升，农村居民人均纯收入稳步增加，但是，与巨大的市民化成本相比，农民工家庭的财产数量仍然偏少，需要寻找新的收入来源。土地承包经营权是农户家庭重要的财产权利，如果能够合理处置，实现土地产权资产化和资本化，就可以大幅度增加农民的财产性收入，为农民工市民化提供资本支持。土地流转可以降低农民工市民化的机会成本，土地流转收益可以补偿农民工的生活费用，以此推进农民工市民化进程（李淑妍，2013）。产权经济学指出，转让权在产权结构中发挥着关键作用（周其仁，2004）。对农村土地资源而言，在新型城镇化背景下，通过多种形式的土地流转交易，既可以在异质性农户之间实现土地资源在农业内部的优化配置，也可以在符合土地规划前提下适当转换土地用途、实现农村土地资源在农业与非农产业之间的优化配置，还可以在创设土地发展权基础上通过发展权交易实现土地的多元化价值，有效增加农民的财产性收入，为农民工市民化提供重要的资本支持，唤醒未能得到充分利用的"沉睡资本"（Soto，2000），在城乡范围内重新配置土地资源的基础上，实现农业转移人口向城镇有序转移，协调推进"人口"城镇化与"土地"城镇化。一，非农就业比较稳定的农民家庭，可以保留土地承包权、流转经营权，获得一定的租金收入。随着国家惠农政策力度不断增强，以及农村土地交易市场逐步完善，土地经营权流转价格将会稳步提高，农民的土地租金收入会不断增加。调研数据表明，目前一些平原地区的农村土地流转价格已经达到每亩 700~800 元，有的甚至超过每亩 1 000 元（赵鲲等，2016）。二，随着农村土地制度改革的逐步深入，在符合土地规划和用途管制前提下，一部分农用地会改变用途，成为集体建设用地。土地用途改变，会大幅度增加土地价值，产生巨大的增值收益，由农民家庭、农村集体等主体共同分享。三，国家征用农村土地，需要依法给予一定补偿，在土地发展权视角下，补偿额会不断增加。四，市民化程度较高的农民工，可以通过合理方式逐步退出土地承包经营权，实现土地承包经营权向资本和资产的顺利转化。

第二，农民工市民化对农村土地流转提出了迫切需求。新型城镇化首先是"人口"城镇化，在城镇"拉力"和农村"推力"的共同作用下，农业转移人口不断向城镇集聚，部分人口长期定居下来，从事稳定的非农产业，分享均等的公共服务，逐步融入城市社会，完成从农民向市民的身份转变。与此同时，城市区域不断扩张，使部分农村土地转变为城市土地。统计数据表明，1995—2010 年，全国城市建成区面积共增加了 20 793.8 平方千米，年均增加 1 386.3 平方千米（刘守英，2014）。在农业转移人口和城乡土地资源重新配置的共同作用下，一方面，农村人口与土地的比例关系发生变化。随着农村劳动力数量减少，人均经营土地面积相应增加，为土地规模经营创造了条件。农业部全国农村经营管理统计数据显示，2009—2015 年，全国承包耕地流转总面积从 1.5 亿亩增加到 4.4 亿亩，年均增长速度超过 19.5%，通过土地经营权流转形成的规模经营主体发展较快，全国经营承包耕地面积超过50 亩的农户由 274 万户增加到 341 万户，经营耕地面积约 3.5 亿亩，占全部耕地面积的 26.4%。另一方面，土地功能发生演化。随着农户经济结构转型，农业收入在农户家庭总收入中所占比例不断下降，土地作为农户维持生计和增加农业收入的功能逐步减弱，而财产功能逐步增强（陈剑波，2006）。无论是人地关系改变，还是土地功能演化，都对农村土地流转提出了迫切需求。考虑到农户家庭的人口结构、财产状况、就业特征等具有异质性，农民对土地流转形式的要求必然是多样化的。大部分农民工尚不具备完全市民化的条件，希望通过一定时期的财富积累，在未来逐步实现市民化，愿意在保留承包权的前提下，以合理价格流转土地经营权，既安心从事非农产业，也获取一定的土地流转收益；对于那些已经基本具备市民化条件的农民工而言，其最大愿望就是能够通过合理交易土地，充分实现土地的财产性价值，分享土地用途转换或土地征用过程中所产生的增值收益。

第三，农民工市民化对农村土地流转的推动作用与农村土地流转对农民工市民化的支持作用，两者之间存在着持续的反馈运动关系。农民工市民化是一个巨大的系统工程，既涉及户籍制度、农村土地制度、社会保障制度等重要制度改革问题，也需要通过建立有效的成本分摊机制来分解其中巨大的成本，还要与新型城镇化建设等配套推进，因此农民工市民化过程必然是一个长期过程，只能在制度系统总体改革框架下逐步推进。中央提出"十三五"时期完成1亿农民工逐步市民化，也是遵循了循序渐进规律。在农民工市民化长期推进过程中，农村人地关系逐步发生变化，农村人口逐步向城镇转移，农村土地人均经营面积逐步增加，不断推动农村土地发生流转。在农民工市民化推动农村土地流转过程中，一方面，土地流转数量逐步增加，经营农村土地的人口数量逐步减少，新型农业经营主体不断产生、发展壮大，人均经营土地面积逐步增加。另一方面，农村土地流转形式不断变化，从短期、小规模土地流转形态逐步向长期、大规模流转形态转变，从转包、出租等土地流转方式逐步向土地退出方式转变。其中，既表现出农民工市民化对农村土地流转在数量方面的推动作用，也表现出在质态方面的推动作用。同时，农村土地流转过程的逐步推进，也不断为农民工市民化提供一定的资本支持。在土地流转的开始阶段，土地租金数量不大，只能成为农民工收入的一定补充；随着土地流转规模扩大、流转期限长期化，土地入股等股份合作形式会成为土地流转的主要形态，土地流转收入也不断增加，可以为农民工市民化提供较大的财产支持；伴随着农民工与农村土地关系的不断演化，农民工土地退出机制的逐步建立和不断完善，农村土地的财产性价值会得到充分实现，可以为农民工市民化提供重要的资本支持。因此，农民工市民化对农村土地流转的推动作用与农村土地流转对农民工市民化的支持作用，两者之间存在着持续的良性互动关系，两者互为推动力，推动农民工市民化过程与农村土地流转过程在数量上不断增加、在质量上逐步提高。

在农民工市民化与农村土地流转的互动关系中，新型城镇化是推进农民工市民化和农村土地流转的最大动力；在具体的运行层面上，则表现为农业人口有序转移与农村土地资源优化配置两个重要特征。因此，在农民工市民化与农村土地流转互动过程中，最重要的动力机制是我国正在推进的新型城镇化建设；同时，还存在着两个重要的运行机制，一是农业人口向非农产业、农村人口向城镇人口的有序转移。二是农村土地资源在农业内部、在农业与非农产业之间的优化配置。

5.1.1 动力机制：新型城镇化

中央城镇化工作会议要求，要以人为本，推进以人为核心的城镇化，把促进有能力在城镇稳定就业和生活的常住人口有序实现市民化作为首要任务。可见，新型城镇化建设首先是要实现"人口"城镇化，即有序推进农业转移人口市民化。新型城镇化建设为农民工市民化提供了有效的动力支持，一方面，新型城镇化建设可以提供更多非农就业机会，促进农民工就业方式从农业向非农产业转变，既增加家庭总收入，也优化收入结构，为农民工在城市立足打下牢固基础。另一方面，新型城镇化建设可以全面提升城市吸引力，提高社会保障、医疗卫生、教育等基本公共服务水平，帮助农民工尽快融入城市，完成生活方式从农村到城镇的转变。与此同时，农民工市民化进程也对我国新型城镇化建设具有重要的促进作用，农民工有序市民化可以从本质上提高新型城镇化质量，保证我国城镇化不仅有量的扩张，而且有质的提升（蔡昉，2010）。

在新型城镇化建设过程中，一方面，随着城市经济规模的扩大，大量农业人口从农村向城镇转移，导致农村的人口、土地比例发生变化，推动农村土地流转。另一方面，随着城市区域的扩张，许多农村土地改变用途和性质，由农业用地转变为工商业用地，由农村集体所有土地改变为城市国有土地，农村土地资源得到重新配置，这就对农村土地顺利流转提出了要求。更为重要的是，随着新型城镇化进程不断推进，农民家庭的经济结构发生转型，农业收入在家庭总收入中所占比例持续下降，非农收入所占比例持续上升，相应地，土地功能也从生产性为主向财产性为主逐步转变，这就对土地的快速、有效流转提出了新的要求。同时，农村土地多种方式的有效流转，可以充分实现土地的多元化价值，为农民工市民化提供重要的资本支持，为新型城镇化建设创造有利条件（张平，2014；陶然等，2008）。

由此可见，新型城镇化建设是推动农民工市民化和农村土地流转良性互动的重要动力，而农民工市民化和农村土地流转的良性互动也积极推动了我国新型城镇化进程。因此，在农民工市民化和农村土地流转良性互动过程中，新型城镇化建设发挥了重要的驱动作用，农民工市民化与农村土地流转互动的动力机制如图 5-2 所示。

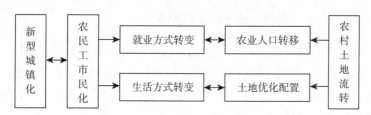

图 5-2　农民工市民化与农村土地流转互动的动力机制图

5.1.2　运行机制一：农业人口有序转移

推进新型城镇化，农业人口有序转移并真正市民化是关键，必须解决就业、住房、社会保障、子女教育四个问题（陈锡文，2014）。新型城镇化一个重要的运行特征是农业人口有序转移并逐步市民化。大量农业人口向非农产业转移、农村人口向城镇集聚，必然导致农村人地关系改变，人均经营土地面积增加，这就对农村土地流转提出了迫切要求，农业人口有序转移运行机制一如图 5-3 所示。农村土地合理流转，既有利于农民工完全或部分放弃农业经营、完成从农业向非农产业的就业方式转变，也可以实现农村土地的多元化价值。

农村土地在合理流转过程中，既可以充分实现资源的交易价值，也可以逐步实现土地的财产价值。现阶段，国家支持农业的基本政策取向十分明确，在这一政策预期下，随着农村土地交易市场的建立和完善，土地流转价格必然会逐步提高，土地资源的交易价值将得到充分实现。农村土地合理流转可以保证土地边际产出较小的农户能够将土地转让给土地边际产出较高的农户，提高专业化分工水平和农业生产率（Besley，1995）。我国人多地少的实际以及城镇化快速推进的现实，都会使农地在非农化过程中产生巨大的增值收益，逐步实现土地的财产价值。农村土地的交易价值和财产价值，可以为农民工带来更多收入，为农民工市民化提供资本支持。

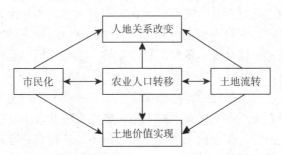

图 5-3 运行机制一：农业人口有序转移

5.1.3 运行机制二：农村土地资源优化配置

新型城镇化的另一个重要运行特征是农村土地资源优化配置，运行机制二如图 5-4 所示。一方面，随着城市区域扩张、工商业用地需求增加，大量农村土地改变性质成为城市土地。在中国城乡二元土地制度安排下，伴随城镇化进程，农村集体土地通过被征收变成国家所有。2005—2011 年期间，共有 10 200 平方千米农村土地被征收转变为国有土地，用于城市建设（刘守英，2014）。到 2020 年，中国城镇化率将达到 60%，城镇人口大约为 8.5 亿，城镇建设用地总量将超过 11 万平方千米，比 2012 年增加 1 万平方千米，其中大部分需要通过征收农村土地转变而来（中国金融 40 人论坛课题组，2013）。在农村土地被征收过程中，国家会给予一定的经济补偿，或者给失地农民提供一定的社会保障，为农民工市民化提供资金和政策支持。

另一方面，随着大量农业转移人口进入城镇从事非农产业，农户之间的土地流转趋势增强，可以逐步实现农村土地规模化经营。在农村土地所有权、承包权、经营权"三权分置"的制度安排下，农业转移人口为了安心从事非农产业，愿意在稳定承包权的基础上，通过转包、转让、出租、股份合作等形式让渡经营权，为农村土地流转市场提供有效供给。同时，专业大户、家庭农场、农民专业合作社等农业新型经营主体则成为农村土地流转市场的有效需求主体，希望流入土地适度规模经营。农村土地合理规范流转、适度规模经营，可以有效提高农业生产率，通过交易和分工效应、组织化效应、抵押效应等提高农民收入（刘俊杰等，2015），为农民工市民化提供资本支持。

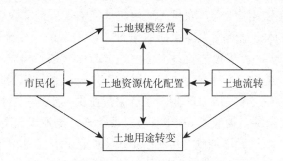

图 5-4　运行机制二：农村土地资源优化配置

5.2　农民工市民化进程中的农村土地流转现状

现阶段，在农民工市民化进程中，我国农村土地流转规模不断扩大，新型农业经营主体不断出现，但也存在着四个方面问题，主要表现在"土地城镇化"与"人口城镇化"两者之间不协调、农村土地流转收益不能满足农民工市民化的需求、部分地区违背农户家庭意愿以放弃土地为条件推进农民工市民化、农村土地流转制度供给滞后于制度需求。

5.2.1　"土地城镇化"内在动力强劲，而"人口城镇化"进展缓慢，两者之间存在着不协调性

改革开放以来，我国城镇化快速推进。按照常住人口计算，1978 年全国城镇化率仅为 17.92%，2016 年则上升为 57.35%。与此同时，我国城市区域也迅速扩张，人口密度迅速下降，20 世纪 80 年代城市面积年均增加约 600 平方千米，90 年代年均增加 960 平方千米，2000 年至 2009 年年均增加 1 740 平方千米，城市区域人口密度从 1980 年每平方千米 1.92 万人，下降到 2009 年

的 1.02 万人。① 需要指出的是，2016 年以户籍人口计算的城镇化率仅为 41.2%，② 这就意味着有约 2.8 亿农村户籍人口虽然进入城镇，但尚未真正成为城镇居民，不能享受与市民同等的公共服务。郑鑫（2014）计算指出，1991 年至 2003 年，中国人口城镇化年均速度为 4.33%，土地城镇化年均速度为 6.26%，城镇建设年均速度为 9.10%；2004 年至 2012 年，中国人口城镇化年均速度为 3.47%，土地城镇化年均速度为 5.43%，城镇建设年均速度为 7.54%（郑鑫，2014）。从以上数据资料可以看出，我国"土地城镇化"明显快于"人口城镇化"，两者之间存在着严重的不协调性。

我国特有的户籍制度和土地管理制度等一系列制度安排，造成城市区域扩张成本低廉，而农业转移人口市民化困难重重。一，我国现有的土地制度安排规定，城市土地由国家所有，农村土地由集体所有，农地非农化必须经由政府征收，将农村集体土地转变为国家所有土地，政府垄断了农地征收一级市场，农地非农化所产生的巨大增值收益大多由地方政府获取，构成了地方财政收入的主要来源，形成了中国特有的"土地财政"现象。在分税制改革框架下，地方政府独享土地出让金及房地产业、建筑业营业税，土地经营性收入成为地方财政收入的主要来源（娄成武等，2013）。近年来，土地出让金规模迅速膨胀，从 2006 年的 7 000 亿元增加到 2010 年的 29 400 亿元；土地出让金占地方财政收入的比重从 2001 年的 16.6% 上升到 2009 年的 48.8%（许经勇，2014）。因此，地方政府有着快速推进"土地城镇化"的内在动力。二，我国传统的户籍管理制度，实行城乡分离的二元体制安排，在城镇居民与农村居民之间产生了较大的福利差距，加大了农业转移人口市民化的成本。据专家统计，在户籍制度上存在 60 多种城乡之间的不平等福利③；另据新华社统计，农业户口与城镇户口之间的福利差距多达 33 项，农村居民社保、医保、低保、住房、教育等福利水平较低④。粗放式城镇化背景下，又造成了城镇内部户籍居民与流动人口之间公共服务不平等的新二元分割（陈云松等，2015）。无论是农村与城市的老二元结构，还是农民工与城镇居民的新二元分割，都意味着城乡之间的公共服务水平差距巨大，导致农业转移人口市民化成本高昂。由于没有建立有效的农业转移人口市民化成本分摊机制，政府公共财政无法单独承担巨大的成

---

① 数据来源于相关年份《中国城市统计年鉴》。

② 在中国现有城乡二元户籍制度安排下，户籍仍然具有差异化的福利性质，城镇户籍人口享有更高的公共服务水平，因此，按照户籍人口计算的城镇化率可以更加准确地反映公共服务均等化程度。

③ http://news.xinhuanet.com/fortune/2013-02/27/c_124392864.htm，辜胜阻：《户籍带来 60 多种城乡不平等福利》。

④ http://news.xinhuanet.com/politics/2014-07/31/c_1111889015.htm，《告别农业户口，还将告别城乡差距》。

本，最终导致"人口城镇化"进程缓慢。

5.2.2 农村土地流转市场不发达，农村土地流转收益偏低且分配不合理，不能满足农民工市民化的需求

虽然《土地管理法》等法律明确规定允许农村土地流转，国务院《关于引导农村土地经营权有序流转发展农业适度规模经营的意见》也指出，坚持农村土地集体所有，实现所有权、承包权、经营权"三权分置"，引导土地经营权有序流转，但是，由于我国农村土地制度安排存在一些弊端，导致农村土地流转市场不成熟，农村土地流转比例仍然较低。农村土地产权主体模糊、产权残缺是阻碍土地资源优化配置的重要因素（邓大才，2009）。土地产权受到较多限制导致农户缺乏稳定的地权，阻碍了农村土地流转（Jin，2009）。农业部统计数据显示，截至2015年年底，全国农村土地流转面积4.4亿亩，约占全国耕地面积的33.3%，即全国约1/3的农村土地发生了流转。

农村土地流转市场化程度偏低，导致土地流转价格受到抑制，土地流转收益偏低。我国农村土地流转市场刚刚建立，相关法律法规仍不完善，政府服务定位尚不准确，硬件、软件等基础设施不够完备，市场的信息提供功能、价格发现功能等没有得到充分发挥，尚未形成良好的土地流转价格市场化机制。我国农村土地市场处于初级阶段，发展缓慢，具有显著的区域差异性（叶剑平等，2006），农村土地产权残缺则降低了土地流转交易价格（钱忠好，2003）。资料显示，浙江省土地流转租金每亩每年400~1 000元，黑龙江省土地流转价格每亩每年仅为150~280元（黄延信等，2011）；广州市的农村土地转包、出租流转价格在18 000~24 000元/公顷，农村土地入股收益每年约27 000~33 000元/公顷（高艳梅等，2012）。

由于农村土地产权结构存在缺陷，导致农村土地流转收益在相关经济主体之间的分配不合理。我国农村土地实现集体所有制，由于相关法律对土地所有权主体未能做出明确规定，增加了土地所有权的实施难度，在一定程度上削弱了产权主体的土地权利。我国农村土地制度改革遵循了交易费用最小化的逻辑，具有明显的路径依赖特征，土地产权存在着较大范围的"公共域"，处于利益博弈弱势地位的农民家庭，其土地权益常常受到政府等主体的侵害。具体到农村土地流转，尤其是农村土地非农化所产生的巨大增值收益，政府得到了其中的绝大部分，农民家庭只得到较少部分。资料显示，农村集体土地用途转变增值收益的分配，政府得到60%~70%，村经济组织得到25%~30%，农民只得到5%~10%。[①] 相关法律规定，征收土地按照原用途给予补偿，补偿

---

① 人民网：《农民补偿存在分配不公，应引入谈判机制》，2010年3月26日。

总和不得超过前3年平均年产值的30倍，这就意味着政府垄断了农村土地的发展权收益，农民家庭则失去了土地增值中的发展权对价收益。由此，"土地资本化"机制缺失，使土地没有成为农民重要的财产性收入来源，没有为农业转移人口市民化提供必要的资本支持。

5.2.3 农村土地流转制度供给滞后，不能满足农民工阶层分化背景下农户家庭多样化的制度需求

在社会经济结构转型大背景下，农民工阶层出现了明显分化，有的农民工财产资源禀赋较好，市民化程度较高；有的农民工经济基础薄弱，还处于积累的初步阶段，市民化程度较低。如此，在农民工阶层分化环境中，不同阶层的农民工会对农村土地流转制度产生不同的需求，从而要求制度供给能够及时匹配制度需求，保证制度供求之间的良好适应性以致达成制度的有效均衡状态。然而，现有的农村土地流转制度供给虽然在一些方面对制度环境变化作出了动态响应，但制度供给的总体性和结构性都不能满足制度需求，制度供给明显滞后，制度供求之间存在一定的张力。

我国农村土地流转制度供给与需求之间的不平衡性主要表现在三个方面：

一，制度供给的总体水平不能满足制度需求。虽然随着制度环境变化，我国农村土地流转制度改革也一直在进行中，提供了一定数量的制度供给，但就总体水平而言，农民土地流转制度供给并没有满足制度需求。从政策层面来看，农民工市民化对农村土地流转制度提出了全方位的要求，包括农村土地产权清晰化、农村集体组织成员资格规范化、农村土地流转价格市场化、农村土地流转模式多样化、农村土地流转收益分配合理化等，然而，现有的农村土地流转政策并没有形成一个综合性的方案，能够全面解决农民工市民化过程中的农村土地流转问题；从法律层面来看，我国现有法律不能对新的制度环境下农村土地流转的许多方面做出明确规定，主要包括农村土地"三权分置"的具体实施方案、建立在集体成员权基础上的农村土地承包权稳定措施、农村土地经营权权能内涵和外延、农村土地流转收益尤其是农村土地改变用途后所产生的增值收益分配规则等。

二，制度供给的结构性安排不能满足制度需求。农民工市民化阶层分化背景下，农民工制度需求的结构性特征非常明显，市民化程度不同的农户家庭对农村土地流转的不同方面具有不同的要求，然而现有的农村土地制度在结构上不能满足农民工差异化的需求。一方面，农村居民社会保障水平不足，没有完全实现对农村土地保障功能的替代，导致农民工不敢放弃土地承包经营权。另一方面，农村土地的财产价值没有得到充分实现，导致农民工不愿轻易放弃土地承包经营权。再一方面，农民工还受到就业歧视、工资歧视等，导致农民工

不甘心放弃土地承包经营权。制度供求之间的结构性矛盾，最终导致农村土地流转不畅。

三，制度供给方面的创新性不够，不能满足农民工市民化的重点需求。农民工市民化过程中，农民工一个重点的需求就是农村土地承包经营权的合理退出机制。随着农民工市民化进程的不断深入，总有一部分农民工顺利成为市民，完成农民工市民化过程，这部分农民工迫切希望能够借助适当的退出通道放弃农村土地承包经营权，同时得到相应的权利补偿。然而，迄今为止，农村土地承包经营权的合理退出机制并没有建立起来。

5.3　农民工市民化与农村土地流转互动关系下的农村土地制度改革

针对农民工市民化进程中农村土地流转存在的一些问题，需要采取针对性措施改革农村土地制度，推进"人口城镇化"与"土地城镇化"协调发展，实现农村土地的多元化价值为农民工市民化提供资本支持，加强农村土地流转制度供给。

5.3.1　以新型城镇化为动力，推进"人口城镇化"与"土地城镇化"协调发展

2016 年年底，按照常住人口计算的中国城镇化率为 57.35%，远低于发达国家 80% 左右的平均水平，也低于与中国发展阶段相近的发展中国家 60% 左右的平均水平。城镇化主要表现为城镇人口占总人口比重增加、城镇数量增加、城镇用地规模增加和城市生活方式扩展（诺克斯，2008）。按照诺瑟姆（1975）对城镇化过程三阶段的划分，即初始阶段、加速阶段、成熟阶段，我国城镇化正处于加速阶段中期，到 2020 年，中国城镇化率将达到 60%，2030 年将达到 70%，仍然低于发达国家的城市化水平。如果以户籍人口计算中国的城镇化率，水平将更低。可见，未来一段时期中国城镇化发展空间巨大。2014 年 3 月，《国家新型城镇化规划（2014—2020 年）》指出，坚持走中国特色新型城镇化道路，全面提高城镇化质量，加快转变城镇化发展方式，以人的城镇化为核心，有序推进农业转移人口市民化。新型城镇化可以为农业人口转移和农村土地资源优化配置提供强劲动力，协调推进"人口城镇化"与"土地城镇化"。

一，改变传统观念，树立以人为核心的新型城镇化理念。我国传统观念将城镇化简单定性为城市区域的扩张，通过经营城市推动 GDP 增长，资源利用粗放、环境破坏严重，不具有可持续性。新型城镇化强调城镇化与工业化、信息化和农业现代化同步发展；通过产业结构升级，加快服务业发展，扩大城镇

居民和农民工就业渠道；使更多农业人口通过转移就业提高收入，通过转为市民享受更好的公共服务，有效扩大内需，保证国民经济持续健康发展；增强以工促农、以城带乡能力，全面解决农业农村农民问题；推进城乡要素平等交换和公共资源均衡配置，有序推进农业转移人口市民化，保证城乡居民公平分享城镇化发展成果。

二，深化综合体制改革，建立"人口城镇化"与"土地城镇化"协调推进机制。①构建"人口城镇化"与"土地城镇化"协调性评价指标体系，建立科学的监测预警系统，保证新型城镇化质量。借鉴学习国内外研究成果，合理选择"人口城镇化""土地城镇化"评价指标，建立协调性指数模型，实时分析全国及地区协调程度，为科学预警提供可靠依据。②改革地方政府官员政绩考核体制，由过去重视经济增长速度、城镇化速度，改变为重视经济发展质量、新型城镇化质量，将农业转移人口市民化程度纳入地方政府政绩考核指标体系，迫使地方政府协调推进"人口城镇化"与"土地城镇化"。③深化财税体制改革，弱化地方政府对土地财政的依赖程度。在农地转用过程中，抽取一定比例的土地增值税；同时，引入对商住类房地产征收的财产税，以土地增值税和财产税作为地方政府稳定的税收基础，改革目前地方财政过于依赖土地出让金的格局，弱化地方政府快速推进"土地城镇化"的内在激励。

5.3.2 以农村土地确权登记颁证为基础，赋予农民更多的土地产权权能，建立完善农村土地流转交易市场，实现土地的多元化价值，为农民工市民化提供更大的资本支持

产权经济理论认为，土地产权安全性提高，会增加产权主体的交易积极性，提高土地价值（姚洋，2000）。农地制度的个人化程度提高，可以增加土地价值，激励农民经由转让土地筹集部分资金供进城长期生活，促进农村劳动力转移（Yang，1994）。更安全的土地产权可以通过抵押、担保等方式获得更多的贷款（The World Bank，2002）。

2009 年，农业部开始进行农村土地承包经营权确权登记颁证试点改革，至 2015 年已在 12 个省（区）1 988 个县（市）1.3 万个乡镇 19.5 万个村推进了农地确权改革试点工作，涉及耕地 3.3 亿亩。试点改革取得了一定成效，在改革的总体设计、路径选择、质量控制、经费支撑、成果应用等方面进行了积极尝试，各地因地制宜创新了多种改革模式，初步探索出农地确权改革的科学程序，发现了改革过程中的难点问题。农地确权是农村土地制度改革的基础性工作，中央高度重视，2013 年中央 1 号文件提出，用 5 年时间完成农村土地承包经营权确权登记颁证工作。未来的农地确权改革，应在坚持依法规范、保持稳定、民主协商、因地制宜、地方负责的原则下，按照中央的统一部署，建

立健全工作机制、强化工作经费保障、确保工作质量，严格遵守农村土地承包法律规定和政策要求，扎实开展改革工作。同时，允许地方政府因地制宜，选择合适的确权模式，在农民重视土地使用权的阶段，实行确权确地；在土地流转的背景下，可以选择确权不确地（严冰，2014）。

在农地确权基础上，将土地承包经营权属全民落实到农户家庭，赋予农民更加充分而有保障的土地产权权能。①稳定土地承包权，放活土地经营权。在坚持农村土地集体所有前提下，实现所有权、承包权、经营权三权分置。通过确权改革，逐步将土地承包权物权化，将其规定为农民拥有的一项基本权利，能够长期持有，并能够据此享有收益。农民可以根据意愿，有偿转让土地经营权，在土地经营权流转过程中，农民可以自主选择流转模式，确定流转价格，获得流转收益。②积极探索土地资本化实现方式。积极开展土地经营权抵押、担保试点，逐步赋予符合条件的土地经营权以抵押、担保权能，为土地资本化创造条件，让土地为农民家庭带来更多的财产性收入。

同时，建立完善农村土地流转市场，提高土地市场化交易水平，逐步让市场机制在土地流转交易中发挥主导性作用，充分实现土地的交易价值，提高农民的土地流转收益。充分利用市场机制，实现农民土地"退出权"价值（傅晨等，2014），为农民工市民化提供必要的资本支持。

5.3.3　加强制度供给，满足不同农民工多样化的制度需求

我国农村土地流转制度失衡的主要表现是制度的有效供给不足，不能满足农民工市民化进程中农户家庭多样化的制度需求。为了解决制度供求失衡问题，就需要加强制度供给，满足不同农民工多元化的制度需求。

一，要强化政策设计的系统性和及时性，保证政策层面的制度供给及时有效。我国经济社会转型期，制度环境一直处于动态变化中，需要相关的政策设计能够对制度环境的动态变化及时做出响应，提供能够适应制度环境变化之后的制度安排。同时，农民工市民化过程中的农村土地制度改革牵涉面广、利益相关性强，需要在政策层面进行系统设计，保证多个政策之间的有机协调，最终形成有效的政策合力。现阶段以及未来一段时期内，伴随着新型城镇化建设过程，每年都有约 2 000 万农民工逐步市民化，政策层面需要就农村集体产权改革、农村土地三权分置改革、农村建设用地市场化改革、征地制度改革、农民工市民化成本分摊机制设计、农民工城市融入制度等方面做出统筹安排。

二，要加快法律制度建设，保证相关法律体系方面的制度供给相对完备。现阶段，需要以《土地管理法》修订为重点，修订已有法律法规中与新的制度环境不相符、与新的改革政策不统一、与新的改革方向不一致的地方。一方面，要在明确农村集体组织成员基础上，清晰界定农村土地集体所有权、农户

承包权、主体经营权的内涵和外延;另一方面,废除原有法律将农民工市民化与农村土地承包经营权退出挂钩的规定,同等尊重农民工的市民化意愿和土地退出意愿。同时,加快制定新的法律法规,形成一套相对完备的法律体系。

三,要加快包括户籍制度、社会保障制度、就业制度、公共服务均等化制度、城乡土地市场化制度等一系列制度改革,为增加农民工市民化过程中的农村土地流转制度供给创造必要条件。加快社会保障制度改革,提高农民工的社会保障水平,逐步将农民工社会保障纳入城镇体系,弱化农村土地的社会保障功能,保证农民工敢于流转土地;加快户籍制度、就业制度改革,逐步消除城乡户籍的福利差别,消除农民工所受到的就业歧视、工资歧视等,提高农民工工资收入,使得农民工甘于进行土地流转;加快城乡建设用地市场化改革,逐步赋予农村土地财产功能,增加农户家庭在土地增值收益中的分配比例,增强农民工流转土地的意愿。

四,要加快农村土地承包经营权退出机制设计,满足市民化程度较高农民工的重点需求,协调推进农民工市民化与农村土地合理流转。在农民工阶层分化背景下,市民化程度较高的农民工对农村土地退出权提出了要求,希望通过合理方式将土地承包经营权转化为一定的财产权利,为其实现市民化提供资本支持。这就需要加快农村土地承包经营权退出机制设计,按照依法自愿有偿原则,在承认和保护农民工土地权益基础上,通过建立农村土地交易市场,等价补偿农民工所拥有的土地承包经营权①。

五,要坚持试点改革,并加快试点经验的总结推广,在更大范围内提供制度供给。现阶段,农村土地确权登记颁证试点改革已经取得了初步成果,需要对试点改革经验加以总结,形成有效的制度化文件,将这项工作在全国范围内进行推广;农村经营性用地入市试点工作也在相关区域逐步展开,同样需要及时总结试点改革经验;农村土地经营权抵押担保试点改革也已经持续了一段时间,也已经取得了不少经验,同样需要加以总结推广。同时,要充分尊重农村集体组织和农户家庭等主体的自发创新,并尽快将其有效经验加以总结推广,提供针对性较强的有效制度供给。

---

① 2015年7月,国务院办公厅《关于加快转变农业发展方式的意见》提出,在坚持农村土地集体所有和充分尊重农民意愿的基础上,在农村改革试验区稳妥开展农户承包地有偿退出试点,引导有稳定非农就业收入、长期在城镇居住生活的农户自愿退出土地承包经营权。2016年7月,国务院《关于实施支持农业转移人口市民化若干财政政策的通知》强调,要通过健全农村产权流转交易市场,逐步建立进城落户农民在农村的相关权益退出机制,积极引导和支持进城落户农民依法自愿有偿转让相关权益,促进相关权益的实现和维护,但现阶段要严格限定在本集体经济组织内部。这说明,中央已经开始重视农户承包地退出问题,但这些文件并没有提出农户承包地有偿退出的具体办法。

5.4 本章小结

农民工市民化反映了农业转移人口从农村向城镇逐步转移的过程，农村土地流转则反映了农村土地资源不断改变经营主体的过程，两者之间存在着内在的联系。一方面，农村土地流转为农民工市民化提供了重要的资本支持。另一方面，农民工市民化则改变了农村的人地关系，对农村土地流转提出了需求。农民工市民化对农村土地流转的推动作用与农村土地流转对农民工市民化的支持作用，两者之间存在着持续的反馈运动关系。在农民工市民化与农村土地流转的互动关系中，新型城镇化为其提供了重要的动力支持，农业人口有序转移与农村土地资源优化配置则表现为两个重要的运行机制。

现阶段，在农民工市民化进程中，农村土地流转存在一些问题，主要表现在"土地城镇化"速度快于"人口城镇化"速度、农村土地流转收益不能满足农民工市民化要求、部分地区违背农户家庭意愿以放弃土地为条件推进农民工市民化、农村土地流转制度供给滞后于制度需求。为此，需要采取措施改革现有的农村土地制度，协调推进"人口城镇化"与"土地城镇化"，充分实现农村土地的多元化价值，加强农村土地流转制度的有效供给。

在土地制度改革的同时，要加快户籍制度综合体制改革，按照中央《关于进一步推进户籍制度改革的意见》《深化农村改革综合性实施方案》《关于加快转变农业发展方式的意见》《关于实施支持农业转移人口市民化若干财政政策的通知》等一系列文件精神，建立城乡统一的户口登记制度，体现户籍制度的人口登记管理功能，稳步推进教育、就业、医疗卫生、社会保障、住房保障等基本公共服务覆盖全部常住人口，逐步消除城乡户籍福利差别，促进农业人口有序转移，实现农民工市民化与农村土地资源优化配置的良性互动。

第 6 章

农民工市民化状况的调查分析

本章利用实地调研资料，分析农民工市民化意愿与程度，首先对总体情况进行分析，其次对发达地区、欠发达地区农民工市民化情况分别进行分析，最后对本章进行小结。

6.1 农民工市民化的总体状况分析

6.1.1 数据来源

为了深入分析农民工市民化进程中的农村土地承包经营权流转问题，课题组于 2014 年 11 月至 2015 年 8 月进行了大量实地调研。选择江苏、浙江、湖北、四川的 9 个城市的农民工进行了问卷调查，共发放问卷 1 500 份，收回有效问卷 1 371 份。有效问卷具体分布情况如表 6 - 1 所示。在课题进行过程中，课题组于 2018 年 7 月至 9 月进行了补充调研，补充调研选择户籍为江苏、浙江、广东、湖北、湖南、广西、四川的农民工作为样本，对 127 名农民工进行了深入的访谈调研。

表 6 - 1　有效问卷分布情况

省份	城市	有效问卷（份）	小计（份）
江苏	苏州	187	572
	扬州	193	
	淮安	192	
浙江	杭州	136	269
	金华	133	
湖北	武汉	137	266
	宜昌	129	
四川	成都	135	264
	绵阳	129	
合计（份）			1 371

6.1.2 样本基本情况

（1）年龄情况

参与调查的农民工，16～25 周岁的占 21.7%，26～35 周岁的占 31.2%，36～45 周岁的占 26.1%，46～55 周岁的占 13.5%，56 周岁及以上的占 7.5%。

（2）性别情况

男性农民工占 53.2%，女性占 46.8%，以男性农民工为主。

（3）受教育程度

参与调查的农民工，未上过学的占 0.9%，小学学历占 12.5%，初中学历占 53.9%，高中学历占 23.1%，大专及以上学历占 9.6%。这表明，农民工受教育程度仍然不高。

（4）外出务工时间

参与调查的农民工，外出务工时间 5 年以下（含 5 年）的占 40.3%，6～10 年的占 26.3%，11～15 年的占 17.9%，16～20 年的占 7.8%，20 年以上的占 7.7%。

（5）月工资水平

参与调查的农民工，月工资收入 2 000 元以下的占 11.1%，2 000～3 000 元的占 19.2%，3 000～4 000 元的占 36.2%，4 000～5 000 元的占 20.7%，5 000 元及以上的占 12.8%。这表明，农民工非农就业工资水平仍然不高。

（6）家庭人均年收入

参与调查的农民工，家庭人均年收入 10 000 元以下的占 20.9%，10 000～20 000 元的占 33.4%，20 000～30 000 元的占 27.6%，30 000～40 000 元的占 12.7%，40 000 元及以上的占 5.4%。这表明，农民工家庭人均年收入仍然不高。

（7）家庭非农收入所占比例

参与调查的农民工，家庭非农收入所占比例小于 20% 的有 8.3%，20%～40% 的有 19.9%，40%～60% 的有 23.0%，60%～80% 的有 31.8%，80% 及以上的有 17.0%。这表明，农民工家庭非农收入所占比例较高。

（8）家庭劳动力人数比例

参与调查的农民工，家庭劳动力人数占家庭总人口的比例，小于 20% 的有 7.4%，20%～40% 的有 25.9%，40%～60% 的有 34.7%，60%～80% 的有 21.6%，80% 及以上的有 10.4%。

（9）家庭承包土地面积

参与调查的农民工，家庭承包土地面积 1 亩以下的占 9.2%，1～3 亩的占

23.3%，3~5 亩的占 34.5%，5~7 亩的占 25.7%，7 亩及以上的占 7.3%。

（10）非农就业稳定性

参与调查的农民工，非农就业稳定性方面，很不稳定的占 10.4%，不太稳定的占 21.5%，一般的占 31.4%，比较稳定的占 23.4%，很稳定的占 13.3%。这表明，农民工非农就业稳定性仍然不高。

（11）养老社会保障水平

参与调查的农民工，养老社会保障水平方面，很低的占 13.4%，较低的占 24.8%，一般的占 33.8%，较高的占 20.6%，很高的占 7.4%。这表明，农民工养老社会保障水平仍然较低。

（12）医疗社会保障水平

参与调查的农民工，医疗社会保障水平方面，很低的占 14.6%，较低的占 26.1%，一般的占 31.9%，较高的占 19.7%，很高的占 7.7%。这表明，农民工医疗社会保障水平仍然较低。

（13）城镇生活心理感受

参与调查的农民工，城镇生活心理感受方面，很不满意的占 14.3%，不太满意的占 24.7%，一般的占 31.4%，比较满意的占 20.1%，很满意的占 9.5%。这表明，农民工城镇生活心理感受满意度较低。

6.1.3 农民工市民化意愿的调查分析

为了了解农民工的市民化意愿，课题组设计了五个相关问题，每个问题给出了五个选项，对农民工进行问卷调查，详见表 6-2。

表 6-2　农民工市民化意愿问卷设计

序号	问题	选项
1	你愿意在城镇就业吗？	1. 不愿意 2. 不太愿意 3. 无所谓 4. 愿意 5. 非常愿意
2	你愿意在城镇生活吗？	1. 不愿意 2. 不太愿意 3. 无所谓 4. 愿意 5. 非常愿意
3	你愿意在城镇定居吗？	1. 不愿意 2. 不太愿意 3. 无所谓 4. 愿意 5. 非常愿意
4	你愿意放弃农村户籍、加入城镇户籍吗？	1. 不愿意 2. 不太愿意 3. 无所谓 4. 愿意 5. 非常愿意
5	你愿意成为城市市民吗？	1. 不愿意 2. 不太愿意 3. 无所谓 4. 愿意 5. 非常愿意

在回答问题"你愿意在城镇就业吗？"时，6.3%的农民工表示"不愿意"，9.2%的农民工表示"不太愿意"，11.5%的农民工表示"无所谓"，32.9%的农民工表示"愿意"，40.1%的农民工表示"非常愿意"。这就意味着，有73.0%的农民工有在城镇就业的意愿。

在回答问题"你愿意在城镇生活吗?"时,10.5%的农民工表示"不愿意",13.3%的农民工表示"不太愿意",17.4%的农民工表示"无所谓",33.2%的农民工表示"愿意",25.6%的农民工表示"非常愿意"。这就意味着,有58.8%的农民工有在城镇生活的意愿。

在回答问题"你愿意在城镇定居吗?"时,9.7%的农民工表示"不愿意",15.9%的农民工表示"不太愿意",16.3%的农民工表示"无所谓",31.6%的农民工表示"愿意",26.5%的农民工表示"非常愿意"。这就意味着,有58.1%的农民工有在城镇定居的意愿。

在回答问题"你愿意放弃农村户籍、加入城镇户籍吗?"时,11.4%的农民工表示"不愿意",17.6%的农民工表示"不太愿意",19.5%的农民工表示"无所谓",30.8%的农民工表示"愿意",20.7%的农民工表示"非常愿意"。这就意味着,有51.5%的农民工有加入城镇户籍的意愿。

在回答问题"你愿意成为城市市民吗?"时,10.7%的农民工表示"不愿意",13.3%的农民工表示"不太愿意",22.1%的农民工表示"无所谓",26.4%的农民工表示"愿意",27.5%的农民工表示"非常愿意"。这就意味着,有53.9%的农民工有成为城市市民的意愿。

由此可见,约2/3的参与调查的农民工有市民化意愿,问卷调查结果详见表6-3。

表6-3　农民工市民化意愿问卷调查结果

序号	赋值	均值	标准差
1	1=不愿意,2=不太愿意,3=无所谓,4=愿意,5=非常愿意	3.914	1.201
2	1=不愿意,2=不太愿意,3=无所谓,4=愿意,5=非常愿意	3.501	1.288
3	1=不愿意,2=不太愿意,3=无所谓,4=愿意,5=非常愿意	3.494	1.297
4	1=不愿意,2=不太愿意,3=无所谓,4=愿意,5=非常愿意	3.320	1.292
5	1=不愿意,2=不太愿意,3=无所谓,4=愿意,5=非常愿意	3.467	1.307

这一调查结果与一些学者的调研结果比较一致。陈昭玖等(2016)对江西省农民工的调研结果显示,从转变户籍意愿、自我身份判断和进城意愿三方面评价农民工市民化意愿,农民工转变户籍意愿的平均得分为45.0(满分为100),农民工自我身份判断的平均得分为57.8,农民工进城意愿的平均得分为65.4。魏后凯(2016)研究发现,2014年许多地区农业转移人口市民化意愿约为30%～50%,并且呈现出地区之间的差异,江苏常州为82.9%,河南郑州为75.0%,内蒙古鄂尔多斯为51.6%,陕西为46.2%,四川广安为45.6%,广东中山为41.5%,山东烟台为41.1%,黑龙江哈尔滨为40.8%,

重庆涪陵为 34.5%。

6.1.4 农民工市民化程度的调查分析

为了实地了解农民工市民化程度，课题组设计了一系列问题，对农民工进行问卷调查。

对问题"你现在的户籍是农村还是城镇？"，有 81.1% 的农民工回答"农村户籍"，18.9% 的农民工回答"城镇户籍"。进一步地，对问题"如果你是城镇户籍，请问已经有几年了？"，回答 1 年以内的农民工占 41.6%，1~2 年的占 26.3%，3~4 年的占 17.2%，4~5 年的占 8.6%，5 年及以上的占 6.3%。

对问题"你现在的居住地在哪里？"，有 15.1% 的农民工回答"在农村老家"，33.7% 的回答"在城镇租房"，28.7% 的回答"在单位宿舍"，22.5% 的回答"在城镇自有住房"。

对问题"你现在从事什么职业？"，回答"同时从事农业和非农产业"的农民工占 30.5%，回答"从事非农产业，但不稳定"的占 34.4%，回答"从事非农产业，而且非农产业比较稳定"的占 23.1%，回答"从事非农产业，而且非农产业稳定"的占 12.0%。

对问题"你现在的身份最符合下列哪一项？"，回答"农业和非农产业兼业者"的农民工占 26.4%，回答"普通农民工"的占 54.7%，回答"不完全的城市市民"的占 12.6%，回答"完全的城市市民"的占 6.3%。

综合以上调研结果进行分析，可以发现参与调查的农民工市民化程度存在差异，农民工阶层出现了明显分化，其中兼业者约占 25.2%，务工者约占 55.9%，准市民约占 12.3%，市民约占 6.6%，农民工市民化程度情况见表 6-4。

表 6-4 农民工市民化程度情况

农民工阶层	数量（人）	占比（%）
兼业者	345	25.2
务工者	766	55.9
准市民	169	12.3
市民	91	6.6
合计	1 371	100

由此可见，农民工市民化程度总体上仍然较低。这一研究结论与一些学者的研究结论比较接近。胡雯等（2016）研究发现，农民工市民化程度约为 60.07%，新生代、老一代农民工的市民化程度分别为 66.37%、52.31%。魏

后凯等（2013）研究发现，2011 年农业转移人口市民化综合程度约为 40%，据此推算 2012 年中国真实的完全城镇化率为 42.2%。潘家华、魏后凯等（2013）研究认为，2011 年农业转移人口市民化程度综合评价指数约为 40.68。

6.2　发达地区与欠发达地区农民工市民化状况的比较分析

我国区域经济发展水平差异较大，导致不同经济发展水平地区农民工市民化状况差异较大，需要对此进行深入研究，才能更为准确地把握农民工市民化的地区差异情况。为了了解不同经济发展水平地区农民工市民化状况，课题组对发达地区、欠发达地区农民工市民化意愿与程度分别进行了统计分析。发达地区包括北京、天津、辽宁、上海、江苏、浙江、福建、山东、广东、内蒙古、重庆 11 个省（市、区），欠发达地区包括河北、山西、海南、吉林、黑龙江、安徽、江西、河南、湖北、湖南、广西、四川、贵州、云南、西藏、陕西、甘肃、青海、宁夏、新疆 20 个省（区、市）①。

6.2.1　发达地区农民工市民化状况

农民工户籍所在地属于发达地区的共 743 人，其中，江苏 407 人，浙江 220 人，广东 51 人，山东 36 人，福建 29 人，发达地区农民工问卷分布情况如表 6-5 所示。

表 6-5　发达地区农民工问卷分布情况

省份	有效问卷（份）
江苏	407
浙江	220
广东	51
山东	36
福建	29
合计	743

6.2.1.1　发达地区样本农民工基本情况

（1）年龄情况

参与调查的农民工，16～25 周岁的占 22.5%，26～35 周岁的占 30.8%，

① 发达地区与欠发达地区的划分主要依据人均国内生产总值，2015 年，全国人均国内生产总值排名位于前列的有北京、天津、辽宁、上海、江苏、浙江、福建、山东、广东、内蒙古、重庆 11 个省（区、市），将其划分为发达地区，其余 20 个省（区、市）划分为欠发达地区。

36～45 周岁的占 27.6%，46～55 周岁的占 12.9%，56 周岁及以上的占 6.2%。

（2）性别情况

男性农民工占 52.5%，女性占 47.5%，以男性农民工为主。

（3）受教育程度

参与调查的农民工，未上过学的占 0.8%，小学学历占 7.3%，初中学历占 48.4%，高中学历占 31.4%，大专及以上学历占 12.1%。这表明，发达地区农民工受教育程度比总体水平较高。

（4）外出务工时间

参与调查的农民工，外出务工时间 5 年以下（含 5 年）的占 37.6%，6～10 年的占 24.3%，11～15 年的占 19.7%，16～20 年的占 8.4%，20 年以上的占 10.0%。

（5）月工资水平

参与调查的农民工，月工资收入 2 000 元以下的占 9.6%，2 000～3 000 元的占 17.9%，3 000～4 000 元的占 35.7%，4 000～5 000 元的占 21.3%，5 000 元及以上的占 15.5%。

（6）家庭人均年收入

参与调查的农民工，家庭人均年收入 10 000 元以下的占 18.7%，10 000～20 000元的占 30.3%，20 000～30 000 元的占 28.4%，30 000～40 000 元的占 13.9%，40 000 元及以上的占 8.7%。这表明，发达地区农民工家庭人均年收入比总体水平要高。

（7）家庭非农收入所占比例

参与调查的农民工，家庭非农收入所占比例小于 20% 的有 14.3%，20%～40% 的有 24.6%，40%～60% 的有 23.8%，60%～80% 的有 27.5%，80% 及以上的有 9.8%。这表明，发达地区农民工家庭非农收入所占比例比总体水平较高。

（8）家庭劳动力人数比例

参与调查的农民工，家庭劳动力人数占家庭总人口的比例，小于 20% 的有 6.9%，20%～40%的有 27.3%，40%～60% 的有 36.4%，60%～80% 的有 20.9%，80% 及以上的有 8.5%。

（9）家庭承包土地面积

参与调查的农民工，家庭承包土地面积 1 亩以下的占 10.8%，1～3 亩的占 24.9%，3～5 亩的占 34.4%，5～7 亩的占 23.4%，7 亩及以上的占 6.5%。

（10）非农就业稳定性

参与调查的农民工，非农就业稳定性方面，很不稳定的占 8.9%，不太稳定的占 19.6%，一般的占 30.3%，比较稳定的占 26.1%，很稳定的占

15.1%。这表明，发达地区农民工非农就业稳定性比总体水平较高。

（11）养老社会保障水平

参与调查的农民工，养老社会保障水平方面，很低的占 10.2%，较低的占 19.6%，一般的占 35.4%，较高的占 22.1%，很高的占 12.7%。这表明，发达地区农民工养老社会保障水平比总体水平较高。

（12）医疗社会保障水平

参与调查的农民工，医疗社会保障水平方面，很低的占 10.3%，较低的占 22.8%，一般的占 32.5%，较高的占 22.7%，很高的占 11.7%。这表明，发达地区农民工医疗社会保障水平比总体水平较高。

（13）城镇生活心理感受

参与调查的农民工，城镇生活心理感受方面，很不满意的占 10.7%，不太满意的占 21.3%，一般的占 30.1%，比较满意的占 23.4%，很满意的占 14.5%。这表明，发达地区农民工城镇生活心理感受满意度比总体水平较高。

6.2.1.2　发达地区农民工市民化意愿的调查分析

在回答问题"你愿意在城镇就业吗？"时，4.9%的农民工表示"不愿意"，7.2%的农民工表示"不太愿意"，12.0%的农民工表示"无所谓"，33.1%的农民工表示"愿意"，42.8%的农民工表示"非常愿意"。这就意味着，有 75.9%的农民工有在城镇就业的意愿，比总体水平较高。

在回答问题"你愿意在城镇生活吗？"时，7.2%的农民工表示"不愿意"，9.6%的农民工表示"不太愿意"，17.3%的农民工表示"无所谓"，36.3%的农民工表示"愿意"，29.6%的农民工表示"非常愿意"。这就意味着，有 65.9%的农民工有在城镇生活的意愿，比总体水平较高。

在回答问题"你愿意在城镇定居吗？"时，6.4%的农民工表示"不愿意"，10.8%的农民工表示"不太愿意"，14.4%的农民工表示"无所谓"，36.1%的农民工表示"愿意"，32.3%的农民工表示"非常愿意"。这就意味着，有 68.4%的农民工有在城镇定居的意愿，比总体水平较高。

在回答问题"你愿意放弃农村户籍、加入城镇户籍吗？"时，9.9%的农民工表示"不愿意"，15.8%的农民工表示"不太愿意"，18.7%的农民工表示"无所谓"，32.2%的农民工表示"愿意"，23.4%的农民工表示"非常愿意"。这就意味着，有 55.6%的农民工有加入城镇户籍的意愿，比总体水平较高。

在回答问题"你愿意成为城市市民吗？"时，8.1%的农民工表示"不愿意"，10.6%的农民工表示"不太愿意" 20.5%的农民工表示"无所谓"，29.0%的农民工表示"愿意"，31.8%的农民工表示"非常愿意"。这就意味着，有 60.8%的农民工有成为城市市民的意愿，比总体水平较高。

由此可见，超过 2/3 的参与调查的农民工有市民化意愿，比总体水平较高，发达地区农民工市民化意愿问卷调查结果见表6-6。

表6-6 发达地区农民工市民化意愿问卷调查结果

序号	赋值	均值	标准差
1	1＝不愿意，2＝不太愿意，3＝无所谓，4＝愿意，5＝非常愿意	4.017	1.130
2	1＝不愿意，2＝不太愿意，3＝无所谓，4＝愿意，5＝非常愿意	3.717	1.190
3	1＝不愿意，2＝不太愿意，3＝无所谓，4＝愿意，5＝非常愿意	3.769	1.199
4	1＝不愿意，2＝不太愿意，3＝无所谓，4＝愿意，5＝非常愿意	3.415	1.267
5	1＝不愿意，2＝不太愿意，3＝无所谓，4＝愿意，5＝非常愿意	3.658	1.249

6.2.1.3 发达地区农民工市民化程度的调查分析

对问题"你现在的户籍是农村还是城镇？"，有76.3%的农民工回答"农村户籍"，23.7%的农民工回答"城镇户籍"。进一步地，对问题"如果你是城镇户籍，请问已经有几年了？"，回答1年以内的农民工占38.3%，1~2年的占24.1%，3~4年的占17.0%，4~5年的占12.6%，5年及以上的占8.0%。

对问题"你现在的居住地在哪里？"，有12.6%的农民工回答"在农村老家"，30.4%的回答"在城镇租房"，30.2%的回答"在单位宿舍"，26.8%的回答"在城镇自有住房"。

对问题"你现在从事什么职业？"，回答"同时从事农业和非农产业"的农民工占28.1%，回答"从事非农产业，但不稳定"的占31.2%，回答"从事非农产业，而且非农产业比较稳定"的占25.6%，回答"从事非农产业，而且非农产业稳定"的占15.1%。

对问题"你现在的身份最符合下列哪一项？"，回答"农业和非农产业兼业者"的农民工占24.3%，回答"普通农民工"的占50.7%，回答"不完全的城市市民"的占16.2%，回答"完全的城市市民"的占8.8%。

综合以上调研结果进行分析，可以发现参与调查的农民工市民化程度存在差异，农民工阶层出现了明显分化，其中兼业者约占23.8%，务工者约占51.8%，准市民约占15.5%，市民约占8.9%，发达地区农民工市民化程度情况见表6-7。由此可见，发达地区农民工市民化程度比总体水平较高。

表6-7 发达地区农民工市民化程度情况

农民工阶层	数量（人）	占比（%））
兼业者	177	23.8
务工者	385	51.8
准市民	115	15.5

（续）

农民工阶层	数量（人）	占比（%））
市民	66	8.9
合计	743	100

6.2.2 欠发达地区农民工市民化状况

欠发达地区包括河北、山西、海南、吉林、黑龙江、安徽、江西、河南、湖北、湖南、广西、四川、贵州、云南、西藏、陕西、甘肃、青海、宁夏、新疆 21 个省（区、市）。农民工户籍所在地属于欠发达地区的共 628 人，其中，湖北 205 人，四川 191 人，湖南 52 人，河南 56 人，广西 58 人，安徽 43 人，江西 23 人，欠发达地区农民工问卷分布情况如表 6-8 所示。

表 6-8 欠发达地区农民工问卷分布情况

省份	有效问卷（份）
湖北	205
四川	191
湖南	52
河南	56
广西	58
安徽	43
江西	23
合计	628

6.2.2.1 欠发达地区样本农民工基本情况

（1）年龄情况

参与调查的农民工，16～25 周岁的占 20.7%，26～35 周岁的占 31.7%，36～45 周岁的占 24.4%，46～55 周岁的占 14.2%，56 周岁及以上的占 9.0%。

（2）性别情况

男性农民工占 54.0%，女性占 46.0%，以男性农民工为主。

（3）受教育程度

参与调查的农民工，未上过学的占 1.0%，小学学历占 18.6%，初中学历占 60.4%，高中学历占 13.4%，大专及以上学历占 6.6%。这表明，欠发达地区农民工受教育程度比总体水平较低。

（4）外出务工时间

参与调查的农民工，外出务工时间 5 年以下（含 5 年）的占 43.4%，

6～10 年的占 28.7%，11～15 年的占 15.8%，16～20 年的占 5.9%，20 年以上的占 6.2%。

（5）月工资水平

参与调查的农民工，月工资收入 2 000 元以下的占 12.9%，2 000～3 000元的占 20.7%，3 000～4 000 元的占 36.6%，4 000～5 000 元的占 20.1%，5 000元及以上的占 9.7%。

（6）家庭人均年收入

参与调查的农民工，家庭人均年收入 10 000 元以下的占 23.6%，10 000～20 000 元的占 37.1%，20 000～30 000 元的占 26.6%，30 000～40 000 元的占 11.3%，40 000 元及以上的占 1.4%。这表明，欠发达地区农民工家庭人均年收入比总体水平较低。

（7）家庭非农收入所占比例

参与调查的农民工，家庭非农收入所占比例小于 20% 的有 1.3%，20%～40% 的有 14.3%，40%～60% 的有 22.0%，60%～80% 的有 36.9%，80% 及以上的有 25.5%。这表明，欠发达地区农民工家庭非农收入所占比例比总体水平较低。

（8）家庭劳动力人数比例

参与调查的农民工，家庭劳动力人数占家庭总人口的比例，小于 20% 的有 8.0%，20%～40% 的有 24.2%，40%～60% 的有 32.6%，60%～80% 的有 22.5%，80% 及以上的有 12.7%。

（9）家庭承包土地面积

参与调查的农民工，家庭承包土地面积 1 亩以下的占 7.3%，1～3 亩的占 21.5%，3～5 亩的占 34.6%，5～7 亩的占 28.3%，7 亩及以上的占 8.3%。

（10）非农就业稳定性

参与调查的农民工，非农就业稳定性方面，很不稳定的占 12.3%，不太稳定的占 23.7%，一般的占 32.7%，比较稳定的占 20.2%，很稳定的占 11.1%。这表明，欠发达地区农民工非农就业稳定性比总体水平较低。

（11）养老社会保障水平

参与调查的农民工，养老社会保障水平方面，很低的占 17.2%，较低的占 30.9%，一般的占 31.8%，较高的占 18.8%，很高的占 1.3%。这表明，欠发达地区农民工养老社会保障水平比总体水平较低。

（12）医疗社会保障水平

参与调查的农民工，医疗社会保障水平方面，很低的占 19.6%，较低的占 30.1%，一般的占 31.2%，较高的占 16.1%，很高的占 3.0%。这表明，欠发达地区农民工医疗社会保障水平比总体水平较低。

（13）城镇生活心理感受

参与调查的农民工，城镇生活心理感受方面，很不满意的占18.6%，不太满意的占28.8%，一般的占32.8%，比较满意的占16.3%，很满意的占3.5%。这表明，欠发达地区农民工城镇生活心理感受满意度比总体水平较低。

6.2.2.2　欠发达地区农民工市民化意愿的调查分析

在回答问题"你愿意在城镇就业吗？"时，8.0%的农民工表示"不愿意"，11.5%的农民工表示"不太愿意"，11.0%的农民工表示"无所谓"，32.6%的农民工表示"愿意"，36.9%的农民工表示"非常愿意"。这就意味着，有69.5%的农民工有在城镇就业的意愿，比总体水平较低。

在回答问题"你愿意在城镇生活吗？"时，14.5%的农民工表示"不愿意"，17.7%的农民工表示"不太愿意"，17.5%的农民工表示"无所谓"，29.5%的农民工表示"愿意"，20.8%的农民工表示"非常愿意"。这就意味着，有50.3%的农民工有在城镇生活的意愿，比总体水平较低。

在回答问题"你愿意在城镇定居吗？"时，13.5%的农民工表示"不愿意"，22.0%的农民工表示"不太愿意"，18.6%的农民工表示"无所谓"，26.3%的农民工表示"愿意"，19.6%的农民工表示"非常愿意"。这就意味着，有45.9%的农民工有在城镇定居的意愿，比总体水平较低。

在回答问题"你愿意放弃农村户籍、加入城镇户籍吗？"时，13.1%的农民工表示"不愿意"，19.8%的农民工表示"不太愿意"，20.5%的农民工表示"无所谓"，29.1%的农民工表示"愿意"，17.5%的农民工表示"非常愿意"。这就意味着，有46.6%的农民工有加入城镇户籍的意愿，比总体水平较低。

在回答问题"你愿意成为城市市民吗？"时，13.9%的农民工表示"不愿意"，16.4%的农民工表示"不太愿意"，24.0%的农民工表示"无所谓"，23.2%的农民工表示"愿意"，22.5%的农民工表示"非常愿意"。这就意味着，有45.7%的农民工有成为城市市民的意愿，比总体水平较低。

由此可见，约低于2/3的参与调查的农民工有市民化意愿，比总体水平较低，欠发达地区农民工市民化意愿问卷调查结果如表6-9所示。

表6-9　欠发达地区农民工市民化意愿问卷调查结果

序号	赋值	均值	标准差
1	1=不愿意，2=不太愿意，3=无所谓，4=愿意，5=非常愿意	3.791	1.270
2	1=不愿意，2=不太愿意，3=无所谓，4=愿意，5=非常愿意	3.245	1.351

（续）

序号	赋值	均值	标准差
3	1＝不愿意，2＝不太愿意，3＝无所谓，4＝愿意，5＝非常愿意	3.164	1.334
4	1＝不愿意，2＝不太愿意，3＝无所谓，4＝愿意，5＝非常愿意	3.183	1.296
5	1＝不愿意，2＝不太愿意，3＝无所谓，4＝愿意，5＝非常愿意	3.240	1.339

6.2.2.3 欠发达地区农民工市民化程度的调查分析

对问题"你现在的户籍是农村还是城镇？"，有 86.8％的农民工回答"农村户籍"，13.2％的农民工回答"城镇户籍"。进一步地，对问题"如果你是城镇户籍，请问已经有几年了？"，回答 1 年以内的农民工占 49.4％，1～2 年的占 30.1％，3～4 年的占 18.1％，4～5 年的占 0％，5 年及以上的占 2.4％。

对问题"你现在的居住地在哪里？"，有 18.0％的农民工回答"在农村老家"，37.6％的回答"在城镇租房"，27.1％的回答"在单位宿舍"，17.3％的回答"在城镇自有住房"。

对问题"你现在从事什么职业？"，回答"同时从事农业和非农产业"的农民工占 33.3％，回答"从事非农产业，但不稳定"的占 38.2％，回答"从事非农产业，而且非农产业比较稳定"的占 20.2％，回答"从事非农产业，而且非农产业稳定"的占 8.3％。

对问题"你现在的身份最符合下列哪一项？"，回答"农业和非农产业兼业者"的农民工占 28.8％，回答"普通农民工"的占 59.4％，回答"不完全的城市市民"的占 8.4％，回答"完全的城市市民"的占 3.4％。

综合以上调研结果进行分析，可以发现参与调查的农民工市民化程度存在差异，农民工阶层出现了明显分化，其中兼业者约占 26.8％，务工者约占 60.7％，准市民约占 8.6％，市民约占 4.0％，如表 6－10 所示。由此可见，欠发达地区农民工市民化程度比总体水平较低。

表 6－10　欠发达地区农民工市民化程度情况

农民工阶层	数量（人）	占比（％）
兼业者	168	26.8
务工者	381	60.7
准市民	54	8.6
市民	25	4.0
合计	628	100.1*

注：占比合计不等于 100％，原因在于每项都按照四舍五入的原则保留小数点后一位，最终求和结果可能不等于 100％。

6.2.3　发达地区与欠发达地区农民工市民化状况的比较分析

通过以上分析可以发现，发达地区与欠发达地区农民工市民化状况存在一定差异，主要表现在：

第一，农民工市民化意愿方面，发达地区高于欠发达地区。农民工市民化意愿的五个方面，即城镇就业意愿、城镇生活意愿、城镇定居意愿、城镇户籍意愿、城市市民意愿，发达地区农民工意愿水平均高于欠发达地区农民工意愿水平，最终导致发达地区农民工市民化意愿高于欠发达地区农民工。

第二，农民工市民化程度方面，发达地区高于欠发达地区。农民工市民化程度的四个方面，即城镇户籍及获得时间、住房、职业及稳定性、自我身份认同，发达地区农民工平均水平均高于欠发达地区农民工平均水平，这说明发达地区农民工市民化程度普遍高于欠发达地区农民工。

为了进一步了解不同经济发展水平地区农民工市民化意愿与程度的差异，课题组进行了深度访谈调研，得到一些具体案例。

发达地区农民工市民化状况访谈调研结果

个案 JiangSu3　被访者 Z，男，48 岁，老家江苏泰州地区农村，现在江苏扬州某大型商场工作，担任销售经理。Z 高中毕业，成绩一般，未考取大学，18 岁外出打工，开始在东北，后来在四川等地做生意。Z 为人精明，诚实守信，善于交朋友，生意做得比较顺利，几年下来积累了一定财富。2007 年，在江苏扬州买了一套商品房，将妻子和子女接到城里一起生活，自己进入一家刚成立的大型商场做销售员，几年后，由于工作能力强，业务做得好，被提升为销售经理。2009 年，全家将户口从老家农村转入扬州城区，成为正式的城市市民。现在，Z 继续担任销售经理，经常出差，收入较高，基本工资＋奖金，年收入约 10 万元，妻子在同一商场工作，年收人约 5 万元，夫妻 2 人都有基本保险和住房公积金，女儿读大学。

个案 ZheJiang5　被访者 W，女，35 岁，老家浙江金华地区农村，现在广东惠州做电子元器件生意。W 初中毕业后外出打工，去过金华、杭州、广州等地，做过服装、玩具生意。后来，在广州认识现在的老公，老公的老家在广东惠州地区农村，结婚后 W 随老公来惠州。2013 年，夫妻 2 人开始做电子元器件生意，由于有熟人帮忙，生意发展较快，现在手头已经有了一定积累，在惠州买了一套 100 平方米的商品房，去年将户籍转入惠州城区，儿子在公办小学读书，免学费。自己每月缴纳养老保险和医疗保险，也购买了一些商业保险。说起城市与农村的差别，W 觉得城里机会多，见识广，生活方便，希望长期在惠州城里生活。

欠发达地区农民工市民化状况访谈调研结果

个案 HuBei2 被访者 L，男，32 岁，来自湖北荆州地区农村，现为武汉某快递公司送货员。L 初中未毕业，成绩不好。17 岁开始外出打工，先后在荆州、广州等地工作，做过建筑工人、保安等职业。7 年前，经同村人介绍来武汉打工，一起在快递公司送货。快递送货工作时间较长，从上午 7：00 到下午 19：00，中午休息 1 小时，有时，像"双 11"等购物节，货物很多，需要加班至晚上 22：00 左右，每周休息 1 天，公司免费提供午餐。工作比较辛苦，三轮电瓶车送货，需要送货到户，每天爬楼很累。工资收入采取"基本工资＋业绩提成"模式，平均年收入 6 万元左右。与 3 个同乡合租住房，个人支付月租金 800 元。平时忙于工作，休息日大多用来睡觉，或者在宿舍手机上网消遣，偶尔同乡聚会，基本不逛街，业余活动比较单调，基本不与当地人接触。L 已婚，妻子是老家农村人，现在老家务农。关于未来的打算，L 坦言，城里就业机会多，工资收入高，能够见世面，生活内容比老家农村丰富，愿意在城市工作生活，愿意成为城市市民，但是，城市房价高，生活支出大，自己负担不起，所以比较纠结，可能最终还得回老家，再看看吧，先干几年再说。

个案 HuNan6 被访者 Y，男，55 岁，户籍湖南株洲地区农村，现在长沙某建筑公司做木匠活。Y 小学毕业后在家务农，接着跟同村师傅学习木匠手艺，学艺出师后在家附近做木匠活。后来家里木匠活少了，2011 年，经远房亲戚介绍，来到长沙某建筑公司做木匠活。现在吃住都在建筑公司，公司有集体食堂，供应一日三餐，自己掏钱购买，住集体宿舍，塑料板房，10 人一间，上下床。每天工作 10 小时左右，工资不高，年收入 5 万元左右，没有基本保险。家里承包地自己经营，平时农活由妻子打理，夏忙和秋忙时，自己请假回家帮忙几天。自己岁数大了，不太留恋城里生活，还是老家农村好，亲戚朋友都在那里。打算再做几年，干不动就回老家继续务农。儿子在老家已经成家，也在外打工。

比较以上访谈调研结果可以发现，发达地区农民工市民化意愿比较强烈，市民化程度也比较高，而欠发达地区农民工市民化程度则较低。造成两者差异的原因是多方面的，经济发展水平差异是其中的主要原因。发达地区经济发展水平较高，居民收入水平较高，人们的思想意识也比较开放，因此，农民工市民化意愿比较强烈，市民化程度相对较高；而欠发达地区经济发展水平较低，农民工财富积累较少，农民工市民化程度相对较低。

6.3 本章小结

通过实地调研可以发现，大多数农民工市民化意愿比较强烈，约 2/3 的参与调查的农民工有市民化意愿。具体而言，73.0％的农民工有在城镇就业的意愿；58.8％的农民工有在城镇生活的意愿；58.1％的农民工有在城镇定居的意愿；51.5％的农民工有加入城镇户籍的意愿；53.9％的农民工有成为城市市民的意愿。然而，农民工市民化程度总体水平较低，且农民工阶层出现了明显分化，其中兼业者约占25.2％，务工者约占55.9％，准市民约占12.3％，市民约占6.6％。

发达地区农民工市民化意愿比欠发达地区更为强烈。发达地区约2/3的农民工有市民化意愿，高于总体水平。具体而言，75.9％的农民工有在城镇就业的意愿，比总体水平较高；65.9％的农民工有在城镇生活的意愿，比总体水平较高；68.4％的农民工有在城镇定居的意愿，比总体水平较高；55.6％的农民工有加入城镇户籍的意愿，比总体水平较高；60.8％的农民工有成为城市市民的意愿，比总体水平较高。欠发达地区约低于2/3的农民工有市民化意愿，低于总体水平。具体而言，69.5％的农民工有在城镇就业的意愿，比总体水平较低；50.3％的农民工有在城镇生活的意愿，比总体水平较低；45.9％的农民工有在城镇定居的意愿，比总体水平较低；46.6％的农民工有加入城镇户籍的意愿，比总体水平较低；45.7％的农民工有成为城市市民的意愿，比总体水平较低。

发达地区农民工市民化程度高于欠发达地区。发达地区农民工中，兼业者约占23.8％，务工者约占51.8％，准市民约占15.5％，市民约占8.9％，说明发达地区农民工市民化程度高于总体水平。欠发达地区农民工之中，兼业者约占26.8％，务工者约占60.7％，准市民约占8.6％，市民约占4.0％，说明欠发达地区农民工市民化程度低于总体水平。

第 7 章

农民工土地流转状况的调查分析

本章利用实地调研数据，对农民工市民化进程中的农村土地流转问题进行分析，首先，对农民工土地流转的总体情况进行分析。其次，对发达地区与欠发达地区农民工土地流转状况进行比较分析。再次，对农民工土地转出期限的影响因素进行分析。最后，对本章进行小结。

7.1　农民工土地流转的总体状况分析

数据来源于课题组于 2014 年 11 月至 2015 年 8 月进行的实地调研，得到了有效问卷 1 371 份，以及课题组于 2018 年 7 月至 9 月进行的补充访谈调研。

7.1.1　农民工土地流转行为分析

课题组在对多地农民工的问卷调查过程中，专门设计了一组问题实地调研农民工的土地流转行为，得到了一系列调研结果。在 1 371 份总有效问卷中，有 626 份问卷没有发生土地转出，有 745 份问卷发生了土地转出，即 54.3%左右的农民工有土地转出行为，45.7%左右的农民工没有土地转出行为。农民工土地转出行为如表 7-1 所示。

表 7-1　农民工土地转出行为

土地转出行为	数量（人）	占比（%）
没有土地转出	626	45.7
有土地转出	745	54.3
合计	1 371	100

进一步地，考虑农民工市民化程度差异，将农民工阶层分化为兼业者、务工者、准市民和市民四类群体，分别讨论四类农民工群体的土地转出行为，调研结果如表 7-2 所示。

表7-2　农民工市民化程度与土地转出行为（％）

土地转出行为	兼业者	务工者	准市民	市民
没有土地转出人数占比	90.7	36.6	19.5	0
有土地转出人数占比	9.3	63.4	80.5	100
合计	100	100	100	100

　　由表7-2可以发现，农民工市民化程度对土地转出行为具有明显影响，农民工兼业者市民化程度最低，绝大多数农民工在非农就业的同时直接经营土地，只有少数农民工家庭由于劳动力不足、土地细碎化等原因转出土地；农民工务工者市民化程度较低，大多数农民工转出土地，少数在非农就业的同时直接经营土地；农民工准市民市民化程度较高，大多数农民工转出土地，少数在非农就业的同时直接经营土地；农民工市民市民化程度最高，全部发生了土地转出行为。

　　通过实地调研还可以发现，在土地流转过程中，只有约41.3％的土地转出行为有正式书面合同，还有58.7％的土地转出行为没有正式书面合同。这说明我国农村土地流转规范化程度仍然不高，需要采取措施提高规范化程度。我国农村土地流转签订正式合同比例不高，转出户组平均值为49.16％，与农村土地主要在熟人社会流转有关（钱忠好等，2016）；签订农村土地流转合同可以提高农村土地流转率（马贤磊等，2015）

　　实地调研结果还发现，在土地转出过程中，约47.8％通过村集体进行，约18.3％通过土地交易市场进行，约17.8％通过家人寻找，约16.1％通过熟人介绍，农民工土地转出途径具体如表7-3所示。

表7-3　农民工土地转出途径

转出途径	家人寻找	熟人介绍	村集体	土地市场交易	合计
数量（人）	133	120	356	136	745
占比（％）	17.8	16.1	47.8	18.3	100

　　由此可见，现阶段，农民工土地转出以村集体为主，近半数农民工转出土地通过村集体进行；还有约1/3农民工转出土地通过家人或熟人介绍；仅有不足1/5农民工转出土地通过土地市场交易进行，说明我国农村土地市场化程度较低。

　　实地调研结果还发现，农民工土地转出期限分布为，1年以内的约占45.7％，1～3年的约占23.3％，3～5年的约占15.3％，5～7年的约占10.4％，7年以上的约占5.3％，农民工土地转出期限如表7-4所示。

表 7-4　农民工土地转出期限分布

土地转出期限（年）	<1	1~3	3~5	5~7	≥7
占比（%）	45.7	23.3	15.3	10.4	5.3

由此可见，农民工土地转出期限以短期为主，期限在 3 年以内的约占 69.0%，期限超过 5 年的仅占 15.7%，说明农民工土地转出期限短期化特征明显。农村土地流转期限短期化不利于稳定作为土地转入方的农业经营主体的经营预期，不利于对土地进行长期投资，不利于提高农业生产效率，需要采取措施适当延长农民工土地转出期限。

7.1.2　农民工土地流转意愿分析

课题组在对多地农民工的问卷调查过程中，专门设计了一组问题实地调研农民工的土地转出意愿，得到了一系列调研结果。在 1 371 份总有效问卷中，有 926 份问卷回答有土地转出意愿，有 445 份问卷回答没有土地转出意愿，即 67.5%左右的农民工有土地转出意愿，32.5%左右农民工没有土地转出意愿。在实地调研结果中，农民工土地转出意愿见表 7-5。

表 7-5　农民工土地转出意愿

土地流转意愿	数量（人）	占比（%）
无土地流转意愿	445	32.5
有土地流转意愿	926	67.5
合计	1 371	100

进一步地，考虑农民工市民化程度差异，将农民工阶层分为兼业者、务工者、准市民和市民四类群体，分别讨论四类农民工群体的土地转出意愿，调研结果如表 7-6 所示。

表 7-6　农民工市民化与土地流转意愿（%）

	兼业者	务工者	准市民	市民
无土地流转意愿	67.2	25.7	9.5	0
有土地流转意愿	32.8	74.3	90.5	100
合计	100	100	100	100

可以发现，农民工市民化程度对土地转出意愿具有明显影响，兼业者市民化程度最低，大多数农民工希望在非农就业的同时直接经营土地，没有土地转出意愿，只有少数农民工希望专职从事非农产业，有土地转出意愿；务工者市民化程度较低，大多数农民工愿意专职从事非农产业，有土地转出意愿，只有

少数农民工愿意在非农就业的同时直接经营土地，没有土地转出意愿；准市民市民化程度较高，绝大多数不愿意直接经营土地，有土地转出意愿，只有少数愿意在非农就业的同时从事非农产业，没有土地转出意愿；农民工中的市民群体市民化程度最高，全部有土地转出意愿。

7.1.3　农民工土地流转方式分析

课题组在问卷调研过程中，专门设计了一组问题，了解农民工土地流转方式方面的相关情况，得到了一系列调研结果。在 1 371 份总有效问卷中，有 745 份问卷回答有土地转出行为，土地转出方式主要包括代耕、转包、出租、股份合作、转让、互换，还有少数农民工直接将土地承包经营权退还给农村集体，具体调研结果如表 7-7 所示。

表 7-7　农民工土地流转方式

流转方式	代耕	转包	出租	股份合作	互换	转让	退出	合计
数量（人）	136	77	157	301	109	61	16	857
占比（%）	18.3	10.3	21.1	40.4	14.6	8.2	2.1	115.0

注：调查问卷中有关土地流转方式的问题：C07 您如果转出了土地，请问采用了哪种方式？_____（可多选）A. 请人代耕　B. 转包　C. 出租　D. 股份合作　E. 转让　F. 其他（请说明）_____。部分农民工在流转土地过程中同时采用了多种方式，如部分农民工同时采取了互换和代耕形式，部分农民工同时采取了互换和出租形式，等等。最终合计数量超过 745 人，占比超过 100%。

农民工土地流转方式，股份合作形式最多，共有 301 人次，约占 40.4%；其次是出租形式，共有 157 人次，约占 21.1%；再次是代耕形式，共有 136 人次，约占 18.3%；互换形式共有 109 人次，约占 14.6%；转包形式共有 77 人次，约占 10.3%；转让形式共有 61 人次，约占 8.2%；少数农民工将土地承包经营权直接退还给农村集体，共有 16 人次，约占 2.1%。

近年来，在国家政策鼓励下，我国农村新型经营主体数量不断增加，类型逐步多样化，主要包括家庭农场、专业大户、农民合作社、龙头企业等。统计数据显示，截至 2016 年 6 月底，全国经营耕地面积在 50 亩以上的规模经营农户超过 350 万户，经营耕地面积超过 3.5 亿多亩，平均每个新主体经营 100 亩；截至 2017 年年底，全国农民专业合作社数量有 193.3 万家，入社农户超过 1 亿户。农民专业合作社已成为重要的新型农业经营主体和现代农业建设的中坚力量。与这一发展形势相适应，农民工土地流转以股份合作和出租形式为主，大多数农民工或者以承包地入股，加入当地成立的农民合作社，由合作社统一经营，农民工按照股份分享收益；或者将承包地出租给家庭农场、专业大户、龙头企业等新型农业经营主体，按照出租协议得到一定土地租金收入。

7.1.4 不同市民化程度农民工的农村土地流转方式分析

进一步分析农民工阶层分化对土地流转方式的影响，可以发现：

（1）农民工兼业者土地流转方式

农民工中的兼业者同时从事农业和非农产业，大多数农民工直接经营承包地，只有少部分农民工由于各种原因转出了部分承包地。调研结果显示，在345名农民工兼业者中，只有32人发生了土地转出行为，土地转出方式以互换形式最多，共18人次，约占56.3%；代耕形式共15人次，约占46.9%；出租形式共10人次，约占31.3%；股份合作形式共4人次，约占12.5%；转包形式共1人次，约占3.1%；没有人转让、退出（表7-8）。

表7-8 农民工兼业者土地流转方式

流转方式	代耕	转包	出租	股份合作	互换	转让	退出	合计
数量（人）	15	1	10	4	18	0	0	48
占比（%）	46.9	3.1	31.3	12.5	56.3	0	0	150.0

注：由于调研问卷关于土地转出形式是多选项，部分农民工在流转土地过程中同时采用了多种方式，导致最终合计数量超过总人数，占比超过100%。本章以下部分表格情况类似。

调研结果还发现，发生土地转出行为的农民工兼业者，仅仅转出了承包地的一部分，还有一部分承包地自己直接经营；部分农民工兼业者仅仅转出了一小部分承包地，大部分承包地留给自己直接经营。由此可见，部分农民工兼业者更多地从方便经营土地的角度出发，与其他村民互换土地，解决土地过于细碎化等问题；还有部分农民工兼业者，由于家庭劳动力不足，自己直接经营部分承包地，以代耕、出租、股份合作、转包形式转出部分承包地。

关于农村土地细碎化问题，学者们多有研究。我国农地细碎化程度严重，造成土地资源配置不当，降低了农业部门的生产率，对农村土地流转产生了一定影响（Tan et al.，2006；许庆等，2008；钟甫宁等，2010；Tan et al.，2010；卢华等，2015；郭贯成等，2016；盖庆恩等，2017）。比较遗憾的是，课题组在第一次设计调研问卷时，没有设计相关问题，因而没有得到相关调研结果。课题组在进行补充调研时，设计了相关问题，对农村土地细碎化问题进行了调研，了解了农民工承包地地块数量、大小等问题。

个案 JiangSu2 被访者L，男，49岁，来自江苏扬州地区农村，现在扬州市区某建筑公司做瓦匠活。L初中毕业后，跟同村师傅学习瓦匠，学艺成功后一直兼业同时做瓦匠活和经营承包地。家庭总人口6人，承包地近7亩，当初分为4块，后来通过与同村村民土地互换，现在分为2块，大小分别约为5.5亩和1.5亩。大地块承包地与其他村民承包地连片，共150亩左右，由村集体出租给本村种田大户，租金每亩每年 900 元左右，收成好的话，每亩每年适当上浮 50～100 元，收成不好的话，适当下浮 50～100 元，具体由村委会召集所有土地出租人与承租人一起商量决定。小地块承包地比较偏僻，不与其他土地连片，不利于农业机械作业，种田大户不愿意承租，就由自己和家人直接经营。老家离扬州城区不太远，电动自行车 1.5 小时可以到达，平时自己早出晚归，利用工余时间打理农田，收入大概每亩每年 1 500 元左右。

（2）农民工务工者土地流转方式

农民工务工者人数最多，占比最大，大多数人转出了承包地，土地流转方式以股份合作人数最多，共 209 人，约占 43.0%；出租形式共 101 人，约占 20.8%；代耕形式共 75 人，约占 15.4%；互换形式共 73 人，约占 15.0%；转包形式共 58 人，约占 11.9%；转让形式共 24 人，约占 4.9%；没有人选择将土地承包经营权退还给农村集体（表 7-9）。

表 7-9　农民工务工者土地流转方式

流转方式	代耕	转包	出租	股份合作	互换	转让	退出	合计
数量（人）	75	58	101	209	73	24	0	540
占比（%）	15.4	11.9	20.8	43.0	15.0	4.9	0	111.1

进一步分析可以发现，部分农民工务工者通过股份合作形式将承包地流转给农民合作社经营，按照股份多少分享合作社收益；部分务工者将承包地出租给专业大户、家庭农场等新型农业经营主体，按照租赁协议获得固定或浮动租金；部分务工者请亲戚朋友或同村村民代耕土地，双方按照书面或口头代耕协议支付代耕费用；部分务工者通过土地互换，解决土地细碎化等问题，提高农业生产经营效率；部分务工者以转包形式将承包地流转给其他主体，按照转包协议获得一定收益；少部分务工者选择转让形式流转土地，获得一定流转收益。农民工务工者非农就业不稳定，土地可以作为非农就业风险的天然屏障，在失去非农就业机会时，务工者可以暂时选择经营农业（李淑妍，2013；包屹红，2013）；再者，农民工务工者收入水平不太高，土地收益构成了家庭收入的有机组成部分，务工者也希望通过土地流转等获得一定的经济收益，作为家庭收入的重要补充，因此，务工者不会轻易将土地承包经营权退还给农村集体。

个案 GuangXi7　被访者 T，女，43 岁，来自广西河池地区农村。T 初中毕业后外出打工，现在与丈夫一起，在江苏扬州从事家庭保洁工作，由于勤劳肯干，信用良好，活计较多，收入可以，夫妇俩月收入约 10 000 元。老家有承包地 4 亩多，出租给种田大户，租金每亩每年 500 元左右，具体事情由家人帮忙处理。

（3）农民工准市民土地流转方式

农民工准市民已经转为城镇户籍，有稳定的非农就业机会，非农就业收入来源比较稳定，对土地依赖程度较低，大多数人发生了土地流转行为。土地流转形式以股份合作最多，共66人，约占48.5%；代耕形式共46人，约占33.8%；出租形式共30人，约占22.1%；互换形式共18人，约占13.2%；转包形式共11人，约占8.1%；转让形式共7人，约占5.1%；没有人退还农村集体（表7-10）。

表7-10 农民工准市民土地流转方式

流转方式	代耕	转包	出租	股份合作	互换	转让	退出	合计
数量（人）	46	11	30	66	18	7	0	178
占比（%）	33.8	8.1	22.1	48.5	13.2	5.1	0	130.9

进一步分析可以发现，随着专业大户、农民合作社、家庭农场等新型农业经营主体的出现，较多农民工准市民将承包地以股份合作形式转出，得到一定股份收益，或者以出租形式转出，获得一定土地租金收益；部分农民工准市民将承包地以代耕形式流转给亲戚朋友、同村村民等经营主体。值得指出的是，农民工准市民较少采取转让形式转出承包地，没有人直接将承包地退还农村集体。其中的原因可能是，一方面，这些农民工虽然已经转入城镇户籍，有稳定的非农就业机会，但多年来土地收益一直是家庭收入的组成部分，土地发挥了一定的财产功能，具有一定的财产价值。另一方面，近年来，农村土地增值趋势明显，一些土地被征用以后，可以得到许多补偿。再一方面，现阶段，农村土地承包经营权退出补偿政策不明朗，补偿数量有限。

个案 SiChuan10 被访者W，女，36岁，老家四川绵阳地区农村，现在成都市区某大型购物中心任销售经理。W初中毕业后外出打工，主要从事销售行业，由于为人比较精明，销售业绩很好。2年前，将户籍从老家转入成都市区，成为成都市民。老家有承包地3亩左右，现在由村集体统一出租给专业大户，每年租金600元左右。问她将来会如何处置承包地，W回答，"先出租，收取租金，虽然租金不多，但现在退出承包地补偿很少，看看城市的房价这么高，将来农村土地肯定会增值，以后再说。"

关于农村土地的财产功能，学者们多有研究。现阶段，随着经济发展，农村土地财产功能日益明显（彭新万，2013；李春香，2015）；农村土地制度是影响农村人口退出的核心因素，未来农村人口的顺利退出要求农村土地实现财产功能（罗必良，2013；钟水映等，2015）。关于农村土地价值的增值趋势，学者们也进行了研究。农村土地增值收益分配是否合理，对保护农民权益、顺利实现农民工市民化具有重要影响（彭建超等，2017；刘元胜，2017；郑雄飞，2017）；未来需要构建合理的农村土地增值收益分配格局（周跃辉，2015；林瑞瑞，2015）。可以预见，随着我国经济发展水平不断提高，经济发展阶段不断演化，农村土地功能必然会逐步转化，从生产功能、保障功能向财产功能逐步转化。与此同时，农村土地价值也会不断提高。在农民工市民化进程中，如何处理土地功能转化、土地增值收益分配与农民工市民化的适应关系，将是一个十分重要的课题。

（4）农民工市民土地流转方式

已经成为市民的农民工，有稳定的非农就业机会，收入来源稳定，收入水平较高，对土地依赖程度较低，全部发生了土地转出行为。土地流转形式以转让最多，共30人，约占33.0%；股份合作形式共22人，约占24.2%；出租形式共16人，约占17.6%；转包形式共7人，约占7.7%。需要特别指出的是，有16人直接将土地承包经营权退还给农村集体，约占17.6%（表7-11）。

表7-11 农民工市民土地流转方式

流转方式	代耕	转包	出租	股份合作	互换	转让	退出	合计
数量（人）	0	7	16	22	0	30	16	91
占比（%）	0	7.7	17.6	24.2	0	33.0	17.6	100

进一步分析可以发现，那些选择股份合作、出租、转包等形式流转承包地的农民工市民，个人和家庭经济收入较高，并不十分看重承包地现在的租金收入，而比较看重承包地未来的增值收益，对承包地的剩余价值、增值价值、发展价值等比较重视；那些选择以转让形式流转承包地的农民工市民，大多集中在江苏、浙江、广东等经济发达地区，而且农民工年龄较大，成为市民的时间较长，这就意味着这些经济发达地区农民工，比较早从农村进入城市，当时土地的价值还没有充分显现，因而在得到一定补偿后选择转让承包地。那些选择直接退出的农民工市民，同样集中在经济发达地区，农民工年龄更大，大多超过50岁，成为市民时间更长，都超过5年，有些甚至超过15年，这些农民工在当时制度环境下，没有发现农村土地的潜在价值，加之当地政策规定农转非必须放弃土地承包经营权，因此选择将承包地退还给农村集体，有些人得到了一定经济补偿，有些人则没有得到经济补偿。

需要指出的是，课题组在访谈调研时发现，许多成为市民的农民工对农村土地有一份深深眷念，存在一份感情寄托，因而从情感上不愿意放弃承包地。许多学者在研究中发现，农民家庭对农村土地存在明显的禀赋效应，对农村土地流转产生了一定影响。农户普遍存在的禀赋效应是抑制农村土地流转的重要原因（Kahneman et al.，1991；罗必良，2016；钟文晶，2013）；农户普遍存在土地依附观念，抑制了农村土地流转（孔祥智等，2010；高名姿等，2015；付江涛等，2016）。由于禀赋效应的存在，农民工在退出承包地时会要求得到的补偿，既包括经济补偿，还包括情感补偿，导致最终的补偿数量超过一般市场价格。现有法律、政策规定并没有明确给予农民工退出土地承包经营权的补偿方法，这可能会弱化农民工退出承包地的意愿。因此，为了促进农民工市民化进程中的农村土地流转，就需要加快制定相关政策、完善相关法律法规，采取措施鼓励那些已经成为市民的农民工以合理方式退出土地承包经营权，并得到相应补偿，既有序推进农民工市民化进程，也优化配置农村土地资源。这是现阶段需要深入研究的重要课题。

个案 ZheJiang10 被访者 B，男，53 岁，老家浙江湖州地区农村，现在杭州做服装生意。B 高中毕业后，跟叔父一起在杭州做生意，生意很顺利。27 岁时，在杭州买房结婚；38 岁时，将户籍转入杭州市区，成为杭州市民。户籍转换前，自己的 1 亩左右承包地由父母经营；户籍转换时，按照当地政府要求，将承包地退还给农村集体，得到了一点经济补偿。

个案 GuangDong3 被访者 Q，男，41 岁，老家广东肇庆地区农村，现在肇庆市区开装潢公司，自己做老板。Q 初中毕业后，与同村人一起来肇庆做装潢，后来自己与他人合伙开装潢公司，公司业务较好。35 岁时，在肇庆买房，将妻子儿女接来一起居住，将全家户籍转入肇庆城区，成为城市市民。家庭承包地共 4 亩左右，全部出租给种田大户，租金每亩每年 1 000 元左右。Q 坦言，承包地租金收入对自己家庭不算什么，自己之所以保留承包地，一是因为从小在农村长大，帮助父母干农活，体会到土地对于农民家庭的重要性，对土地有感情，只要有可能，就尽量不放弃承包地，作为一份对老家的感情寄托。二是因为现在退出承包地并不能得到多少补偿，可能将来农村土地会增值，将来退出承包地可以得到更多补偿。

7.2　发达地区与欠发达地区农民工土地流转的比较分析

前文已经分析指出，发达地区农民工与欠发达地区农民工市民化意愿和程度都存在差异，那么这种市民化差异对当地农民工土地流转行为和意愿是否有影响？本节利用实地调研结果，对发达地区农民工与欠发达地区农民工土地转出行为和意愿进行比较分析。

7.2.1　发达地区农民工土地流转分析

（1）发达地区农民工土地转出行为分析

农民工户籍所在地属于发达地区的共 743 人，其中，448 人转出了土地，约占 60.3%，高于总体水平；295 人没有转出土地，约占 39.7%。发达地区农民工土地转出行为如表 7 - 12 所示。

表 7 - 12　发达地区农民工土地转出行为

土地转出行为	数量（人）	占比（%）
没有土地转出	295	39.7
有土地转出	448	60.3
合计	743	100

进一步地，考虑农民工市民化程度差异，将农民工阶层分化为兼业者、务工者、准市民和市民四类群体，分别讨论四类农民工群体的土地转出行为，调研结果如表 7 - 13 所示。

表 7 - 13　发达地区农民工市民化与土地转出行为 （%）

土地转出行为	兼业者	务工者	准市民	市民
没有土地转出人数占比	87.6	31.2	17.4	0
有土地转出人数占比	12.4	68.8	82.6	100
合计	100	100	100	100

可以发现，发达地区农民工阶层分化对土地转出行为有一定影响：兼业者转出土地人数占比为 12.4%，高于总体水平；务工者转出土地人数占比 68.8%，高于总体水平；准市民转出土地人数占比 82.6%，高于总体水平；市民全部转出了土地。由此可见，发达地区各农民工阶层中的兼业者、务工者、准市民土地转出人数占比均高于总体水平，全部农民工市民转出了土地，最终导致发达地区农民工土地转出人数占比高于总体水平。

（2）发达地区农民工土地转出意愿分析

农民工户籍所在地属于发达地区的共 743 人，其中，527 人有转出土地意愿，约占 70.9%，高于总体水平；216 人没有转出土地意愿，约占 29.1%。发达地区农民工土地转出意愿如表 7 - 14 所示。

表 7 - 14　发达地区农民工土地转出意愿

土地转出意愿	数量（人）	占比（%）
没有土地转出意愿	216	29.1
有土地转出意愿	527	70.9
合计	743	100

进一步地，考虑农民工市民化程度差异，将农民工阶层分化为兼业者、务工者、准市民和市民四类群体，分别讨论四类农民工群体的土地转出意愿，调研结果如表 7 - 15 所示。

表 7 - 15　发达地区农民工市民化与土地转出意愿（％）

土地转出意愿	兼业者	务工者	准市民	市民
没有土地转出意愿人数占比	65.0	23.9	7.8	0
有土地转出意愿人数占比	35.0	76.1	92.2	100
合计	100	100	100	100

可以发现，发达地区农民工阶层分化对土地转出意愿有一定影响：兼业者转出土地意愿人数占比为 35.0％，高于总体水平；务工者转出土地意愿人数占比 76.1％，高于总体水平；准市民转出土地意愿人数占比 92.2％，高于总体水平；市民全部有转出土地意愿。由此可见，发达地区各农民工阶层中的兼业者、务工者、准市民有土地转出意愿人数占比均高于总体水平，全部农民工市民有转出土地意愿，最终导致发达地区农民工有土地转出意愿人数占比高于总体水平。

（3）发达地区农民工土地转出方式分析

农民工户籍所在地属于发达地区的共 743 人，其中，448 人转出了土地，土地流转方式主要包括代耕、转包、出租、股份合作、转让、互换，还有少数农民工直接将土地承包经营权退还给农村集体，具体调研结果如表 7 - 16 所示。

表 7 - 16　发达地区农民工土地转出方式

流转方式	代耕	转包	出租	股份合作	互换	转让	退出	合计
数量（人）	67	54	98	197	60	38	12	526
占比（％）	15.0	12.1	21.9	44.0	13.4	8.5	2.7	117.4

注：同表 7 - 7。

发达地区农民工土地流转方式，股份合作形式最多，共有 197 人次，约占 44.0％；出租形式共有 98 人次，约占 21.9％；代耕形式共有 67 人次，约占 15.0％；互换形式共有 60 人次，约占 13.4％；转包形式共有 54 人次，约占 12.1％；转让形式共有 38 人次，约占 8.5％；少数农民工将土地承包经营权直接退还给农村集体，共有 12 人次，约占 2.7％。

近年来，随着发达地区农村土地制度改革的顺利进行，新型农业经营主体数量不断增加，形式更加多样化，导致发达地区农民工转出土地以股份合作、出租形式为主，两者合计约占 65.9％，这部分农民工或者以土地入股加入当地农民合作社，参与合作社股利分配，或者将土地出租给专业大户、家庭农场等经营主体，获取一定的土地租金；部分农民工以代耕形式转出土地，双方按照代耕协议支付经营费用等；部分农民工通过互换解决土地细碎化等问题，提高农业生产效率；部分农民工以转包方式转出土地；部分农民工以转让方式转出土地；还有少部分农民工将土地承包经营权退还给农村集体。

7.2.2　欠发达地区农民工土地流转分析

（1）欠发达地区农民工土地转出行为分析

农民工户籍所在地属于欠发达地区的共 628 人，其中，297 人转出了土地，约占 47.3%；331 人没有转出土地，约占 52.7%。欠发达地区农民工土地转出行为如表 7 - 17 所示。

表 7 - 17　欠发达地区农民工土地转出行为

土地转出行为	数量（人）	占比（%）
没有土地转出	331	52.7
有土地转出	297	47.3
合计	628	100

进一步地，考虑农民工市民化程度差异，将农民工阶层分化为兼业者、务工者、准市民和市民四类群体，分别讨论四类农民工群体的土地转出行为，调研结果如表 7 - 18 所示。

表 7 - 18　欠发达地区农民工市民化与土地转出行为（%）

土地转出行为	兼业者	务工者	准市民	市民
没有土地转出人数占比	94.0	42.0	24.1	0
有土地转出人数占比	6.0	58.0	75.9	100
合计	100	100	100	100

可以发现，欠发达地区农民工阶层分化对土地转出行为有一定影响：兼业者转出土地人数占比为 6.0%，低于总体水平；务工者转出土地人数占比58.0%，低于总体水平；准市民转出土地人数占比 75.9%，低于总体水平；市民全部转出了土地。由此可见，欠发达地区农民工阶层中的兼业者、务工者、准市民土地转出人数占比均低于总体水平，全部农民工市民转出了土地，最终导致欠发达地区农民工土地转出人数占比低于总体水平。

（2）欠发达地区农民工土地转出意愿分析

农民工户籍所在地属于欠发达地区的共 628 人，其中，399 人有转出土地意愿，约占 63.5%，高于总体水平；229 人没有转出土地意愿，约占 36.5%。欠发达地区农民工土地转出意愿如表 7-19 所示。

表 7-19　欠发达地区农民工土地转出意愿

土地转出意愿	数量（人）	占比（%）
没有土地转出意愿	229	36.5
有土地转出意愿	399	63.5
合计	628	100

进一步地，考虑农民工市民化程度差异，将农民工阶层分化为兼业者、务工者、准市民和市民四类群体，分别讨论四类农民工群体的土地转出意愿，调研结果如表 7-20 所示。

表 7-20　欠发达地区农民工市民化与土地转出意愿（%）

土地转出意愿	兼业者	务工者	准市民	市民
没有土地转出意愿人数占比	69.6	27.6	13.0	0
有土地转出意愿人数占比	30.4	72.4	87.0	100
合计	100	100	100	100

由表 7-20 可以发现，欠发达地区农民工阶层分化对土地转出意愿有一定影响：兼业者转出土地意愿人数占比为 30.4%，低于总体水平；务工者转出土地意愿人数占比 72.4%，低于总体水平；准市民转出土地意愿人数占比 87.0%，低于总体水平；市民全部有转出土地意愿。由此可见，欠发达地区各农民工阶层中的兼业者、务工者、准市民有土地转出意愿人数占比均低于总体水平，全部农民工市民有转出土地意愿，最终导致欠发达地区农民工有土地转出意愿人数占比低于总体水平。

（3）欠发达地区农民工土地转出方式分析

农民工户籍所在地属于欠发达地区的共 628 人，其中，297 人转出了土地，土地流转方式主要包括代耕、转包、出租、股份合作、转让、互换，还有少数农民工直接将土地承包经营权退还给农村集体，具体调研结果见表 7-21 所示。

表 7-21　欠发达地区农民工土地流转方式

流转方式	代耕	转包	出租	股份合作	互换	转让	退出	合计
数量（人）	69	23	59	104	49	23	4	331
占比（%）	23.2	7.7	19.9	35.0	16.5	7.7	1.3	111.4

注：同表 7-7。

欠发达地区农民工土地流转方式，股份合作形式最多，共有 104 人次，约占 35%；出租形式共有 59 人次，约占 19.9%；代耕形式共有 69 人次，约占 23.2%；互换形式共有 49 人次，约占 16.5%；转包形式共有 23 人次，约占 7.7%；转让形式共有 23 人次，约占 7.7%；少数农民工将土地承包经营权直接退还给农村集体，共有 4 人次，约占 1.3%。

近年来，欠发达地区农村土地制度改革同样在不断推进，农民合作社、专业大户等新型农业经营主体数量也在逐步增加，导致欠发达地区农民工转出土地以股份合作、出租形式为主，两者合计约占 54.9%，农民工家庭通过土地入股得到一定股利收益，或者将土地出租获得一定租金收益；部分农民工以代耕形式流转土地，双方按照口头或正式代耕协议支付费用、分享收益；部分农民工通过土地互换解决细碎化问题；部分农民工以转包形式转出土地；少部分农民工以转让形式流转土地；个别农民工选择将土地承包经营权退还给农村集体。

7.2.3　发达地区与欠发达地区农民工土地流转的比较分析

根据以上统计分析可以发现，发达地区与欠发达地区农民工土地流转行为、意愿、方式存在一定差异，主要表现在：

第一，发达地区农民工土地转出人数占比高于欠发达地区农民工。发达地区农民工土地转出人数占比约 60.3%，欠发达地区农民工土地转出人数占比约 47.3%，发达地区高于欠发达地区。发达地区经济发展水平较高，农业收入在农民工家庭总收入中所占比例较低，农民工对土地的依赖程度较低，大部分农民工选择将土地转出；发达地区非农就业机会较多，大部分农民工转出土地，专心从事非农职业。

第二，发达地区农民工土地转出意愿人数占比高于欠发达地区农民工。发达地区农民工土地转出意愿人数占比约 70.9%，欠发达地区农民工土地转出意愿人数占比约 63.5%，发达地区高于欠发达地区。发达地区农民工市民化程度比较高，农民工市民化进程比较快，农民工对未来市民化前景比较乐观，有较多农民工存在土地转出意愿。

第三，发达地区农民工土地转出方式与欠发达地区农民工也存在一定差异。在已经发生土地转出行为的农民工中，发达地区农民工以股份合作和出租形式转出土地的人数占比明显高于欠发达地区；发达地区农民工以转包、转让形式转出土地的人数占比高于欠发达地区；发达地区农民工将土地承包经营权退还给农村集体的人数占比也略高于欠发达地区。一方面，发达地区农民合作社、专业大户、家庭农场等新型农业经营主体数量较多，较多农民工以土地入股或将土地出租给新型经营主体。另一方面，发达地区农民工市民化程度较高，较多农民工选择转包、转让土地，也有一些农民工市民将土地承包经营权退还给农村集体。

为了对发达地区与欠发达地区农民工土地转出差异进行进一步分析，可以利用调研数据，从农民工土地转出数量和农民工土地转出期限两个方面进行比较研究。

（1）发达地区与欠发达地区农民工土地转出数量差异

根据以上统计分析发现，发达地区农民工土地转出比例较高，说明发达地区农民工土地转出积极性较高，导致发达地区农民工土地转出数量较多。为了验证这一假设，可以利用实地调研数据，进行回归分析。调研数据中，属于发达地区的江苏样本数量比较多，属于欠发达地区的湖北、四川样本数量也比较多，可以将湖北、四川与江苏进行对比分析，农民工土地转出比例如表 7 - 22 所示。

表 7 - 22　与江苏农民工相比较的其他省份农民工土地转出比例

因变量	自变量：与江苏省农民工比较	标准化回归系数
农民工转出土地占家庭承包地的比例	湖北比江苏	−0.156**
	四川比江苏	−0.231***

注：**$p < 0.05$，***$p < 0.01$

虽然回归系数不是很高，但是显著性水平都较高，且回归系数为负，这说明欠发达地区的四川、湖北与发达地区的江苏相比，欠发达地区农民工转出土地占家庭承包地的比例较低。

一系列访谈调研结果也验证了以上结论。

个案 JiangSu9　被访者 Q，男，39 岁，来自江苏常州地区农村，现在苏州某建筑公司做工。Q 高中毕业后外出打工，一直在苏州建筑行业，老家承包地近 4 亩，全部转出加入本地成立的农民合作社，每年参与股份分红。

个案 HuBei8　被访者 H，男 41 岁，来自湖北随州地区农村，现在武汉某快递公司送货。H 初中毕业后外出打工，老家承包地共 5 亩左右，由妻子在家经营。

个案 SiChuan7　被访者 M，男 43 岁，来自四川绵阳地区农村，现在绵阳某大型超市工作。M 高中毕业后外出打工，老家承包地共 5 亩左右，出租 3 亩左右，剩余 2 亩，由父母亲经营。问及不全部转出土地的原因，M 回答，父母亲在老家赋闲，希望耕种土地获得一定收入，但父母亲年纪大了，只能耕种部分土地，所以将部分承包地留下来，剩余承包地转出。

（2）发达地区与欠发达地区农民工土地转出期限差异

在农村土地流转过程中，流转期限是一个非常重要的变量，它在一定程度上反映了土地流转双方对流转合约的态度。从理论上分析，发达地区农民工非农就业稳定性较高，社会保障水平较高，农村土地市场化程度较高，最终导致农民工在转出土地时，倾向于选择较长的期限。为了验证这一假设，可以利用调研数据，进行回归分析，发达地区与欠发达地区农民工土地转出期限的比较分析具体情况如表 7-23 所示。

表 7-23　发达地区与欠发达地区农民工土地转出期限的比较分析

因变量	自变量	标准化回归系数
农民工土地转出期限：五分法（表 7-4）	农民工户籍所在地经济发展水平：发达地区＝1，欠发达地区＝0	0.349***

注：***p＜0.01

可以发现，回归系数值较大且显著，说明农民工户籍所在地属于发达地区，其转出土地期限较长。

一系列访谈调研结论也验证了以上结论。

个案 GuangXi4　被访者 S，男，37 岁，老家广西河池地区农村，现在柳州市一家机械厂做工。S 初中毕业后外出打工，家中 4 亩左右承包地由亲戚代耕，期限 1~2 年。问及土地代耕期限较短的原因，S 回答，在外打工工作不稳定，心里不踏实，不太放心长期转出土地。

个案 ZheJiang4　被访者 N，女，41 岁，老家浙江金华地区农村，现在金华市一家服装厂做工。N 初中毕业后外出打工，家中 3 亩多承包地转包给亲戚，期限 5 年。问及土地转包期限较长的原因，N 回答，自己和丈夫一起在金华市打工，工作比较稳定，没有后顾之忧，干脆土地转包期限长一些，省去很多麻烦，土地租金还高一些。

7.3　农民工土地转出期限的影响因素分析

在农村土地流转过程中，土地流转期限长短是一个非常重要的方面，对作为土地转入方的新型农业经营主体稳定土地经营预期、合理确定土地投资方式等有重要影响，进而会影响到整个农村土地改革的效率。现阶段，在深化农村土地制度改革、推进农村土地顺利流转、实现农村土地适度规模经营的现实背景下，政府希望农村土地流转期限长期化，稳定农业经营主体的经营预期，激励其增加对土地的长期投资，提高农业生产效率。那么，哪些因素对农村土地流转期限具有重要影响？只有在真正了解影响农村土地流转期限主要因素的基础上，才能采取针对性较强的有效措施，促进农村土地流转期限长期化。本节利用实地调研结果，对农民工土地转出期限的主要影响因素进行分析，在此基础上，提出针对性较强的政策建议，促进农民工土地转出期限长期化。

根据已有的研究文献，结合前文进行的调查分析，可以发现，影响农民工土地转出期限的主要因素包括非农就业稳定性、家庭社会保障水平、农村土地市场发育程度、农民工市民化程度等。本节利用实地调研数据，以已经转出土地的农民工为研究对象，运用回归分析方法，分别研究影响农民工土地转出期限的主要因素。

7.3.1 农民工非农就业稳定性对土地转出期限的影响分析

从理论上分析，农民工非农就业稳定性对土地流转期限有直接影响，农民工非农就业稳定性越高，农民工对土地的依赖程度越低，从事农业经营的可能性越小，放弃农业经营专心从事非农就业的意愿越强，土地转出的期限越长。相反，如果农民工非农就业稳定性较低，那么农民工对土地的依赖程度较高，农民工会从规避失业风险角度考虑，将土地转出期限短期化。由此，可以提出一个研究假设 7 - 1：农民工非农就业稳定性越高，土地转出期限越长。可以利用实地调研数据，对这一研究假设进行验证。

对调研结果进行统计分析，可以发现农民工非农就业稳定性平均水平一般，具体如表 7 - 24 所示。

表 7 - 24　农民工非农就业稳定性调研结果

变量名称	变量取值说明	均值	标准差
非农就业稳定性	很不稳定＝1，不太稳定＝2，一般＝3，比较稳定＝4，很稳定＝5	3.262	1.144

农民工土地转出期限分布见表 7 - 4 所示。

可以运用回归分析方法，研究农民工非农就业稳定性对土地转出期限的影响，回归分析结果如表 7 - 25 所示。

表 7 - 25　农民工非农就业稳定性对土地转出期限的影响

项目	标准化回归系数
农民工非农就业稳定性对土地转出期限的影响	0.309***

注：***$p < 0.01$

可以发现，回归系数较大且为正，显著性较高，说明农民工非农就业稳定性越高，土地转出期限越长。

一些访谈调研的案例也可以验证研究假设 7 - 1。

个案 HuNan23　被访者 D，女，36 岁，来自湖南衡阳地区农村，现在长沙某酒店做服务员。D 初中毕业后外出打工，做过水果生意、清洁工、服装厂工人，职业不稳定。家有承包地近 4 亩，请邻居代耕，期限 1～2 年。问及土地代耕期限较短的原因，D 说明，由于外出打工就业不稳定，承包地不敢长期流转。

　　个案 HuBei10　被访者 N，男，38 岁，湖北荆州地区农村，现在武汉某建筑公司做工。N 高中毕业后外出打工，一直在建筑行业做电工，妻子也在同一家建筑公司做工，工作比较稳定。家有承包地近 4 亩，转包给亲戚，期限 5 年，没有特殊情况，双方还会继续转包。问及土地转包期限较长的原因，N 回答，自己和家人工作稳定，可以放心转包土地，转包期限长可以省去很多麻烦，还能提高租金。

7.3.2　农民工家庭社会保障水平对土地转出期限的影响分析

　　农村土地发挥了重要的社会保障功能，可以作为农户家庭的基本生活保障。对于农民工家庭而言，农村土地的社会保障功能还体现在，一旦农民工非农就业风险较大或者面临失业困境，农民工可以暂时返乡经营土地，以此作为规避失业风险的有效手段。现阶段，虽然随着农村社会保障体系的逐步完善，农村土地的保障功能逐步弱化，但考虑到农户家庭的异质性特征，对那些收入水平较低的农户家庭，土地的社会保障功能还在继续发挥作用。从理论上分析，农民工家庭的社会保障水平越高，需要土地承担的社会保障功能就越小，对土地的依赖程度就越小，在转出土地时，就会选择较长的期限。由此，可以提出一个研究假设 7-2：农民工家庭社会保障水平越高，土地转出期限越长。可以利用实地调研数据，对这一研究假设进行验证。

　　对调研结果进行统计分析，可以发现农民工家庭社会保障水平一般，具体调研结果如表 7-26 所示。

表 7-26　农民工家庭社会保障水平调研结果

变量名称	变量取值说明	均值	标准差
农民工家庭社会保障水平	很低＝1，较低＝2，一般＝3，较高＝4，很高＝5	3.106	1.217

　　可以运用回归分析方法，研究农民工家庭社会保障水平对土地转出期限的影响，回归分析结果如表 7-27 所示。

表 7-27　农民工家庭社会保障水平对土地转出期限的影响

项目	标准化回归系数
农民工家庭社会保障水平对土地转出期限的影响	0.253**

注：**$p < 0.05$

由表可以发现，回归系数值为正，显著性较高，说明农民工家庭社会保障水平越高，土地转出期限越长。

一些访谈调研的案例也可以验证研究假设 7-2。

个案 JiangSu7 被访者 L，男，40 岁，户籍江苏盐城地区农村，现在南京某大型购物中心做工。L 初中毕业后外出打工，自己和妻子参加了老家农村基本养老保险和农村基本医疗保险，每人还分别购买了一份商业养老保险，保障水平较高。家有承包地 3 亩多，由村集体组织，出租给种田大户，期限 3 年，到期后，承租方优先继续承租。问及土地出租期限较长的原因，L 说明，自己和家人打工收入稳定，保障水平较高，不需要经营土地，干脆长期出租土地，收取租金，省心省力。

个案 GuangXi10 被访者 K，男，45 岁，户籍广西桂林地区农村，现在武汉某公司做保安。K 初中毕业后外出打工，虽然参加了老家基本养老保险，但保险水平较低。家有承包地近 4 亩，请邻居代耕，期限 1~2 年。问及土地代耕期限较短的原因，K 坦言，家庭收入水平不高，保障水平较低，不放心长期流转土地。

7.3.3 农村土地市场化程度对农民工土地转出期限的影响分析

我国农村土地市场经历了一个逐步发育发展的过程，现阶段，一些地区农村土地市场已经发展到一定程度，而一些地区农村土地市场发展程度则较低。从理论上分析，农村土地市场化程度对农村土地流转会产生直接影响，农村土地市场化程度越高，则农村土地交易的规范化程度越高，交易双方获得信息的容易程度越高、成本越低、交易成功率越高，由市场竞争引起的土地交易价格越高，所有这些因素都会使农村土地流转期限变长。由此，可以提出一个研究假设 7-3：农村土地市场化程度越高，土地转出期限越长。可以利用实地调研数据，对这一研究假设进行验证。

在调研问卷中，对农民工转出土地的方式进行了询问："C07 转出土地是通过_____进行？A. 家人寻找 B. 熟人介绍 C. 村集体 D. 土地交易市场"。如果农民工转出土地通过土地交易市场，可以认为当地农村土地市场化程度相对较高；反之，则可以认为当地农村土地市场化程度相对较低。

对调研结果进行统计分析，可以发现农村土地市场化程度较低，具体调研结果如表 7-28 所示。

表 7-28 农村土地市场化程度调研结果

变量名称	变量取值说明	均值	标准差
农村土地市场化程度	较低=0，较高=1	0.183	0.386

可以运用回归分析方法，研究农村土地市场化程度对土地转出期限的影响，回归分析结果如表 7-29 所示。

表 7-29 农村土地市场化程度对土地转出期限的影响

项目	标准化回归系数
农村土地市场化程度对土地转出期限的影响	0.160*

注：* $p < 0.1$

由表 7-29 可以发现，回归系数值为正，显著性较高，说明农村土地市场化程度越高，土地转出期限越长。

一些访谈调研的案例也可以验证研究假设 7-3。

个案 JiangSu10 被访者 Z，女，43 岁，老家江苏扬州地区农村，现在扬州市做保姆。30 岁时，Z 开始在扬州做保姆，工作稳定，收入较高。家有承包地近 4 亩，由村集体统一组织，通过江都市农村土地交易中心出租给专业大户，期限 5 年。

个案 HuBei3 被访者 M，男，39 岁，老家湖北随州地区农村，现在武汉某机械厂做工。M 初中毕业后外出打工，家有承包地近 5 亩，请亲戚代耕，双方私下有口头协议，期限 1～2 年。

7.3.4 农民工市民化程度对土地转出期限的影响分析

农民工市民化程度对土地流转行为具有多方面影响，包括对土地转出期限也有直接影响。从理论上分析，农民工市民化程度越高，非农就业稳定性越高，家庭收入水平越高，对土地的依赖程度越低，转出土地的可能性越大，并且土地转出的期限越长。由此，可以提出一个研究假设 7-4：农民工市民化程度越高，土地转出期限越长。可以利用实地调研数据，对这一研究假设进行验证。

根据前文的统计分析，可以发现农民工市民化程度较低，具体调研结果如表 7-30 所示。

表 7-30 农民工市民化程度调研结果

变量名称	变量取值说明	均值	标准差
农民工市民化程度	兼业者＝1，务工者＝2，准市民＝3，市民＝4	2.368	0.749

可以运用回归分析方法，研究农民工市民化程度对土地转出期限的影响，回归分析结果如表 7-31 所示。

表 7-31　农民工市民化程度对土地转出期限的影响

项目	标准化回归系数
农民工市民化程度对土地转出期限的影响	0.315**

注：**$p<0.05$

由表 7-31 可以发现，回归系数值较大且为正，显著性较高，说明农民工市民化程度越高，土地转出期限越长。

一些访谈调研的案例也可以验证研究假设 7-4。

个案 JiangSu13　被访者 Y，男，36 岁，来自江苏泰州地区农村，现在苏州做机械零部件生意。Y 初中毕业后跟家人一起做生意，为人精明，生意红火，多年来，积累了一定财富。2016 年，在苏州昆山买房，将户籍转入昆山市区。家有承包地 3 亩多，由村集体组织出租给种田大户，期限 8 年。问及土地出租期限较长的原因，Y 回答，自己生意顺利，收入较高，已经可以享有昆山市民社会保障，承包地的作用有限，干脆长期出租，收取一定租金。

个案 ZheJiang7　被访者 F，女，41 岁，来自浙江金华地区农村，现在金华某大型超市工作。2014 年，F 和丈夫一起来金华打工，工作不太稳定，收入也不高。家有承包地近 4 亩，由亲戚代耕，期限 1~2 年。问及土地代耕期限较短的原因，F 坦言，外出打工不稳定，不放心将土地长期流转。

7.4　本章小结

农民工土地转出行为方面。超过半数的农民工有土地转出，市民化程度越高的农民工，土地转出比例越高；在土地转出过程中，只有约 41.3% 的土地转出行为有正式书面合同，说明我国农村土地流转规范化程度仍然不高；近半数农民工转出土地通过村集体进行，还有约 1/3 农民工转出土地通过家人或熟人介绍；仅有不足 1/5 农民工转出土地通过土地市场交易进行，说明我国农村土地市场化程度较低；农民工土地转出期限以短期为主，期限在 3 年以内的约占 69.0%，期限超过 5 年的仅占 15.7%，说明农民工土地转出期限短期化特征明显。

农民工土地转出意愿方面。67.5% 左右的农民工有土地转出意愿，市民化程度越高的农民工，土地转出意愿越强。

农民工土地转出方式方面。股份合作形式最多，约占 40.4%；其次是出租形式，约占 21.1%；再次是代耕形式，约占 18.3%；互换形式约占 14.6%；转包形式约占 10.3%；转让形式约占 8.2%；少数农民工将土地承包经营权直接退还给农村集体，约占 2.1%。不同市民化程度农民工土地转出方式存在差异：农民工兼业者土地转出方式以互换形式最多，约占 56.3%，代耕形式约占 46.9%，出租形式约占 31.3%，股份合作形式约占 12.5%，转包形式约占 3.1%，没有人转让、退出；农民工务工者土地转出方式以股份合作人数最多，约占 43.0%，出租形式约占 20.8%，代耕形式约占 15.4%，互换形式约占 15.0%，转包形式约占 11.9%，转让形式约占 4.9%，没有人退出；农民工准市民土地转出方式以股份合作最多，约占 48.5%，代耕形式约占 33.8%，出租形式约占 22.1%，互换形式约占 13.2%，转包形式约占 8.1%，转让形式共 7 人，约占 5.1%，没有人退出；农民工市民土地转出方式以转让最多，约占 33.0%，股份合作形式约占 24.2%，出租形式约占 17.6%，转包形式约占 7.7%，退出形式约占 17.6%。

发达地区与欠发达地区农民工土地转出行为、意愿、方式、数量、期限等方面均存在差异。发达地区农民工土地转出人数占比高于欠发达地区农民工，发达地区农民工土地转出人数占比约 60.3%，欠发达地区农民工土地转出人数占比约 47.3%。发达地区农民工土地转出意愿人数占比高于欠发达地区农民工，发达地区农民工土地转出意愿人数占比约 70.9%，欠发达地区农民工土地转出意愿人数占比约 63.5%。发达地区农民工土地转出方式与欠发达地区农民工也存在一定差异，在已经发生土地转出行为的农民工中，发达地区农民工以股份合作和出租形式转出土地的人数占比明显高于欠发达地区；发达地区农民工以转包、转让形式转出土地的人数占比高于欠发达地区；发达地区农民工将土地承包经营权退还给农村集体的人数占比也略高于欠发达地区。发达地区农民工转出土地占家庭承包地的比例较高。农民工户籍所在地属于发达地区，其转出土地期限较长。

影响农民工土地转出期限的主要因素包括非农就业稳定性、家庭社会保障水平、农村土地市场发育程度、农民工市民化程度等。农民工非农就业稳定性越高，土地转出期限越长；农民工家庭社会保障水平越高，土地转出期限越长；农村土地市场化程度越高，土地转出期限越长；农民工市民化程度越高，土地转出期限越长。

第 8 章

///////////////////////////////////

农民工市民化对农村土地
流转行为的影响

为了深入研究农民工市民化对农村土地流转行为的影响，本章在前述理论分析基础上，利用多地实地调研资料，对这一问题进行分析。首先，实证分析不同市民化程度农民工对农村土地产权结构不同方面的差异性偏好。其次，实证分析农民工市民化对农村土地流转行为的影响。再次，比较分析发达地区与欠发达地区农民工市民化对农村土地流转行为的影响。最后，对本章进行小结。

8.1 农民工市民化与农村土地产权结构偏好

我国农村土地产权结构包括所有权、承包权、经营权三个大的方面，每个产权方面又可以进行细分，分解成不同的方面，主要包括所有权、占有权、使用权、收益权、处分权等。理论分析表明，不同市民化程度的农民工家庭对农村土地产权结构的不同方面会产生异质性偏好。为了对这一问题进行实证分析，课题组专门设计了一组相关问题，对农民工进行了实地调研，得到了一系列调查结果。

8.1.1 农民工市民化与农村土地产权结构偏好的总体状况

（1）对农村土地所有权的偏好

我国法律明确规定，农村土地实行集体所有制。为了了解农民工对农村土地所有权的偏好，课题组设计了如下两个问题：问题一，"你认为农村土地的所有权归谁所有？"问题二，"如果可以选择，你认为农村土地所有权归谁比较好？"调查结果如表 8-1 和表 8-2 所示。

表 8-1 农民工对农村土地所有权的认知程度（%）

农民工阶层	国家	农村集体	农民家庭	不清楚
兼业者	32.2	32.7	27.6	7.5
务工者	30.4	38.1	24.3	7.2

（续）

农民工阶层	国家	农村集体	农民家庭	不清楚
准市民	24.1	50.1	20.8	5.0
市民	18.5	71.2	6.4	3.9
合计（加权平均）	29.3	40.4	23.5	6.8

注：加权平均＝兼业者×0.252＋务工者×0.559＋准市民×0.123＋市民×0.066，其中0.252、0.559、0.123、0.066分别为总样本中兼业者、务工者、准市民、市民所占比例。下同。

由表8-1可以发现，只有40.4%的农民工正确认识到农村土地所有权主体是农村集体；有29.3%的农民工混淆了国家和农村集体，错误认为农村土地所有权主体是国家；有23.5%的农民工错误认为农村土地所有权主体是农民家庭；还有6.8%的农民工不清楚农村土地所有权归属。同时，还可以发现，农民工市民化程度越高，对农村土地所有权主体认知的正确程度越高，分别有71.2%的农民工市民和50.1%的农民工准市民能够正确认识到农村土地所有权主体是农村集体，分别只有32.7%的农民工兼业者和38.1%的农民工务工者能够正确认识到农村土地的所有权主体是农村集体。对此的解释是，一方面，农民工市民化程度越高，其综合素质可能越高。另一方面，农民工市民化程度越高，在其市民化过程中越有可能涉及农村土地流转等问题，因而对农村土地法律、政策等认知程度越高。

表8-2　农民工对农村土地所有权的偏好（%）

农民工阶层	国家	农村集体	农民家庭	无所谓
兼业者	17.2	46.4	31.1	5.3
务工者	16.4	49.2	27.3	7.1
准市民	13.9	57.6	18.9	9.6
市民	7.5	72.1	10.2	10.2
合计（加权平均）	15.7	51.0	26.1	7.2

由表8-2可以发现，26.1%的农民工对农村土地所有权具有偏好，希望农村土地所有权主体是农民家庭；51.0%的农民工仍然希望农村土地所有权主体归农村集体。同时，还可以发现，农民工市民化程度越低，对农村土地所有权偏好越强烈，分别有31.1%的农民工兼业者和27.3%的农民工务工者对农村土地所有权偏好强烈，分别只有18.9%的农民工准市民和10.2%的农民工市民对农村土地所有权偏好强烈。对此的解释是，一方面，农民工市民化程度越低，对农村土地的依赖程度越高，越希望由农民家庭拥有土地所有权。另一方面，农民工市民化程度越高，越能够正确认识到农村土地所有权变更的难度，对土地所有权偏好越加理性，越偏好于农村土地产

权结构的其他方面。

（2）对农村土地占有权的偏好

我国法律规定了农户家庭对承包地的实际占有权，农户家庭可以根据依法拥有的实际控制权，分享土地的合理收益、适当处置土地。考虑到农村土地承包合同的不完全性，农村土地未来控制权所带来的剩余索取权和剩余收益权就显得非常重要。在农民工市民化进程中，各个阶层的农民工家庭对农村土地的未来控制权会产生一定程度的偏好。为了了解农民工对农村土地占有权的偏好程度，课题组设计了如下问题："你认为农村土地未来控制权重要吗？"选项包括两项，即重要、无所谓。调查结果如表8-3所示。

表8-3　农民工对农村土地占有权（未来控制权）的偏好（%）

农民工阶层	重要	无所谓
兼业者	87.6	12.4
务工者	88.1	11.9
准市民	84.8	15.2
市民	90.6	9.4
合计（加权平均）	87.7	12.3

由表8-3可以发现，农民工对农村土地未来控制权具有较为强烈的偏好，有87.7%的农民工认为重要。这说明，大多数农民工理性预期到农村土地未来巨大的增值价值，希望通过拥有土地未来控制权来获取一定的剩余索取权和剩余收益权。

（3）对农村土地使用权的偏好

农村土地承包合同明确赋予农户家庭土地使用权，同时也施加了严格的用途管制，保证农地农用。在"三权分置"背景下，农村土地所有权、承包权和经营权逐步分离，不同市民化程度的农民工会对农村土地使用权产生差异化偏好。为了了解农民工对农村所有权的偏好程度，课题组设计了如下问题："你认为农村土地使用权重要吗？"。选项包括两项，即重要、无所谓。调查结果如表8-4所示。

表8-4　农民工对农村土地使用权的偏好（%）

农民工阶层	重要	无所谓
兼业者	93.4	6.6
务工者	65.7	34.3
准市民	33.8	66.2
市民	15.4	84.6
合计（加权平均）	65.4	34.6

由表 8-4 可以发现，参与调查的农民工，仍然有不少家庭对农村土地使用权具有偏好，有 65.4% 的农民工认为重要。这说明，现有的农村土地流转仍然存在市场不完善、供求不匹配、流转价格不合理等问题，导致土地流转不畅。同时，还可以发现，以兼业者为代表的市民化程度较低的农民工阶层，对农村土地使用权的偏好更为强烈，分别有 93.4% 的农民工兼业者和 65.7% 的农民工务工者对农村土地使用权偏好强烈，分别只有 33.8% 的农民工准市民和 15.4% 的农民工市民对农村土地使用权偏好强烈。其中的原因非常简单，兼业者等市民化程度较低的农民工家庭，非农就业不稳定、非农产业收入较低，仍然希望通过经营土地等方式获得一定的农业经营收入。

（4）对农村土地收益权的偏好

农村土地收益主要包括四个方面：农业生产收益、流转收益、农地非农化增值收益、剩余收益。我国相关法律规定，农村土地农业生产收益由承包农户获取；农村土地流转收益由转出农户获取；农地非农化增值收益由政府、农村集体、农户家庭、用地企业等分享，但分配比例不太明确；农村土地剩余收益，主要包括土地未来价值上升给剩余控制权拥有者所带来的收益，由政府、农村集体、农户家庭等相关主体分享，但分配比例不太明确。为了了解农民工对农村土地多种收益的偏好程度，课题组设计了一组相关问题：问题一，"你认为农村土地农业生产收益重要吗？"问题二，"你认为农村土地流转收益重要吗？"问题三，"你认为农村土地非农化增值收益重要吗？"问题四，"你认为农村土地未来的剩余收益重要吗？"选项有两项，即重要、无所谓。调查结果如表 8-5 所示。

表 8-5　农民工对农村土地收益权的偏好（%）

农民工阶层	生产收益		流转收益		增值收益		剩余收益	
	重要	无所谓	重要	无所谓	重要	无所谓	重要	无所谓
兼业者	86.3	13.7	49.5	50.5	89.6	10.4	86.3	16.7
务工者	57.6	42.4	79.2	20.8	91.2	8.8	85.9	14.1
准市民	31.9	68.1	85.6	14.4	93.4	6.6	89.5	10.5
市民	6.5	93.5	50.2	49.8	95.4	4.6	93.6	6.4
合计（加权平均）	59.3	40.7	70.6	29.4	91.3	8.7	86.2	13.8

由表 8-5 可以发现，在农村土地的多种收益中，59.3% 的农民工认为土地的生产收益重要，70.6% 的农民工认为土地的流转收益重要，91.3% 的农民工认为土地的增值收益重要，86.2% 的农民工认为土地的剩余收益重要。同时，还可以发现，市民化程度较低的农民工兼业者最为重视农村土地的农业生

产收益，分别有 86.3％的农民工兼业者和 57.6％的农民工务工者认为土地的生产收益重要，只有 31.9％的农民工准市民和 6.5％的农民工市民认为土地的生产收益重要；农民工务工者和准市民比较重视农村土地的流转收益，85.6％的农民工准市民和 79.2％的农民工务工者认为土地的流转收益重要；大多数农民工非常重视农村土地非农化的增值收益和未来的剩余收益。不难理解，农民工兼业者仍然直接经营土地，对农村土地农业生产收益比较重视；农民工务工者和准市民以从事非农产业为主，希望通过合理方式流转土地，比较重视农村土地的流转收益，这也说明，这个群体的农民工是农村土地流转的主要供给者。在农民工市民化进程中，农村土地非农化所产生的巨大增值收益以及增值预期下的土地剩余收益，越来越得到农民工群体的重视。

（5）对农村土地处分权的偏好

农村土地处分权主要包括流转权、抵押权。我国法律明确规定，农户家庭拥有农村土地流转权。近年来，我国积极探索农村土地抵押权的改革试点，在"三权分置"框架范围内逐步赋予农村土地经营权抵押融资功能[①]。为了了解农民工对农村土地处分权的偏好程度，课题组设计了一组问题：问题一，"你认为农村土地流转权重要吗？"问题二，"你认为农村土地抵押权重要吗？"选项有两项，即重要、无所谓。调查结果如表 8-6 所示。

表 8-6　农民工对农村土地处分权的偏好（％）

农民工阶层	流转权		抵押权	
	重要	无所谓	重要	无所谓
兼业者	41.0	59.0	66.3	33.7
务工者	75.6	24.4	69.8	30.2
准市民	62.3	37.7	82.1	17.9
市民	59.3	40.7	79.6	20.4
合计（加权平均）	64.2	35.8	71.1	28.9

由表 8-6 可以发现，约 2/3 的农民工对农村土地流转权有较强偏好，其中，农民工务工者的偏好强度最高，农民工准市民的偏好强度次之，然后是农民工市民和农民工兼业者的偏好强度；超过 7 成的农民工对农村土地抵押权有较强偏好，其中，农民工准市民的偏好强度最高，农民工市民的偏好强度次之，然后是农民工务工者和兼业者的偏好强度。这说明，在新的制度环境下，

---

① 2016 年 10 月 30 日中共中央《关于完善农村土地所有权承包权经营权分置办法的意见》明确，"支持新型经营主体提升地力、改善农业生产条件、依法依规开展土地经营权抵押融资"。

农村土地处分权已经受到农民工群体的重视。不同阶层农民工根据自身条件，对农村土地流转权、抵押权分别产生了不同的偏好，农民工务工者和准市民希望流转土地，从而更好从事非农就业，同时获取非农就业收入和土地流转收益，这两个农民工群体构成了农村土地流转市场的主要供给者；农民工准市民和市民已经进入城镇工作生活，市民化程度较高，希望土地发挥更多资本功能，因而对土地抵押权偏好强烈。

8.1.2　发达地区农民工市民化与农村土地产权结构偏好

（1）对农村土地所有权的偏好

发达地区农民工对农村土地所有权偏好的调研结果如表 8-7 和表 8-8 所示。

表 8-7　发达地区农民工对农村土地所有权的认知程度（%）

农民工阶层	国家	农村集体	农民家庭	不清楚
兼业者	29.2	33.8	30.3	6.7
务工者	28.2	39.3	26.4	6.1
准市民	22.5	51.5	22.1	3.9
市民	17.3	72.3	7.3	3.1
合计（加权平均）	26.6	42.8	25.0	5.6

注：加权平均＝兼业者×0.238＋务工者×0.518＋准市民×0.155＋市民×0.089，其中 0.238、0.518、0.155、0.089 分别为发达地区农民工中兼业者、务工者、准市民、市民所占比例。这部分以下表格相同。

由表 8-7 可以发现，发达地区有约 42.8% 的农民工能够正确认知农村土地所有权属于农村集体，高于总体水平；还有约 57.2% 的农民工不能正确认知农村土地所有权，低于总体水平，其中，有约 26.6% 的农民工认为农村土地所有权属于国家，有约 25.0% 的农民工认为属于农民家庭，有约 5.6% 的农民工不清楚。可能的原因在于，一方面，发达地区农民工市民化程度较高，人们对土地政策规定有较为正确的认识。另一方面，发达地区经济发展水平较高，人们的经济意识较强，对农村土地政策比较关心，进而对土地政策规定比较了解。

表 8-8　发达地区农民工对农村土地所有权的偏好（%）

农民工阶层	国家	农村集体	农民家庭	无所谓
兼业者	16.3	44.8	33.8	5.1
务工者	15.7	47.9	29.8	6.6

（续）

农民工阶层	国家	农村集体	农民家庭	无所谓
准市民	15.2	56.9	21.9	6.0
市民	9.2	78.2	9.4	3.2
合计（加权平均）	15.2	51.3	27.7	5.8

由表 8-8 可以发现，发达地区有约 51.3％的农民工偏好农村土地所有权属于农村集体，有约 27.7％的农民工偏好农村土地所有权属于农民家庭，两者均高于总体水平；有约 15.2％的农民工偏好于农村土地所有权属于国家，有约 5.8％的农民工对农村土地所有权没有明确偏好，两者均低于总体水平。可能的原因在于，发达地区经济发展水平较高，市场化程度较高，人们产权意识较强，更多农民工希望农村土地所有权属于农村集体或农民家庭。

个案 ZheJiang14 被访者 Q，女，39 岁，来自浙江嘉兴农村，现在杭州市某大型超市担任销售员。Q 初中毕业后外出打工，家有承包地 3 亩多，由村集体统一组织出租给专业大户。当问及农村土地所有权归谁所有时，Q 认为是农村集体；当问及农村土地所有权归谁比较好时，Q 回答归农村集体比较好。

（2）对农村土地占有权的偏好

发达地区农民工对农村土地占有权偏好的调研结果如表 8-9 所示。

表 8-9　发达地区农民工对农村土地占有权（未来控制权）的偏好（％）

农民工阶层	重要	无所谓
兼业者	88.6	11.4
务工者	89.3	10.7
准市民	86.1	13.9
市民	91.3	8.7
合计（加权平均）	88.8	11.2

由表 8-9 可以发现，发达地区农民工认为农村土地未来控制权重要的人数占比约为 88.6％，高于总体水平，说明偏好更为强烈。其中的原因可能有，一方面，发达地区农民工市民化程度较高，经济意识较强，对农村土地未来价值估计更高，更加偏好于农村土地未来占有权，以此获取更多土地的未来增值价值。另一方面，发达地区经济发展水平较高，农村土地价值显现化程度较高，人们更加认识到农村土地的巨大价值，因而更多农民工希望通过拥有未来

控制权来获取更多剩余索取权和剩余收益权。

个案 JiangSu15　被访者 K，男，47 岁，老家江苏苏州地区农村，现在苏州市某物流公司务工。K 高中毕业后外出打工，家有承包地近 4 亩，全部加入了本地成立的农民合作社，每年参加分红。当问及"农村土地未来控制权重要吗？"K 回答非常重要，因为将来农村土地一定会大幅度增值，自己只有掌握了土地未来控制权，才能得到土地增值部分。

个案 ZheJiang1　被访者 D，女，41 岁，老家浙江金华地区农村，现在金华市做服装生意。D 初中毕业后外出打工，一直从事服装生意，生意比较顺利，去年在金华市区买房，并将全家户籍转入金华市区。老家有承包地近 4 亩，请亲戚代耕。当问及"农村土地未来控制权重要吗？"K 回答重要，因为城市房价高，将来农村土地会升值，自己可以通过掌握未来控制权获得一定土地升值。

（3）对农村土地使用权的偏好

发达地区农民工对农村土地使用权偏好的调研结果如表 8-10 所示。

表 8-10　发达地区农民工对农村土地使用权的偏好（%）

农民工阶层	重要	无所谓
兼业者	91.6	8.4
务工者	64.1	35.9
准市民	32.2	67.8
市民	13.6	86.4
合计（加权平均）	61.2	38.8

由表 8-10 可以发现，发达地区有约 61.2% 的农民工对农村土地使用权有偏好，低于总体水平，说明偏好程度更低。其中的原因在于，发达地区经济发展水平较高，非农就业机会较多，较多农民工可以从事相对收入较高的非农就业，不直接经营土地，因而对土地使用权偏好程度较低。

个案 JiangSu8　被访者 S，男，41 岁，老家江苏盐城地区农村，现在扬州市某电子厂工作。S 初中毕业后开始打工，家有承包地 3 亩多，由村集体组织出租给专业大户。当问及农村土地使用权重要性时，S 回答无所谓，因为自己和妻子都在外打工，不耕种土地，土地转出后可以得到一定收益。

（4）对农村土地收益权的偏好

发达地区农民工对农村土地四方面收益权偏好的调研结果如表 8-11 所示。

表 8 - 11　发达地区农民工对农村土地收益权的偏好（%）

农民工阶层	生产收益		流转收益		增值收益		剩余收益	
	重要	无所谓	重要	无所谓	重要	无所谓	重要	无所谓
兼业者	85.1	14.9	50.2	49.8	90.4	9.6	87.2	12.8
务工者	56.2	43.8	80.3	19.7	92.6	7.4	86.4	13.6
准市民	30.3	69.7	87.2	12.8	94.8	5.2	90.2	9.8
市民	6.0	94.0	50.9	49.1	96.6	3.4	94.1	5.9
合计（加权平均）	54.6	45.4	71.6	28.4	92.8	7.2	87.9	12.1

　　由表 8 - 11 可以发现，发达地区农民工有约 54.6% 的人对农村土地生产性收益权有偏好，低于总体水平，说明偏好程度更低。其中的原因在于，发达地区经济发展水平较高，农民工家庭非农收入占比较高，农业收入占比较低，对土地的生产性收益偏好程度较低。

　　发达地区农民工有约 71.6% 的人对农村土地流转性收益权有偏好，高于总体水平，说明偏好程度更高。其中的原因在于，发达地区农民工非农就业机会较多，更多农民工家庭流转土地从事非农产业，因而对土地流转性收益权偏好程度更高。

　　发达地区农民工有约 92.8% 的人对农村土地增值性收益权有偏好，有约 87.9% 的人对农村土地剩余性收益权有偏好，两者均高于总体水平，说明偏好程度更高。其中的原因在于，一方面，发达地区经济发展水平较高，农村土地增值价值已经更加明显化，更多农民工对土地增值性价值产生较强预期，对土地剩余价值权也更为重视。另一方面，发达地区农民工经济意识较强，对土地增值价值和剩余价值更为重视，对土地增值性收益权和剩余收益权偏好程度更高。

　　个案 GuangDong6　被访者 L，男，48 岁，来自广东肇庆地区农村，现在广州从事装潢业务。L 初中未毕业，先后在北京、广州等地打工，2005 年开始在广州从事房屋装潢，生意比较好。家有承包地近 4 亩，全部加入本地成立的农民合作社，年底参与股份分红。当问及农村土地生产性收益的重要性时，L 认为不太重要，因为装潢生意收入高，土地收入低，对家庭收入几乎没有影响；当问及农村土地流转性收益的重要性时，L 认为比较重要，因为通过土地流转既可以获得一定收益，也可以保留土地权利；当问及农村土地增值性收益的重要性时，L 给予了非常肯定的回答，原因在于我国人多地少，土地是稀缺资源，将来一定会增值，而且增值空间比较大；当问及农村土地剩余性收益的重要性时，L 认为比较重要，因为农民只有获得土地剩余性收益，才能获得未来的增值性收益。

个案 JiangSu6　被访者 J，女，30 岁，来自江苏苏州地区农村，现在昆山市做纺织品生意。J 高中毕业后跟随家人在昆山做纺织品生意，主要做对外贸易，生意很好，2015 年将户籍转入昆山市区。家有承包地 3 亩多，全部加入本地成立的农民合作社。当问及农村土地生产性收益重要性时，J 认为不重要，因为自己已经不直接经营土地了；当问及农村土地流转性收益重要性时，J 认为比较重要，因为自己可以通过流转土地获得一定收益；当问及农村土地增值性收益重要性时，J 认为很重要，因为城市房价很高，农村土地一旦被征用，补偿很多，所以将来一定会升值；当问及农村土地剩余性收益重要性时，J 认为比较重要，因为只有得到土地剩余性收益，将来才能得到增值性收益。

（5）对农村土地处分权的偏好

发达地区农民工对农村土地两方面处分权偏好的调研结果如表 8-12 所示。

表 8-12　发达地区农民工对农村土地处分权的偏好（%）

农民工阶层	流转权		抵押权	
	重要	无所谓	重要	无所谓
兼业者	42.3	57.7	67.8	32.2
务工者	77.9	22.1	71.1	28.9
准市民	63.3	36.7	83.0	17.0
市民	60.6	39.4	80.2	19.8
合计（加权平均）	65.6	34.4	73.0	27.0

由表 8-12 可以发现，发达地区农民工有约 65.6% 的人对农村土地流转权有偏好，有约 73.0% 的人对农村土地抵押权有偏好，两者均高于总体水平，说明偏好程度更强。其中的原因在于，发达地区经济发展水平较高，非农就业机会较多，非农收入占农民工家庭总收入的比例较高，农村土地的生产功能已经逐步向财产功能转变，更多农民工希望通过流转土地既能够安心从事非农产业，也能够获得一定土地收益，同时农村土地抵押权可以在一定程度上提高其财产价值，因而，发达地区农民工对农村土地流转权和抵押权偏好较强。

个案 ZheJiang8　被访者 H，男，33 岁，来自浙江绍兴地区农村，现在杭州市某大型商场任销售经理。H 高中毕业后外出打工，一直从事营销工作，收入较高。家有承包地 3 亩多，由村集体组织出租给专业大户。当问及农村土地流转权重要性时，H 认为重要，因为土地流转可以满足不同农民家庭的愿望，像自己这样的人，可以通过土地流转安心从事非农产业，还能得到一定土地租金；当问及农村土地抵押权重要性时，H 认为比较重要，因为对土地经营者而言，土地抵押可以获得贷款，加大对土地的投资。

8.1.3 欠发达地区农民工市民化与农村土地产权结构偏好

（1）对农村土地所有权的偏好

欠发达地区农民工对农村土地所有权偏好的调研结果如表 8 - 13 和表 8 - 14 所示。

表 8 - 13 欠发达地区农民工对农村土地所有权的认知程度（%）

农民工阶层	国家	农村集体	农民家庭	不清楚
兼业者	35.1	31.5	25.0	8.3
务工者	32.5	37.0	22.0	8.4
准市民	27.8	48.1	18.5	5.6
市民	24.0	68.0	4.0	4.0
合计（加权平均）	32.5	37.8	21.8	8.0

注：①加权平均＝兼业者×0.268＋务工者×0.607＋准市民×0.086＋市民×0.040，其中 0.268、0.607、0.086、0.040 分别为欠发达地区农民工中兼业者、务工者、准市民、市民所占比例。这部分以下表格相同。

②合计不等于 100%，原因在于每项都按照四舍五入的原则保留小数点后一位，最终求和结果可能不等于 100%。

由表 8 - 13 可以发现，欠发达地区有约 37.8% 的农民工能够正确认知农村土地所有权属于农村集体，低于总体水平；还有约 62.2% 的农民工不能正确认知农村土地所有权，高于总体水平，其中，有约 32.5% 的农民工认为农村土地所有权属于国家，有约 21.8% 的农民工认为属于农民家庭，有约 8.0% 的农民工不清楚。可能的原因在于，一方面，欠发达地区农民工市民化程度较低，人们对农村土地政策的正确认知程度不高。另一方面，欠发达地区经济发展水平较低，人们的经济意识不强，不太关心农村土地方面的法律、政策规定。

表 8 - 14 欠发达地区农民工对农村土地所有权的偏好（%）

农民工阶层	国家	农村集体	农民家庭	无所谓
兼业者	18.5	48.2	28.0	5.4
务工者	17.1	50.7	24.7	7.6
准市民	11.1	59.3	13.0	16.7
市民	4.0	56.0	12.0	28.0
合计（加权平均）	16.4	51.0	24.1	8.6

由表 8 - 14 可以发现，欠发达地区有约 51.0% 的农民工偏好于农村土地所有权属于农村集体，有约 24.1% 的农民工偏好于农村土地所有权属于农民家庭，前者与总体水平持平，后者低于总体水平；有约 16.4% 的农民工偏好于农村土地所有权属于国家，有约 8.6% 的农民工对农村土地所有权没有明确偏好，两者均低于总体水平。可能的原因在于，欠发达地区经济发展水平较低，市场化程度较低，人们产权意识不强，较少农民工希望农村土地所有权属于农村集体或农民家庭。

个案 GuangXi2　被访者 Z，男，43 岁，来自广西柳州地区农村，现在柳州市某建筑公司务工。Z 初中未毕业即外出打工，家有承包地近 4 亩，平时由父母代为管理，农忙时自己和妻子回家帮忙。当问及农村土地所有权归谁所有时，Z 认为应该是国家；当问及农村土地所有权归谁比较好时，Z 回答归农民家庭比较好。

（2）对农村土地占有权的偏好

欠发达地区农民工对农村土地占有权偏好的调研结果如表 8 - 15 所示。

表 8 - 15　欠发达地区农民工对农村土地占有权（未来控制权）的偏好（%）

农民工阶层	重要	无所谓
兼业者	86.3	13.7
务工者	86.9	13.1
准市民	81.5	19.5
市民	88.0	12.0
合计（加权平均）	86.4	13.6

由表 8 - 15 可以发现，欠发达地区农民工认为农村土地未来控制权重要的人数占比约为 86.4%，低于总体水平，说明偏好程度较低。其中的原因可能有，一方面，欠发达地区农民工市民化程度较低，经济意识较弱，对农村土地未来价值估计较低，对农村土地未来占有权偏好程度较低。另一方面，欠发达地区经济发展水平较低，农村土地价值显现化程度较低，人们还没有充分认识到农村土地巨大的经济价值，对农村土地未来控制权偏好程度较低。

个案 GuangXi23　被访者 G，男，47 岁，来自广西河池地区农村，现在柳州某建筑公司务工。G 小学毕业后开始打工，家有承包地 4 亩多，由家人直接经营。当问及农村土地未来控制权的重要性时，G 回答不太清楚，因为现在自己家庭还直接经营土地，但收益不高，至于未来形势，自己看得不太清楚。

（3）对农村土地使用权的偏好

欠发达地区农民工对农村土地使用权偏好的调研结果如表 8 - 16 所示。

表 8-16　欠发达地区农民工对农村土地使用权的偏好（%）

农民工阶层	重要	无所谓
兼业者	95.2	4.8
务工者	67.2	32.8
准市民	37.0	63.0
市民	20.0	80.0
合计（加权平均）	70.3	29.7

由表 8-16 可以发现，欠发达地区有约 70.3% 的农民工对农村土地使用权有偏好，高于总体水平，说明偏好程度更高。其中的原因在于，欠发达地区经济发展水平较低，非农就业机会较少，农民工非农就业稳定程度较低，更多农民工希望拥有土地使用权，减少可能出现的非农就业失业风险。

个案 HuNan17　被访者 Y，男，39 岁，老家湖南株洲地区农村，现在长沙市某机械厂工作。Y 初中毕业后外出打工，家有承包地 4 亩多，平时由妻子在家经营，农忙时自己回家帮忙。当问及农村土地使用权重要性时，Y 回答还比较重要，妻子在家可以一边照顾老人和孩子，一边直接经营土地获得一定收益。

（4）对农村土地收益权的偏好

欠发达地区农民工对农村土地四方面收益权偏好的调研结果如表 8-17 所示。

表 8-17　欠发达地区农民工对农村土地收益权的偏好（%）

农民工阶层	生产收益		流转收益		增值收益		剩余收益	
	重要	无所谓	重要	无所谓	重要	无所谓	重要	无所谓
兼业者	87.5	12.5	48.8	51.2	88.7	11.3	85.7	14.3
务工者	59.1	40.9	78.2	21.8	89.8	10.2	85.3	14.7
准市民	35.2	64.8	83.3	16.7	90.7	9.3	87.0	13.0
市民	8.0	92.0	48.0	52.0	92.0	8.0	92.0	8.0
合计（加权平均）	62.6	37.4	69.6	30.4	89.7	10.3	85.9	14.1

由表 8-17 可以发现，欠发达地区农民工有约 62.6% 的人对农村土地生产性收益权有偏好，高于总体水平，说明偏好程度更高。其中的原因在于，欠发达地区经济发展水平较低，农民工家庭非农收入占比较低，农业收入占比较高，对土地的生产性收益偏好程度较高。

欠发达地区农民工有约 69.6% 的人对农村土地流转性收益权有偏好,低于总体水平,说明偏好程度更低。其中的原因在于,欠发达地区农民工非农就业机会较少,较少农民工家庭流转土地从事非农产业,因而对土地流转性收益权偏好程度更低。

欠发达地区农民工有约 89.7% 的人对农村土地增值性收益权有偏好,有约 85.9% 的人对农村土地剩余性收益权有偏好,两者均低于总体水平,说明偏好程度更低。其中的原因在于,一方面,欠发达地区经济发展水平较低,农村土地增值价值显现化程度较低,一些农民工还没有重视土地增值性价值和剩余价值。另一方面,欠发达地区农民工经济意识较弱,对土地增值价值和剩余价值重视程度不够,对土地增值性收益权和剩余收益权偏好程度较低。

个案 GuangXi14 被访者 L,男,43 岁,来自广西南宁地区农村,现在南宁市某快递公司送货。L 初中毕业后即外出打工,家有承包地 4 亩左右,由家人直接经营。当问及农村土地生产性收益重要性时,L 回答重要,因为自己家庭还需要直接经营土地获得一定收益;当问及农村土地流转性收益重要性时,L 回答不太重要,因为自己家庭暂时还不准备流转土地;当问及农村土地增值性收益重要性时,L 回答不太清楚,因为未来形势自己看不太准;当问及农村土地剩余性收益重要性时,L 回答不太清楚,因为土地剩余性收益究竟有多大,自己还不太清楚。

(5) 对农村土地处分权的偏好

欠发达地区农民工对农村土地两方面处分权偏好的调研结果如表 8-18 所示。

表 8-18 欠发达地区农民工对农村土地处分权的偏好(%)

农民工阶层	流转权		抵押权	
	重要	无所谓	重要	无所谓
兼业者	39.3	60.7	64.9	35.1
务工者	73.2	26.8	68.5	31.5
准市民	59.3	40.7	81.5	18.5
市民	56.0	44.0	76.0	24.0
合计(加权平均)	62.3	37.7	69.0	31.0

由表 8-18 可以发现,欠发达地区农民工有约 62.3% 的人对农村土地流转权有偏好,有约 69.0% 的人对农村土地抵押权有偏好,两者均低于总体水平,说明偏好程度更低。其中的原因在于,欠发达地区经济发展水平较低,非农就业机会较少且不稳定,土地对农民工家庭的重要性仍然较大,土地仍然发

挥一定的生产功能，因而，欠发达地区农民工对农村土地流转权和抵押权的偏好较弱。

个案 SiChuan2　被访者 C，男，41 岁，来自四川绵阳地区农村，现在绵阳市某建筑公司工作。C 初中毕业后开始打工，家有承包地近 4 亩，平时由父母亲帮忙打理，农忙时自己回家帮忙。当问及农村土地流转权重要性时，C 认为不太重要，因为自己还不想流转土地，留下来自己直接经营；当问及农村土地抵押权重要性时，C 认为暂时也不太重要，因为自己也不想将土地抵押贷款。

8.1.4　发达地区与欠发达地区农民工市民化与农村土地产权结构偏好的比较分析

根据以上实地调研结果可以发现，发达地区与欠发达地区农民工市民化与农村土地产权结构偏好存在一定差异，主要表现在：

（1）发达地区农民工对农村土地所有权的偏好程度高于欠发达地区农民工

调研结果表明，发达地区有约 42.8% 的农民工能够正确认知农村土地所有权属于农村集体，而欠发达地区只有约 37.8% 的农民工能够正确认知农村土地所有权属于农村集体，发达地区认知程度高于欠发达地区；发达地区有约 51.3% 的农民工偏好于农村土地所有权属于农村集体，有约 27.7% 的农民工偏好于农村土地所有权属于农民家庭，而欠发达地区有约 51.0% 的农民工偏好于农村土地所有权属于农村集体，有约 24.1% 的农民工偏好于农村土地所有权属于农民家庭，发达地区农民工偏好程度高于欠发达地区农民工。

（2）发达地区农民工对农村土地未来控制权的偏好程度高于欠发达地区农民工

调研结果表明，发达地区农民工认为农村土地未来控制权重要的人数占比约为 88.8%，而欠发达地区农民工认为农村土地未来控制权重要的人数占比约为 86.4%，发达地区农民工偏好程度高于欠发达地区农民工。

（3）发达地区农民工对农村土地使用权的偏好程度低于欠发达地区

调研结果表明，发达地区有约 61.2% 的农民工对农村土地使用权有偏好，而欠发达地区有约 70.3% 的农民工对农村土地使用权有偏好，发达地区农民工偏好程度低于欠发达地区农民工。

（4）发达地区农民工对农村土地生产性收益权的偏好程度低于欠发达地区农民工

发达地区农民工对农村土地流转性收益权的偏好程度高于欠发达地区农民工，发达地区农民工对农村土地增值性收益权的偏好程度高于欠发达地区农民工，发达地区农民工对剩余性收益权的偏好程度高于欠发达地区农民工。调研结果表明，发达地区农民工有约 54.6% 的人对农村土地生产性收益权有偏好，而欠发达地区农民工有约 62.6% 的人对农村土地生产性收益权有偏好，发达地区农民工偏好程度低于欠发达地区农民工；发达地区农民工有约 71.6% 的人对农村土地流转性收益权有偏好，而欠发达地区农民工有约 69.6% 的人对农村土地流转性收益权有偏好，发达地区农民工偏好程度高于欠发达地区农民工；发达地区农民工有约 92.8% 的人对农村土地增值性收益权有偏好，而欠发达地区农民工有约 89.7% 的人对农村土地增值性收益权有偏好，发达地区农民工偏好程度高于欠发达地区农民工；发达地区农民工有约 87.9% 的人对农村土地剩余性收益权有偏好，欠发达地区农民工有约 85.9% 的人对农村土地剩余性收益权有偏好，发达地区农民工偏好程度高于欠发达地区农民工。

（5）发达地区农民工对农村土地流转权的偏好程度高于欠发达地区农民工，发达地区农民工对农村土地抵押权的偏好程度高于欠发达地区农民工。调研结果表明，发达地区农民工有约 65.6% 的人对农村土地流转权有偏好，而欠发达地区农民工有约 62.3% 的人对农村土地流转权有偏好，发达地区农民工偏好程度高于欠发达地区农民工；发达地区农民工有约 73.0% 的人对农村土地抵押权有偏好，而欠发达地区农民工有约 69.0% 的人对农村土地抵押权有偏好，发达地区农民工偏好程度高于欠发达地区农民工。

8.1.5　研究结论

通过实地调研可以发现，不同市民化程度的农民工对农村土地产权结构的不同方面具有差异性偏好。我国农村土地产权结构可以分解为所有权、占有权、使用权、收益权、处分权和发展权。就农村土地所有权而言，约 1/4 的农民工有偏好，且市民化程度越低的农民工偏好强度越大；就农村土地占有权而言，约 90% 的农民工有偏好，且市民化程度越低的农民工偏好强度越大；就农村土地使用权而言，约 2/3 的农民工有偏好，且以兼业者为代表的市民化程度较低的农民工阶层偏好更为强烈；就农村土地收益权而言，在农村土地的多种收益中，近 60% 的农民工对生产收益有偏好、近 80% 的农民工对流转收益有偏好、超过 90% 的农民工对增值收益有偏好、近 90% 的农民工对剩余收益有偏好，且农民工兼业者比较重视农村土地的农业生产收益、农民工务工者和准市民比较重视农村土地的流转收益、大多数农民工非常重视农村土地非农化的增值收益和未来的剩余收益；就农村土地处分权而言，约 2/3 的农民工对流转权有偏好，其中，农民工务工者和准市民偏好程度较强；超过 70% 的农民工对抵押权有偏好，其中，农民工准市民和市民的偏好程度较强。

实地调研结果表明，发达地区有约 42.8% 的农民工能够正确认知农村土地所有权属于农村集体，高于总体水平，高于欠发达地区农民工；发达地区有约 51.3％的农民工偏好于农村土地所有权属于农村集体，有约 27.7％的农民工偏好于农村土地所有权属于农民家庭，两者均高于总体水平，均高于欠发达地区农民工。发达地区农民工认为农村土地未来控制权重要的人数占比约为 88.8％，高于总体水平，高于欠发达地区农民工，说明偏好更为强烈。发达地区有约 61.2％的农民工对农村土地使用权有偏好，低于总体水平，低于欠发达地区农民工，说明偏好程度更低。发达地区农民工有约 54.6％的人对农村土地生产性收益权有偏好，低于总体水平，低于欠发达地区农民工，说明偏好程度更低；发达地区农民工有约 71.6％的人对农村土地流转性收益权有偏好，高于总体水平，高于欠发达地区农民工，说明偏好程度更高；发达地区农民工有约 92.8％的人对农村土地增值性收益权有偏好，有约 87.9％的人对农村土地剩余性收益权有偏好，两者均高于总体水平，均高于欠发达地区农民工，说明偏好程度更高。发达地区农民工有约 65.6％的人对农村土地流转权有偏好，有约 73.0％的人对农村土地抵押权有偏好，两者均高于总体水平，均高于欠发达地区农民工，说明偏好程度更高。

实地调研结果还表明，欠发达地区有约 37.8％的农民工能够正确认知农村土地所有权属于农村集体，低于总体水平；欠发达地区有约 51.0％的农民工偏好于农村土地所有权属于农村集体，有约 24.1％的农民工偏好于农村土地所有权属于农民家庭，前者与总体水平持平，后者低于总体水平。欠发达地区农民工认为农村土地未来控制权重要的人数占比约为 86.4％，低于总体水平，说明偏好程度较低。欠发达地区有约 70.3％的农民工对农村土地使用权有偏好，高于总体水平，说明偏好程度更高。欠发达地区农民工有约 62.6％的人对农村土地生产性收益权有偏好，高于总体水平，说明偏好程度更高；欠发达地区农民工有约 69.6％的人对农村土地流转性收益权有偏好，低于总体水平，说明偏好程度更低；欠发达地区农民工有约 89.7％的人对农村土地增值性收益权有偏好，有约 85.9％的人对农村土地剩余性收益权有偏好，两者均低于总体水平，说明偏好程度更低。欠发达地区农民工有约 62.3％的人对农村土地流转权有偏好，有约 69.0％的人对农村土地抵押权有偏好，两者均低于总体水平，说明偏好程度更低。

8.2 农民工市民化对农村土地流转行为影响的总体分析

前述理论分析和实地调研结果都表明，不同市民化程度的农民工对农村土地产权结构的不同方面具有差异性偏好，进而对农民工土地流转行为产生影响。为了对这一问题进行深入研究，课题组利用实地调研资料建立计量模型进行分析。

8.2.1　理论分析与研究假设

不同市民化程度农民工对农村土地产权结构不同方面具有异质性偏好，进而会对其土地转出行为产生影响。同时，影响农民工家庭土地转出行为的主要因素还包括个人特征、家庭特征、就业特征等。个人特征方面主要包括农民工年龄、受教育程度；家庭特征方面主要包括农民工家庭非农收入所占比例和家庭承包土地面积；就业特征方面主要包括非农就业稳定性和非农就业收入。

（1）农民工市民化程度对土地流转行为的影响

理论研究和统计分析都表明，农民工中的兼业者等群体，市民化程度较低，大多数直接经营土地，土地流转行为较少；而市民化程度较高的准市民、市民等群体，土地流转行为较多。据此，可以提出如下研究假设 1：农民工市民化程度越高，土地流转行为发生的可能性越大。

（2）农民工土地产权结构偏好程度对土地流转行为的影响

农民工对农村土地占有权的偏好程度越强，意味着其对农村土地未来控制权偏好程度越强，希望通过掌握未来控制权来获取农村土地一定的剩余索取权和剩余收益权等，因此，这类群体比较重视土地承包权，选择以转让方式流转土地的可能性较小。然而，这类群体现阶段究竟选择何种土地利用方式具有不确定性，可能选择保留土地经营权，直接经营土地；也可能选择放弃土地经营权，以互换、代耕、转包、出租、股份合作等形式流转土地。这就意味着，这类农民工可能选择流转土地，也可能选择不流转土地。所以，可以提出如下研究假设 2：农民工对农村土地占有权的偏好程度对其土地转出行为的影响具有不确定性。

农民工对农村土地生产性收益权的偏好程度越强，意味着农民工家庭的农业经营收入越重要，保留土地经营权直接经营土地的可能性越大，转出土地的可能性越小。据此，可以提出研究假设 3a：农民工对农村土地生产性收益权的偏好程度越强，土地转出的可能性越小。

农民工对农村土地流转性收益权的偏好程度越强，意味着土地流转收益对农民工家庭的重要性越大，土地转出的可能性越大。市民化程度较高的农民工，对土地流转性收益权偏好强烈（傅晨等，2014）。据此，可以提出研究假设 3b：农民工对农村土地流转性收益权的偏好程度越强，土地转出的可能性越大。

农民工对农村土地增值性收益权的偏好程度越强，意味着农民工对土地承包权的重视程度越大，希望通过掌握承包权分享土地增值收益。然而，其对农民工家庭土地经营权的影响具有不确定性，这类农民工群体可能选择保留土地经营权,直接经营土地;也可能选择放弃土地经营权,转出土地。因此,可以提出如下研究假设3c:农民工对农村土地增值性收益权的偏好程度对其土地转出行为的影响具有不确定性。

农民工对农村土地剩余性收益权的偏好程度越强,意味着农民工家庭对土地未来的剩余收益重视程度越大,这类农民工群体保留土地承包权的可能性越大。然而,其对农民工家庭土地经营权的影响方向具有不确定性,这类群体可能选择保留土地经营权,直接经营土地;也可能选择放弃土地经营权,流转土地。因此,可以提出研究假设3d:农民工对农村土地剩余性收益权的偏好程度对其土地流转行为的影响具有不确定性。

现行农村土地制度安排,在"三权分置"改革创新背景下,正在进行土地承包经营权抵押担保试点①。农民工对农村土地抵押权的偏好程度越高,意味着这类群体希望通过拥有土地经营权实现抵押融资的愿望越强,流转土地的可能性越小。据此,可以提出如下研究假设4:农民工对农村土地抵押权的偏好程度越强,土地流转的可能性越小。

8.2.2 变量选取

选取农民工市民化程度、农民工对农村土地产权结构不同方面的偏好程度方面7个变量作为自变量;同时,选取农民工个人特征、家庭特征、就业特征方面6个控制性变量也作为自变量。两者相加,共选取13个自变量,作为影响农民工土地流转行为的主要因素。因变量为农民工土地流转行为,有0和1两个取值,取值0表示没有发生土地流转,取值1表示发生了土地流转。变量取值说明如表8-19所示。

表8-19 变量取值说明

变量名称	变量取值说明	均值	标准差
农民工市民化程度	兼业者=1,务工者=2,准市民=3,市民=4	2.004	0.799
土地占有权偏好程度	无所谓=0,重要=1	0.654	0.476
土地生产性收益权偏好程度	无所谓=0,重要=1	0.593	0.492
土地流转性收益权偏好程度	无所谓=0,重要=1	0.706	0.456
土地增值性收益权偏好程度	无所谓=0,重要=1	0.913	0.282

① 2015年12月,全国人大正式授权国务院在北京市大兴区等232个试点县(市、区)允许以农村承包的土地经营权抵押贷款。

（续）

变量名称	变量取值说明	均值	标准差
土地剩余性收益权偏好程度	无所谓＝0，重要＝1	0.862	0.345
土地抵押权偏好程度	无所谓＝0，重要＝1	0.711	0.453
个体特征			
年龄（岁）	实际值	36.322	6.371
受教育程度	未上过学＝1，小学＝2，初中＝3，高中＝4，大专及以上＝5	3.282	0.834
家庭特征			
家庭非农收入占比（%）	实际值	0.627	0.306
家庭承包土地面积（亩）	实际值	4.316	3.502
就业特征			
月工资收入（元）	实际值	3 507.821	1 639.050
非农就业稳定性	很不稳定＝1，不太稳定＝2，一般＝3，比较稳定＝4，很稳定＝5	3.076	1.179
土地流转行为	没有流转＝0，流转＝1	0.543	0.498

8.2.3　模型建立

由于因变量土地流转行为为二分变量，取值为 0 或 1，分别表示没有流转土地或流转土地，因此适宜建立二元 Logit 回归模型进行研究。

具体模型为：

$$Y = \ln(\frac{p_1}{p_2}) = \beta_0 + \sum_{i=1}^{15}\beta_i X_i + \varepsilon \qquad (8-1)$$

（8-1）式中，Y 为因变量，表示农民工土地流转行为，p_1、p_2 分别表示"流转""没有流转"的概率。X_i 为自变量，表示包括农民工市民化程度、农民工对农村土地产权结构不同方面偏好程度、控制性变量等一系列影响农民工土地流转行为的因素。ε 为随机扰动项。

8.2.4　模型估计结果

运用 SPSS18.0 统计软件对上述模型进行 Logit 回归分析。为了保证回归结果的稳定性，采取逐一加入变量的方法分别进行回归，得到模型一、模型二和模型三三个模型，如表 8-20 所示。模型一只包含农民工个体特征、农民工市民化程度变量；模型二在模型一的基础上，增加了农民工对农村土地产权结构偏好程度变量；模型三在模型二的基础上，增加了农民工家庭特征、就业特征变量。

表 8-20　Logit 模型估计结果

变量名称	模型一	模型二	模型三
个体特征			
年龄	-0.067	-0.061	-0.077
	(-0.861)	(-0.802)	(-0.852)
受教育程度	0.356*	0.441*	0.395*
	(1.929)	(1.861)	(1.899)
农民工市民化程度	0.729*	0.657*	0.738*
	(1.760)	(1.918)	(1.816)
农村土地产权结构偏好程度			
占有权		0.552	0.470
		(0.661)	(0.748)
生产性收益权		-0.697***	-0.759***
		(-2.676)	(-2.761)
流转性收益权		0.825**	0.798**
		(2.038)	(2.001)
增值性收益权		0.260	0.307
		(0.318)	(0.583)
剩余性收益权		0.111	0.218
		(0.231)	(0.439)
抵押权		-0.221*	-0.293*
		(-1.721)	(-1.838)
家庭特征			
家庭非农收入比例			0.264**
			(2.089)
家庭承包土地面积			0.092
			(1.346)
就业特征			
非农就业稳定性			0.605**
			(2.181)
非农就业收入			0.238**
			(1.967)
常数项	3.027	4.181	4.987
-2Loglikelihood	40.870	49.643	56.217
Cox & Snell's R-Square	0.367	0.310	0.269
Nagelkerke's R-Square	0.395	0.348	0.291

注：*、**、***分别表示显著性水平为10%、5%、1%。

　　由表 8-20 可以发现，模型一、模型二和模型三整体检验参数均达到规定要求，说明三个模型拟合程度良好，都具有较强解释力。

从估计结果可以发现，农民工市民化程度、土地生产性收益权偏好程度、流转性收益权偏好程度、抵押权偏好程度、农民工受教育程度、非农就业稳定性、非农就业收入、家庭非农收入所占比例8个变量通过了显著性检验。而农民工土地占有权偏好程度、增值性收益权偏好程度、剩余性收益权偏好程度、农民工年龄、家庭承包土地面积5个变量始终未通过显著性检验。

8.2.5　估计结果分析

（1）农民工市民化程度对土地流转行为的影响

农民工市民化程度对土地流转行为的影响通过了10%的显著性水平检验，且系数为正。这说明市民化程度越高的农民工家庭，土地流转行为发生的可能性越大，研究假设1得到了验证。农民工市民化程度越高，家庭财富禀赋越强，非农就业收入越高，农业收入在家庭总收入中所占比例越低，直接经营土地的可能性越小，流转土地的可能性越大；而农民工市民化程度越低，家庭对农业收入的依赖程度越大，直接经营土地的可能性越大，流转土地的可能性越小。课题组实地调研结果也证实了这一研究结论，市民化程度较低的农民工兼业者和务工者土地流转行为发生比例分别为9.3%和63.4%，而市民化程度较高的农民工准市民和市民土地流转行为发生比例分别为80.5%和100%，前者小于后者。

（2）农民工农村土地产权结构偏好对土地流转行为的影响

农村土地产权结构不同方面的偏好程度对农民工土地流转行为具有不同的影响。具体而言，农民工农村土地生产性收益权、流转性收益权、抵押权的偏好程度对土地流转行为的影响分别通过了1%、5%、10%的显著性水平检验，而农民工农村土地占有权、增值性收益权、剩余性收益权的偏好程度对土地流转行为的影响不显著。下面分别进行解释。

农民工农村土地生产性收益权的偏好程度对土地流转行为的影响通过了1%的显著性水平检验，且系数为负。这表明对农村土地生产性收益权偏好程度越强的农民工，发生土地流转行为的可能性越小，研究假设3a得到了验证。农村土地生产性收益主要体现在农业生产经营收入方面，对农村土地生产性收益偏好程度越强的农民工家庭，对农业生产经营收入的重视程度越高，农业收入在家庭总收入中的重要性越大，直接经营土地的可能性就越大，发生土地流转行为的可能性就越小。课题组实地调研结果也证实了这一研究结论，认为农村土地生产性收益权重要的农民工，发生土地流转行为的比例仅为32.7%，而没有发生土地流转行为的比例高达67.3%；相反，认为农村土地生产性收益权无所谓的农民工，发生土地流转行为的比例高达85.8%，而没有发生土地流转行为的比例仅为14.2%。

农民工农村土地流转性收益权的偏好程度对土地流转行为的影响通过了5％的显著性水平检验，且系数为正。这表明对农村土地流转性收益权偏好程度越强的农民工，发生土地流转行为的可能性越大，研究假设3b得到了验证。农村土地流转性收益直接来源于各种形式的土地流转，对农村土地流转性收益权偏好程度越强的农民工，通过土地流转获取收益的可能性越大，发生土地流转行为的可能性越大。课题组实地调研结果也证实了这一研究结论，认为农村土地流转性收益权重要的农民工，发生土地流转行为的比例高达69.2％，而没有发生土地流转行为的比例仅为30.8％；相反，认为农村土地流转性收益权无所谓的农民工，发生土地流转行为的比例仅为18.5％，而没有发生土地流转行为的比例高达81.5％。

农民工农村土地抵押权的偏好程度对土地流转行为的影响通过了10％的显著性水平检验，且系数为负。这表明对农村土地抵押权偏好程度越强的农民工，发生土地流转行为的可能性越小，研究假设4b得到了验证。在"三权分置"改革创新背景下，农村土地经营权逐渐被赋予抵押权。农民工对农村土地抵押权偏好程度越强，意味着其通过拥有土地经营权进而获得土地抵押权的意愿越强，发生土地流转行为的可能性越小。课题组实地调研结果也证实了这一研究结论，认为农村土地抵押权重要的农民工，发生土地流转行为的比例仅为40.3％，而没有发生土地流转行为的比例高约59.7％；相反，认为农村土地抵押权无所谓的农民工，发生土地流转行为的比例高达88.7％，而没有发生土地流转行为的比例仅为11.3％。

农民工农村土地占有权的偏好程度对土地流转行为的影响没有通过显著性检验，这表明农民工土地占有权偏好程度对其土地流转行为没有显著影响，研究假设2得到了验证。农民工对农村土地占有权的偏好，本质上意味着其对农村土地未来控制权的偏好，即农民工希望通过拥有土地占有权来掌握土地的未来控制权和未来土地剩余索取权，进而能够分享土地的剩余收益。因此，对农村土地占有权的偏好程度越强的农民工，对农村土地承包权的重视程度越大，但对是否流转土地的影响具有不确定性，这类群体可能选择保留土地经营权不流转土地，也可能保留土地承包权流转土地。

农民工农村土地增值性收益权的偏好程度对土地流转行为的影响没有通过显著性检验，这表明农民工土地增值性收益权偏好程度对其土地流转行为没有显著影响，研究假设3c得到了验证。农村土地增值性收益主要发生在土地用途由农业用途改变为非农用途的过程中，按照现有农村土地增值收益分配制度，增值收益由国家、农村集体、承包农户家庭及用地企业共同分享。其中，农户家庭凭借土地承包权分享农村土地增值性收益，而土地经营者则不能凭借土地经营权分享土地增值性收益。因此，对农村土地增值性收益偏好程度越强的农民工，放弃土地承包权的可能性越小，但对其是否放弃土地经营权流转土地具有不确定性，这类群体可能选择保留土地承包权流转土地，也可能选择保留土地经营权不流转土地。

农民工农村土地剩余性收益权的偏好程度对土地流转行为的影响没有通过显著性检验，这表明农民工土地剩余性收益权偏好程度对其土地流转行为没有显著影响，研究假设 3d 得到了验证。由于农村土地承包合同具有不完全性，受限于交易成本，农村土地承包合同无法完全规定所有细节，必然会留下一些未做规定或者模糊之处，相应地，这些模糊权利可能会产生一定的收益，这就是农村土地剩余性收益的主要来源。农户家庭可以通过拥有土地承包权来分享土地的剩余收益。对农村土地剩余性收益权偏好程度越强的农民工，放弃土地承包权的可能性越小，但对其是否放弃土地经营权发生土地流转行为则具有不确定性，这类群体可能选择保留土地承包权流转土地，也可能选择保留土地经营权不流转土地。

（3）其他控制性变量对农民工土地流转行为的影响

从估计结果可以发现，在 6 个其他控制性变量中，农民工受教育程度、农民工家庭非农收入所占比例、农民工非农就业稳定性和非农就业收入 4 个变量分别通过了 10%、5%、5%、5% 的显著性水平检验，而农民工年龄、农民工家庭承包土地面积 2 个变量没有通过显著性检验。

a. 个人特征。农民工受教育程度对其土地流转行为的影响通过了 10% 的显著性水平检验，且系数为正，表明农民工受教育程度越高，发生土地流转行为的可能性越大。这是因为，一方面，农民工受教育程度越高，非农就业技能学习能力越强，非农就业稳定性和非农就业收入越高，土地流转的可能性越大。另一方面，农民工受教育程度越高，城镇生活适应能力越强，市民化意愿及能力越强，土地流转的可能性越大。这一研究结论与课题组实地调研结果的统计分析相一致，受教育程度初中及以下的农民工发生土地流转行为的比例约为 45.7%，而受教育程度初中以上的农民工发生土地流转行为的比例约为 72.0%，后者远高于前者。

农民工年龄对土地流转行为的影响没有通过显著性检验，表明年龄对农民工土地流转行为的影响具有不确定性。一方面，年龄偏小的农民工，可能外出务工时间较短，非农就业经验和技能较为欠缺，城镇生活适应能力也在学习中，对农村承包地仍然有一定程度的依赖，流转土地的可能性较小。另一方面，年龄偏大的农民工，在城镇从事非农产业的优势渐渐消失，选择返乡务农的比例较高，流转土地的比例也较小。再一方面，年龄居中的农民工，正值青壮年，外出务工从事非农产业的可能性较大，直接经营土地的可能性较小，发生土地流转的可能性也较小。由此可以初步推断，农民工年龄与其土地流转行为之间是非线性关系，呈倒"U"形关系。为了利用计量模型进行论证，因而在模型三的基础上增加了年龄的平方项，估计结果表明，年龄的一次项系数仍然为正，而年龄的二次项系数为负，虽然两个变量均未通过显著性检验，但可以发现农民工年龄与土地流转行为之间确实存在倒"U"形关系，年龄偏小和年龄偏大农民工土地流转的可能性较小，而年龄居中的农民工土地流转的可能性较大。

b. 家庭特征。农民工家庭非农收入所占比例对土地流转行为的影响通过了10%的显著性水平检验，且系数为正，表明农民工家庭非农收入占比越高，发生土地流转行为的可能性越大。这是因为，非农收入占比较高的农民工家庭，非农就业收入对家庭的贡献更为重要，这就意味着家庭成员非农就业收入及稳定性都比较好，相对而言，家庭对农业经营收入的依赖程度较低，流转土地的可能性较大。这一研究结论与课题组实地调研结果的统计分析相一致，家庭非农收入占比小于60%的农民工家庭，发生土地流转的比例仅为43.3%，而家庭非农收入占比大于60%的农民工家庭，发生土地流转的比例为65.8%，后者明显高于前者。

农民工家庭承包土地面积对土地流转行为的影响没有通过显著性水平检验，表明家庭承包土地面积不是影响农民工土地流转行为的关键性变量。一方面，在农村土地均分的制度安排下，农村人均承包土地面积相差不大，导致家庭承包土地面积差距也不是非常明显，因而对农民工土地流转行为不会产生重要影响。另一方面，农民工家庭主要依据家庭成员非农就业状况、市民化程度等因素进行土地流转决策，家庭承包土地面积在决策过程中不会发挥关键性作用。

c. 就业特征。农民工非农就业稳定性对土地流转行为的影响通过了5%的显著性水平检验，且系数为正，表明非农就业稳定性越好的农民工，流转土地的可能性越大。这是因为，农民工非农就业稳定性越好，越有信心在城镇从事非农产业，对农业经营的依赖程度越低，流转土地的可能性越大。这一研究结论与课题组实地调研结果的统计分析相一致，非农就业稳定性较差（包括很不稳定、不太稳定、一般）的农民工，发生土地流转的比例约为63.0%，而非农就业稳定性较好（包括比较稳定、很稳定）的农民工，发生土地流转的比例约为39.3%，前者明显高于后者。

农民工非农就业收入对土地流转行为的影响通过了5%的显著性水平检验，且系数为正，表明非农就业收入越高的农民工，流转土地的可能性越大。这是因为，非农就业收入越高的农民工，越有信心继续从事非农产业，直接从事农业生产的可能性越小，流转土地的可能性越大。这一研究结论与课题组实地调研结果的统计分析相一致，月工资水平4 000元以上的农民工，发生土地流转的比例约为 60.9%，而月工资水平 4 000 元以下的农民工，发生土地流转的比例约为 41.2%，前者明显高于后者。

8.3　发达地区与欠发达地区农民工市民化对农村土地流转行为影响的比较分析

前文的理论分析和统计分析表明，发达地区与欠发达地区农民工市民化对农村土地流转行为的影响程度不同，为了对不同经济发展水平地区进行比较分析，课题组利用调研资料建立计量模型进行分析。

8.3.1　发达地区农民工市民化对农村土地流转行为影响的分析

（1）理论分析与研究假设

发达地区不同市民化程度农民工对农村土地产权结构不同方面具有异质性偏好，进而会对其土地转出行为产生影响。

①发达地区农民工市民化程度对土地流转行为的影响。发达地区农民工市民化程度高于总体水平，市民化程度越高的农民工家庭直接经营土地的可能性越小，流转土地的可能性越大。据此，可以提出研究假设 1：发达地区农民工市民化程度越高，土地流转行为发生的可能性越大，并且发达地区农民工表现得更为明显。

②发达地区农民工土地产权结构偏好程度对土地流转行为的影响。农民工对农村土地占有权的偏好主要表现在对土地承包权的偏好上，即放弃土地承包权的可能性较小，但对土地经营权的影响则具有不确定性，既可能直接经营土地，也可能流转土地，让渡土地经营权。发达地区农民工同样表现出这一特征。所以，可以提出研究假设 2：发达地区农民工对农村土地占有权的偏好程度对其土地转出行为的影响具有不确定性。

发达地区农民工非农就业机会较多，非农就业稳定性较高，非农收入占家庭总收入的比例较高，土地生产性收益的重要性较低，农民工土地生产性收益权偏好程度对土地流转行为的影响程度较低。据此，可以提出如下研究假设 3a：发达地区农民工对农村土地生产性收益权的偏好程度越强，土地转出的可能性越小，并且发达地区农民工表现得不太明显。

发达地区农民工直接经营土地的比例较低，流转土地的比例较高，对土地流转性收益权偏好程度较强，导致农民工土地流转性收益权偏好程度对土地流转行为的影响程度较大。据此，可以提出研究假设 3b：发达地区农民工对农村土地流转性收益权的偏好程度越强，土地转出的可能性越大，并且发达地区表现得更为明显。

农民工对农村土地增值性收益权的偏好程度越强，意味着农民工对土地承包权的重视程度越大，希望通过掌握承包权分享土地增值收益。然而，其对农民工家庭土地经营权的影响具有不确定性，这类农民工群体可能选择保留土地经营权，直接经营土地；也可能选择放弃土地经营权，转出土地。发达地区农民工同样具有以上特征。因此，可以提出如下研究假设 3c：发达地区农民工对农村土地增值性收益权的偏好程度对其土地转出行为的影响具有不确定性。

农民工对农村土地剩余性收益权的偏好程度越强，意味着农民工家庭对土地未来的剩余收益重视程度越大，这类农民工群体保留土地承包权的可能性越大。然而，其对农民工家庭土地经营权的影响方向具有不确定性，这类群体可能选择保留土地经营权，直接经营土地；也可能选择放弃土地经营权，流转土地。发达地区农民工同样具有以上特征。因此，可以提出研究假设 3d：发达地区农民工对农村土地剩余性收益权的偏好程度对其土地流转行为的影响具有不确定性。

发达地区农村土地"三权分置"改革进行得比较早，推进比较快，农村土地抵押权试点改革也顺利推进，农村土地抵押权意味着土地的资本化职能得到强化，农民工在流转土地时会对此有一定考量。那些比较看重农村土地抵押权的农民工家庭，流转土地的可能性会降低。据此，可以提出研究假设 4：发达地区农民工对农村土地抵押权的偏好程度越强，土地流转的可能性越小，并且发达地区表现得更为明显。

（2）变量选取

与总体分析类似，选取农民工市民化程度、农民工对农村土地产权结构不同方面的偏好程度方面 8 个变量作为自变量；同时，选取农民工个人特征、家庭特征、就业特征方面 6 个控制性变量也作为自变量。两者相加，共选取 14 个自变量，作为影响农民工土地流转行为的主要因素。因变量为农民工土地流转行为，有 0 和 1 两个取值，取值 0 表示没有发生土地流转，取值 1 表示发生了土地流转。发达地区相关变量取值说明如表 8-21 所示。

表 8-21　发达地区相关变量取值说明

变量名称	变量取值说明	均值	标准差
农民工市民化程度	兼业者＝1，务工者＝2，准市民＝3，市民＝4	2.094	0.858
土地占有权偏好程度	无所谓＝0，重要＝1	0.888	0.315
土地生产性收益权偏好程度	无所谓＝0，重要＝1	0.546	0.498
土地流转性收益权偏好程度	无所谓＝0，重要＝1	0.716	0.451
土地增值性收益权偏好程度	无所谓＝0，重要＝1	0.928	0.258

（续）

变量名称	变量取值说明	均值	标准差
土地剩余性收益权偏好程度	无所谓=0，重要=1	0.879	0.447
土地抵押权偏好程度	无所谓=0，重要=1	0.730	0.408
个体特征			
年龄（岁）	实际值	35.203	5.862
受教育程度	未上过学=1，小学=2，初中=3，高中=4，大专及以上=5	3.467	0.827
家庭特征			
家庭非农收入占比（％）	实际值	0.675	0.367
家庭承包土地面积（亩）	实际值	4.113	3.226
就业特征			
月工资收入（元）	实际值	3 926.320	1 805.326
非农就业稳定性	很不稳定=1，不太稳定=2，一般=3，比较稳定=4，很稳定=5	3.188	1.175
土地流转行为	没有流转=0，流转=1	0.603	0.490

（3）模型建立

由于因变量土地流转行为为二分变量，取值为 0 或 1，分别表示没有流转土地或流转土地，因此适宜建立二元 Logit 回归模型进行研究。

具体模型为：

$$Y = \ln(\frac{p_1}{p_2}) = \beta_0 + \sum_{i=1}^{15}\beta_i X_i + \varepsilon \qquad (8-2)$$

（8-2）式中，Y 为因变量，表示农民工土地流转行为，p_1、p_2 分别表示"流转""没有流转"的概率。X_i 为自变量，表示包括农民工市民化程度、农民工对农村土地产权结构不同方面偏好程度、控制性变量等一系列影响农民工土地流转行为的因素。ε 为随机扰动项。

（4）模型估计结果

运用 SPSS18.0 统计软件对上述模型进行 Logit 回归分析。为了保证回归结果的稳定性，采取逐一加入变量的方法分别进行回归，得到模型一、模型二和模型三三个模型，如表 8-22 所示。模型一只包含农民工个体特征、农民工市民化程度变量；模型二在模型一的基础上，增加了农民工对农村土地产权结构偏好程度变量；模型三在模型二的基础上，增加了农民工家庭特征、就业特征变量。

表 8 - 22　Logit 模型估计结果

变量名称	模型一	模型二	模型三
个体特征			
年龄	−0.083	−0.075	−0.103
	(−0.973)	(−0.962)	(−1.053)
受教育程度	0.564**	0.601**	0.593**
	(2.032)	(1.976)	(2.017)
农民工市民化程度	0.803**	0.832**	0.843**
	(1.985)	(2.016)	(2.048)
农村土地产权结构偏好程度			
占有权		0.503	0.517
		(0.726)	(0.684)
生产性收益权		−0.527**	−0.637**
		(−2.128)	(−2.085)
流转性收益权		0.885**	0.836**
		(2.113)	(2.096)
增值性收益权		0.315	0.323*
		(0.826)	(0.952)
剩余性收益权		0.157	0.233*
		(0.561)	(0.646)
抵押权		−0.265*	−0.313*
		(−1.851)	(−1.902)
家庭特征			
家庭非农收入比例			0.351**
			(2.112)
家庭承包土地面积			0.121
			(1.479)
就业特征			
非农就业稳定性			0.663**
			(2.216)
非农就业收入			0.337**
			(2.047)
常数项	3.562	4.357	5.138
− 2Loglikelihood	38.526	46.329	51.223
Cox & Snell's R - Square	0.332	0.296	0.249
Nagelkerke's R - Square	0.372	0.323	0.278

注：*、**、***分别表示显著性水平为 10%、5%、1%。

由表 8 - 22 可以发现，模型一、模型二和模型三整体检验参数均达到规定要求，说明三个模型拟合程度良好，都具有较强解释力。

从估计结果可以发现，农民工市民化程度、土地生产性收益权偏好程度、流转性收益权偏好程度、增值性收益权偏好程度、剩余性收益权偏好程度、抵押权偏好程度、农民工受教育程度、非农就业稳定性、非农就业收入、家庭非农收入所占比例 10 个变量通过了显著性检验。而农民工土地占有权偏好程度、农民工年龄、家庭承包土地面积 3 个变量始终未通过显著性检验。

（5）估计结果分析

①发达地区农民工市民化程度对土地流转行为的影响。发达地区农民工市民化程度对土地流转行为的影响通过了 5% 的显著性水平检验，且系数为正。这说明市民化程度越高的发达地区农民工家庭，土地流转行为发生的可能性越大，而且发达地区农民工市民化程度对土地流转行为的影响，系数较总体水平更大，且显著性水平更高，这说明发达地区农民工市民化程度对土地流转行为的影响程度较大，研究假设 1 得到了验证。课题组实地调研结果表明，发达地区农民工市民化程度高于总体水平，流转土地的农民工家庭所占比例高于总体水平。

②发达地区农民工农村土地产权结构偏好对土地流转行为的影响。农村土地产权结构不同方面的偏好程度对发达地区农民工土地流转行为具有不同的影响。具体而言，发达地区农民工农村土地生产性收益权、流转性收益权、抵押权的偏好程度对土地流转行为的影响分别通过了 5%、5%、10% 的显著性水平检验，而农民工农村土地占有权、增值性收益权、剩余性收益权的偏好程度对土地流转行为的影响不显著。下面分别进行解释。

发达地区农民工农村土地生产性收益权的偏好程度对土地流转行为的影响通过了 5% 的显著性水平检验，且系数为负。这表明对农村土地生产性收益权偏好程度越强的发达地区农民工，发生土地流转行为的可能性越小，而且发达地区农民工土地生产性收益权偏好程度对土地流转行为的影响，系数较总体水平更小，显著性水平更低，这说明发达地区农民工农村土地生产性收益权的偏好程度对土地流转行为的影响程度较小，研究假设 3a 得到了验证。课题组实地调研结果表明，发达地区农民工对土地生产性收益权的偏好程度较弱。

发达地区农民工农村土地流转性收益权的偏好程度对土地流转行为的影响通过了 5% 的显著性水平检验，且系数为正。这表明对农村土地流转性收益权偏好程度越强的发达地区农民工，发生土地流转行为的可能性越大，而且发达地区农民工土地流转性收益权偏好程度对土地流转行为的影响，系数较总体水平更大，这说明发达地区农民工农村土地流转性收益权的偏好程度对土地流转行为的影响程度较大，研究假设 3b 得到了验证。课题组实地调研结果表明，发达地区农民工对农村土地流转性收益权的偏好程度较强。

发达地区农民工农村土地抵押权的偏好程度对土地流转行为的影响通过了 10% 的显著性水平检验，且系数为负。这表明对农村土地抵押权偏好程度越强的发达地区农民工，发生土地流转行为的可能性越小，而且发达地区农民工土地剩余性收益权偏好程度对土地流转行为的影响，系数较总体水平更大，这说明发达地区农民工农村土地剩余性收益权的偏好程度对土地流转行为的影响程度较大，研究假设4得到了验证。课题组实地调研结果表明，发达地区农民工认为农村土地抵押权重要的比例相对较高。

发达地区农民工农村土地占有权的偏好程度对土地流转行为的影响没有通过显著性检验，这表明发达地区农民工土地占有权偏好程度对其土地流转行为没有显著影响，研究假设2得到了验证。

发达地区农民工农村土地增值性收益权的偏好程度对土地流转行为的影响没有通过显著性检验，这表明发达地区农民工土地增值性收益权偏好程度对其土地流转行为没有显著影响，研究假设3c得到了验证。

发达地区农民工农村土地剩余性收益权的偏好程度对土地流转行为的影响没有通过显著性检验，这表明发达地区农民工土地剩余性收益权偏好程度对其土地流转行为没有显著影响，研究假设3d得到了验证。

8.3.2 欠发达地区农民工市民化对农村土地流转行为影响的分析

（1）理论分析与研究假设

欠发达地区不同市民化程度农民工对农村土地产权结构不同方面具有异质性偏好，进而会对其土地转出行为产生影响。

①欠发达地区农民工市民化程度对土地流转行为的影响。欠发达地区农民工市民化程度低于总体水平，市民化程度越低的农民工家庭直接经营土地的可能性越大，流转土地的可能性越小。据此，可以提出研究假设1：欠发达地区农民工市民化程度越高，土地流转行为发生的可能性越大，并且欠发达地区农民工表现得不太明显。

②欠发达地区农民工土地产权结构偏好程度对土地流转行为的影响。农民工对农村土地占有权的偏好主要表现在对土地承包权的偏好上，即放弃土地承包权的可能性较小，但对土地经营权的影响则具有不确定性，既可能直接经营土地，也可能流转土地，让渡土地经营权。欠发达地区农民工同样表现出这一特征。所以，可以提出研究假设2：欠发达地区农民工对农村土地占有权的偏好程度对其土地转出行为的影响具有不确定性。

欠发达地区农民工非农就业机会较少，非农就业稳定性较低，非农收入占家庭总收入的比例较低，土地生产性收益的重要性较高，农民工土地生产性收益权偏好程度对土地流转行为的影响程度较高。据此，可以提出研究假设3a：欠发达地区农民工对农村土地生产性收益权的偏好程度越强，土地转出的可能性越小，并且欠发达地区农民工表现得更为明显。

欠发达地区农民工直接经营土地的比例较高，流转土地的比例较低，对土地流转性收益权偏好程度较低，导致农民工土地流转性收益权偏好程度对土地流转行为的影响程度较小。据此，可以提出研究假设 3b：欠发达地区农民工对农村土地流转性收益权的偏好程度越强，土地转出的可能性越大，并且欠发达地区表现得不太明显。

农民工对农村土地增值性收益权的偏好程度越强，意味着农民工对土地承包权的重视程度越大，希望通过掌握承包权分享土地增值收益。然而，其对农民工家庭土地经营权的影响具有不确定性，这类农民工群体可能选择保留土地经营权，直接经营土地；也可能选择放弃土地经营权，转出土地。欠发达地区农民工同样具有以上特征。因此，可以提出研究假设 3c：欠发达地区农民工对农村土地增值性收益权的偏好程度对其土地转出行为的影响具有不确定性。

农民工对农村土地剩余性收益权的偏好程度越强，意味着农民工家庭对土地未来的剩余收益重视程度越大，这类农民工群体保留土地承包权的可能性越大。然而，其对农民工家庭土地经营权的影响方向具有不确定性，这类群体可能选择保留土地经营权，直接经营土地；也可能选择放弃土地经营权，流转土地。欠发达地区农民工同样具有以上特征。因此，可以提出研究假设 3d：欠发达地区农民工对农村土地剩余性收益权的偏好程度对其土地流转行为的影响具有不确定性。

欠发达地区农村土地"三权分置"改革进行得比较晚，农村土地抵押权试点改革也进行得相对较少。那些比较看重农村土地抵押权的农民工家庭，流转土地的可能性会降低。据此，可以提出研究假设 4：欠发达地区农民工对农村土地抵押权的偏好程度越强，土地流转的可能性越小，并且发达地区表现得不太明显。

（2）变量选取

与总体分析类似，选取农民工市民化程度、农民工对农村土地产权结构不同方面的偏好程度方面 8 个变量作为自变量；同时，选取农民工个人特征、家庭特征、就业特征方面 6 个控制性变量也作为自变量。两者相加，共选取 14 个自变量，作为影响农民工土地流转行为的主要因素。因变量为农民工土地流转行为，有 0 和 1 两个取值，取值 0 表示没有发生土地流转，取值 1 表示发生了土地流转。欠发达地区相关变量取值说明如表 8-23 所示。

表 8-23　欠发达地区变量取值说明

变量名称	变量取值说明	均值	标准差
农民工市民化程度	兼业者＝1，务工者＝2，准市民＝3，市民＝4	1.898	0.705

（续）

变量名称	变量取值说明	均值	标准差
土地占有权偏好程度	无所谓＝0，重要＝1	0.864	0.343
土地生产性收益权偏好程度	无所谓＝0，重要＝1	0.626	0.484
土地流转性收益权偏好程度	无所谓＝0，重要＝1	0.696	0.461
土地增值性收益权偏好程度	无所谓＝0，重要＝1	0.897	0.305
土地剩余性收益权偏好程度	无所谓＝0，重要＝1	0.859	0.349
土地抵押权偏好程度	无所谓＝0，重要＝1	0.690	0.463
个体特征			
年龄（岁）	实际值	37.646	6.706
受教育程度	未上过学＝1，小学＝2，初中＝3，高中＝4，大专及以上＝5	3.062	0.786
家庭特征			
家庭非农收入占比（％）	实际值	0.570	0.291
家庭承包土地面积（亩）	实际值	4.556	3.659
就业特征			
月工资收入（元）	实际值	3 012.686	1 584.362
非农就业稳定性	很不稳定＝1，不太稳定＝2，一般＝3，比较稳定＝4，很稳定＝5	2.943	1.170
土地流转行为	没有流转＝0，流转＝1	0.473	0.500

（3）模型建立

由于因变量土地流转行为为二分变量，取值为 0 或 1，分别表示没有流转土地或流转土地，因此适宜建立二元 Logit 回归模型进行研究。

具体模型为：

$$Y = \ln(\frac{p_1}{p_2}) = \beta_0 + \sum_{i=1}^{15} \beta_i X_i + \varepsilon \qquad (8-3)$$

（8-3）式中，Y 为因变量，表示农民工土地流转行为，p_1、p_2 分别表示"流转""没有流转"的概率。X_i 为自变量，表示包括农民工市民化程度、农民工对农村土地产权结构不同方面偏好程度、控制性变量等一系列影响农民工土地流转行为的因素。ε 为随机扰动项。

（4）模型估计结果

运用 SPSS18.0 统计软件对上述模型进行 Logit 回归分析。为了保证回归结果的稳定性，采取逐一加入变量的方法分别进行回归，得到模型一、模型二和模型三三个模型，如表 8-24 所示。模型一只包含农民工个体特征、农民工市民化程度变量；模型二在模型一的基础上，增加了农民工对农村土地产权结构偏好程度变量；模型三在模型二的基础上，增加了农民工家庭特征、就业特征变量。

表 8 - 24　Logit 模型估计结果

变量名称	模型一	模型二	模型三
个体特征			
年龄	−0.073	−0.085	−0.082
	(−0.903)	(−0.795)	(−0.847)
受教育程度	0.263*	0.352*	0.344*
	(1.897)	(1.917)	(1.864)
农民工市民化程度	0.638*	0.597*	0.694*
	(1.841)	(1.934)	(1.884)
农村土地产权结构偏好程度			
占有权		0.513	0.418
		(0.641)	(0.705)
生产性收益权		−0.764***	−0.803***
		(−2.704)	(−2.903)
流转性收益权		0.799**	0.752**
		(1.989)	(2.103)
增值性收益权		0.251	0.286
		(0.303)	(0.495)
剩余性收益权		0.097	0.195
		(0.216)	(0.356)
抵押权		−0.197	−0.264
		(−1.267)	(−1.437)
家庭特征			
家庭非农收入比例			0.233*
			(1.827)
家庭承包土地面积			0.079
			(1.296)
就业特征			
非农就业稳定性			0.592**
			(2.013)
非农就业收入			0.209**
			(2.007)
常数项	2.847	3.856	4.664
− 2Loglikelihood	41.328	51.032	58.964
Cox & Snell's R - Square	0.374	0.323	0.276
Nagelkerke's R - Square	0.406	0.361	0.310

注：*、**、***分别表示显著性水平为 10%、5%、1%。

由表 8 - 24 可以发现，模型一、模型二和模型三整体检验参数均达到规定要求，说明三个模型拟合程度良好，都具有较强解释力。

从估计结果可以发现，欠发达地区农民工市民化程度、土地生产性收益权偏好程度、流转性收益权偏好程度、增值性收益权偏好程度、剩余性收益权偏好程度、抵押权偏好程度、农民工受教育程度、非农就业稳定性、非农就业收入、家庭非农收入所占比例 10 个变量通过了显著性检验。而农民工土地占有权偏好程度、农民工年龄、家庭承包土地面积 3 个变量始终未通过显著性检验。

（5）估计结果分析

①欠发达地区农民工市民化程度对土地流转行为的影响。欠发达地区农民工市民化程度对土地流转行为的影响通过了 10% 的显著性水平检验，且系数为正。这说明市民化程度越高的欠发达地区农民工家庭，土地流转行为发生的可能性越大，而且欠发达地区农民工市民化程度对土地流转行为的影响，系数较总体水平更小，这说明欠发达地区农民工市民化程度对土地流转行为的影响程度较小，研究假设 1 得到了验证。课题组实地调研结果表明，欠发达地区农民工市民化程度低于总体水平，流转土地的农民工家庭所占比例低于总体水平。

②欠发达地区农民工农村土地产权结构偏好对土地流转行为的影响。农村土地产权结构不同方面的偏好程度对欠发达地区农民工土地流转行为具有不同的影响。具体而言，欠发达地区农民工农村土地生产性收益权、流转性收益权的偏好程度对土地流转行为的影响分别通过了 1%、5% 的显著性水平检验，而农民工农村土地占有权、增值性收益权、剩余性收益权、抵押权的偏好程度对土地流转行为的影响不显著。下面分别进行解释。

欠发达地区农民工农村土地生产性收益权的偏好程度对土地流转行为的影响通过了 1% 的显著性水平检验，且系数为负。这表明对农村土地生产性收益权偏好程度越强的欠发达地区农民工，发生土地流转行为的可能性越小，而且欠发达地区农民工土地生产性收益权偏好程度对土地流转行为的影响，系数较总体水平更大，这说明欠发达地区农民工农村土地生产性收益权的偏好程度对土地流转行为的影响程度较大，研究假设 3a 得到了验证。课题组实地调研结果表明，欠发达地区农民工对土地生产性收益权的偏好程度较强。

欠发达地区农民工农村土地流转性收益权的偏好程度对土地流转行为的影响通过了 5% 的显著性水平检验，且系数为正。这表明对农村土地流转性收益权偏好程度越强的欠发达地区农民工，发生土地流转行为的可能性越大，而且欠发达地区农民工土地流转性收益权偏好程度对土地流转行为的影响，系数较总体水平更小，这说明欠发达地区农民工农村土地流转性收益权的偏好程度对土地流转行为的影响程度较小，研究假设 3b 得到了验证。课题组实地调研结果表明，欠发达地区农民工对农村土地流转性收益权的偏好程度较弱。

欠发达地区农民工农村土地占有权的偏好程度对土地流转行为的影响也没有通过显著性检验，这表明欠发达地区农民工土地占有权偏好程度对其土地流转行为也没有显著影响，研究假设 2 得到了验证。

欠发达地区农民工农村土地增值性收益权的偏好程度对土地流转行为的影响没有通过显著性检验，这表明欠发达地区农民工土地增值性收益权偏好程度对其土地流转行为没有显著影响，研究假设 3c 没有得到验证。需要指出的是，欠发达地区农民工农村土地增值性收益权的偏好程度对土地流转行为的影响，系数较发达地区更小，且显著性水平更低，这说明欠发达地区农民工土地增值性收益权的偏好程度对土地流转行为的影响程度较小。与发达地区相比，欠发达地区农民工对土地增值性收益权偏好程度较低，对土地流转行为影响较小。实地调研结果表明，欠发达地区农民工土地增值性收益权的偏好程度较低。

欠发达地区农民工农村土地剩余性收益权的偏好程度对土地流转行为的影响没有通过显著性检验，这表明欠发达地区农民工土地剩余性收益权偏好程度对其土地流转行为没有显著影响，研究假设 3d 没有得到验证。需要指出的是，欠发达地区农民工农村土地剩余性收益权的偏好程度对土地流转行为的影响，系数较发达地区更小，且显著性水平更低，这说明欠发达地区农民工土地剩余性收益权的偏好程度对土地流转行为的影响程度较小。与发达地区相比，欠发达地区农民工对土地剩余性收益权偏好程度较低，对土地流转行为影响较小。实地调研结果表明，欠发达地区农民工土地剩余性收益权的偏好程度较低。

欠发达地区农民工农村土地抵押权的偏好程度对土地流转行为的影响没有通过显著性检验，这表明欠发达地区农民工土地抵押权偏好程度对其土地流转行为没有显著影响，研究假设 4 没有得到验证。需要指出的是，欠发达地区农民工农村土地抵押权的偏好程度对土地流转行为的影响，系数较发达地区更小，且显著性水平更低，这说明欠发达地区农民工土地抵押权的偏好程度对土地流转行为的影响程度较小。欠发达地区农村土地改革程度相对较低，农村土地抵押权试点改革还没有顺利推进，农民工对农村土地抵押权偏好程度仍然较低，对土地流转行为影响较小。实地调研结果表明，欠发达地区农民工土地抵押权的偏好程度较低。

8.3.3　发达地区与欠发达地区农民工市民化对农村土地流转行为影响的比较分析

根据以上研究可以发现，发达地区与欠发达地区农民工市民化对农村土地流转行为的影响存在一定差异，主要表现在：

第一，发达地区农民工市民化对土地流转行为的影响程度更大。虽然发达地区与欠发达地区农民工市民化程度对土地流转行为均具有显著性影响，但发达地区农民工市民化程度对土地流转行为的影响程度较大。发达地区农民工市民化程度较高，直接经营土地的可能性较小，流转土地的可能性较大。

第二，发达地区与欠发达地区农民工农村土地产权结构偏好对土地流转行为的影响程度存在差异。

一，发达地区农民工土地生产性收益权偏好程度对土地流转行为的影响程度较小。虽然发达地区与欠发达地区农民工土地生产性收益权偏好程度对土地流转行为均具有显著性影响，但发达地区农民工土地生产性收益权偏好程度对土地流转行为的影响程度较小。与欠发达地区相比，发达地区农民工收入水平较高，非农就业机会较多，非农收入占比较高，土地的生产性收益重要性较低，对土地生产性收益权偏好程度较低，导致其对土地流转行为影响程度较小。

二，发达地区农民工土地流转性收益权偏好程度对土地流转行为的影响程度较大。虽然发达地区与欠发达地区农民工土地生产性收益权偏好程度对土地流转行为均具有显著性影响，但发达地区农民工土地生产性收益权偏好程度对土地流转行为的影响程度较大。与欠发达地区相比，发达地区农民工土地流转行为较高，对土地流转性收益权偏好程度较大，导致其对土地流转行为影响程度较大。

三，发达地区农民工土地增值性收益权的偏好程度对土地流转行为的影响程度较大。虽然发达地区与欠发达地区农民工土地增值性收益权偏好程度对土地流转行为的影响均不显著，但发达地区农民工土地增值性收益权偏好程度对土地流转行为的影响程度较大。发达地区农村土地改革推进较快，农民工对土地增值性收益权偏好程度较高，导致其对土地流转行为影响程度较大。

四，发达地区农民工土地剩余性收益权的偏好程度对土地流转行为的影响程度较大。虽然发达地区与欠发达地区农民工土地剩余性收益权偏好程度对土地流转行为的影响均不显著，但发达地区农民工土地剩余性收益权偏好程度对土地流转行为的影响程度较大。发达地区农民工对土地剩余价值期望较高，对土地剩余性收益权偏好程度较高，导致其对土地流转行为影响程度较大。

五，发达地区农民工农村土地抵押权的偏好程度对土地流转行为的影响显著，但欠发达地区农民工农村土地抵押权的偏好程度对土地流转行为的影响不显著。发达地区农村土地抵押权试点改革进展顺利，农民工对农村土地抵押权偏好程度较高，导致其对土地流转行为影响程度较大。

8.4　本章小结

农民工市民化与农村土地产权结构偏好方面，约1/4的农民工对农村土地所有权具有偏好，且市民化程度越低的农民工偏好强度越大；近九成的农民工对农村土地占有权有较强偏好，且市民化程度越低的农民工偏好强度越大；约2/3的农民工对农村土地使用权有较强偏好，且以兼业者为代表的市民化程度较低的农民工阶层偏好更为强烈；近六成的农民工对农村土地生产性收益权有较强偏好，约七成农民工对农村土地流转性收益权有较强偏好，超过九成的农民工对农村土地增值性收益权有较强偏好，近九成农民工对农村土地剩余性收益权有较强偏好，且农民工兼业者比较重视农村土地的农业生产性收益权，农民工务工者和准市民比较重视农村土地的流转性收益权，大多数农民工非常重视农村土地非农化的增值收益和未来的剩余收益；约2/3的农民工对农村土地流转权有较强偏好，且农民工兼业者和准市民的偏好程度较强；超过70％的农民工对农村土地抵押权有较强偏好，且农民工准市民和市民的偏好程度较强。

发达地区农民工对农村土地产权结构偏好方面，超过1/4的农民工对农村土地所有权具有偏好，高于总体水平；近九成的农民工对农村土地占有权有较强偏好，高于总体水平；约六成的农民工对农村土地使用权有较强偏好，低于总体水平；约半数的农民工对农村土地生产性收益权有较强偏好，低于总体水平；超过七成的农民工对农村土地流转性收益权有较强偏好，高于总体水平；超过九成的农民工对农村土地增值性收益权有较强偏好，高于总体水平；近九成的农民工对农村土地剩余性收益权有较强偏好，高于总体水平；约2/3的农民工对农村土地流转权有较强偏好，高于总体水平；超过七成的农民工对农村土地抵押权有较强偏好，高于总体水平。

欠发达地区农民工对农村土地产权结构偏好方面，约1/4的农民工对农村土地所有权具有偏好，低于总体水平；近九成的农民工对农村土地占有权有较强偏好，低于总体水平；约七成的农民工对农村土地使用权有较强偏好，高于总体水平；超过六成的农民工对农村土地生产性收益权有较强偏好，高于总体水平；近七成的农民工对农村土地流转性收益权有较强偏好，低于总体水平；近九成的农民工对农村土地增值性收益权有较强偏好，低于总体水平；超过八成的农民工对农村土地剩余性收益权有较强偏好，低于总体水平；超过六成的农民工对农村土地流转权有较强偏好，低于总体水平；近七成的农民工对农村土地抵押权有较强偏好，低于总体水平。

计量研究表明，农民工市民化程度对土地流转行为具有显著影响，市民化程度越低的农民工，土地流转比例越低；对农村土地生产性收益权偏好程度越强的农民工，土地流转的比例越低；对农村土地流转性收益权偏好程度越强的农民工，土地流转的比例越高；对农村土地抵押权偏好程度越强的农民工，土地流转的比例越低；农民工受教育程度对其土地流转行为具有显著影响，受教育程度越高的农民工，土地流转的比例越大；农民工家庭非农收入所占比例对土地流转行为具有显著影响，家庭非农收入占比越高的农民工，土地流转的比例越大；农民工非农就业稳定性和非农就业收入对土地流转行为具有显著影响，非农就业稳定性越高的农民工，土地流转的比例越大；非农就业收入越高的农民工，土地流转的比例越大。

计量研究表明，发达地区与欠发达地区农民工市民化对农村土地流转行为的影响存在一定差异，主要表现在：第一，发达地区农民工市民化对土地流转行为的影响程度较大。第二，发达地区与欠发达地区农民工农村土地产权结构偏好对土地流转行为的影响程度存在差异。①发达地区农民工土地生产性收益权偏好程度对土地流转行为的影响程度较小。②发达地区农民工土地流转性收益权偏好程度对土地流转行为的影响程度较大。③发达地区农民工农村土地增值性收益权偏好程度对土地流转行为的影响程度较大。④发达地区农民工农村土地剩余性收益权偏好程度对土地流转行为的影响程度较大。⑤发达地区农民工农村土地抵押权的偏好程度对土地流转行为的影响显著，但欠发达地区农民工农村土地抵押权的偏好程度对土地流转行为的影响不显著。

农民工市民化对农村土地
流转意愿的影响

为了深入研究农民工市民化对农村土地流转意愿的影响，本章在前述理论分析基础上，利用实地调研资料，对这一问题进行分析。首先，利用实地调研资料，分析不同市民化程度农民工对农村土地价值不同方面的差异性需求。其次，建立结构方程模型，分析农民工市民化对农村土地流转意愿的影响。再次，比较分析发达地区与欠发达地区农民工市民化对农村土地流转意愿的影响。最后，对本章进行小结。

9.1 农民工市民化与农村土地价值需求

在农民工市民化进程中，农村土地具有多方面价值，主要包括生产性价值、保障性价值、流转性价值和财产性价值。理论分析表明，不同市民化程度的农民工对农村土地价值的不同方面会产生异质性需求。为了对这一问题进行实证分析，课题组专门设计了一组相关问题，对农民工进行了实地调研，得到了一系列调查结果。

9.1.1 农民工市民化与农村土地价值需求的总体状况

（1）对农村土地生产性价值的需求

农村土地是重要的生产资料，是农业生产主要的要素投入，具有重要的生产性价值。为了了解农民工对农村土地生产性价值的需求程度，课题组设计了如下问题："你认为农村土地生产性价值重要吗？"选项有三个，即重要、一般、无所谓。调查结果如表 9 - 1 所示。

表 9 - 1 农民工对农村土地生产性价值的需求（％）

农民工阶层	重要	一般	无所谓
兼业者	60.3	24.7	15.0
务工者	27.5	40.1	32.4

（续）

农民工阶层	重要	一般	无所谓
准市民	19.9	28.6	51.5
市民	3.4	14.5	82.1
合计（加权平均）	33.2	33.1	33.6

注：加权平均＝兼业者×0.252＋务工者×0.559＋准市民×0.123＋市民×0.066，其中0.252、0.559、0.123、0.066分别为总样本中兼业者、务工者、准市民、市民所占比例。下同。

由表9-1可以发现，只有约1/3的农民工认为农村土地生产性价值重要。这说明随着非农就业机会增加，非农就业收入提高，农业收入在农民家庭总收入中所占比例不断下降，农业收入对农民工的重要性逐步下降。同时，还可以发现，市民化程度越低的农民工，对农村土地生产性价值的重视程度越高，分别有约60.3%的农民工兼业者和27.5%的农民工务工者认为农村土地生产性价值重要，而认为农村土地生产性价值重要的农民工准市民和农民工市民的比例分别只有19.9%和3.4%。其中原因很简单，市民化程度越低的农民工，非农就业稳定性越差，非农就业收入越低，土地的农业生产收入对其家庭的重要性越大，越加重视农村土地的生产性价值。

（2）对农村土地保障性价值的需求

长期以来，农村土地是农民家庭重要的保障来源，承担了重要的保障功能，具有重要的保障性价值。在新时期农民工市民化背景下，虽然包括农民工在内的农村居民的社会保障水平有所提高，但与城镇居民所享有的公共服务相比仍然较低，农村土地继续承担了重要的社会保障功能，农村土地既是农民工抵御可能遇到的失业风险的有效屏障，也是农民工可能不能完全市民化而回乡以后的重要经济来源。为了了解农民工对农村土地保障性价值的需求，课题组设计了如下问题："你认为农村土地保障性价值重要吗？"选项有三个，即重要、一般、无所谓。调查结果如表9-2所示。

表9-2　农民工对农村土地保障性价值的需求（%）

农民工阶层	重要	一般	无所谓
兼业者	60.3	33.4	6.3
务工者	50.1	38.9	11.0
准市民	31.4	57.3	11.3
市民	8.3	62.8	28.9
合计（加权平均）	47.6	41.4	11.0

由表9-2可以发现，大多数农民工比较重视农村土地的保障性价值，其

中47.6%的农民工认为农村土地保障性价值重要，41.4%的农民工认为比较重要，两者合计89.0%。这表明，由于大多数农民工没有完全市民化，因此农村土地的保障性价值仍然受到重视，农村土地仍然承担了重要的社会保障功能。同时，还可以发现，市民化程度越低的农民工，对农村土地的保障性价值越为重视，认为农村土地保障性价值重要的农民工兼业者和农民工务工者所占比例分别为60.3%和50.1%，而认为农村土地保障性价值重要的农民工准市民和农民工市民所占比例分别只有31.4%和8.3%。其中原因在于，市民化程度越低的农民工，财产水平较低、非农就业稳定性较差、非农收入水平较低，导致对农村土地的依赖程度较高，仍然希望通过拥有土地对家庭和个人发挥基本的保障作用，就越加重视土地的保障性价值。

（3）对农村土地流转性价值的需求

农村土地流转可以给转出方带来一定的收益，这就意味着农村土地具有一定的流转性价值。为了了解农民工对农村土地流转性价值的需求，课题组设计了如下问题："你认为农村土地流转性价值重要吗？"选项有三个，即重要、一般、无所谓。调查结果如表9-3所示。

表9-3 农民工对农村土地流转性价值的需求（%）

农民工阶层	重要	一般	无所谓
兼业者	35.6	21.5	42.9
务工者	68.3	16.3	15.4
准市民	79.6	10.3	10.1
市民	35.7	20.0	44.3
合计（加权平均）	59.3	17.1	23.6

由表9-3可以发现，大多数农民工对农村土地流转性价值比较重视，其中认为重要的农民工占59.3%，认为比较重要的占17.1%，两者合计76.4%。在农民工市民化背景下，农村土地流转已经成为必然趋势，许多农民工自然会重视农村土地的流转性价值。同时，还可以发现，农民工准市民和农民工务工者对农村土地流转性价值的重视程度比较高，所占比例分别为79.6%和68.3%。其中原因在于，农民工中的务工者和准市民是农村土地流转的主要供给者，有的已经流转了土地，有的希望流转土地，自然更为重视农村土地的流转性价值。

（4）对农村土地财产性价值的需求

农村土地是一项重要的资产，具有财产性价值。在农民工市民化进程中，农村土地的财产性价值不断增加。为了了解农民工对农村土地财产性价值的需求，课题组设计了如下问题："你认为农村土地财产性价值重要吗?"选项有三个，即重要、一般、无所谓。调查结果如表9－4所示。

表9－4　农民工对农村土地财产性价值的需求（％）

农民工阶层	重要	一般	无所谓
兼业者	53.2	33.8	13.0
务工者	67.3	22.0	10.7
准市民	71.4	20.5	8.1
市民	80.6	16.7	2.7
合计（加权平均）	65.1	24.4	10.4

由表9－4可以发现，绝大多数农民工对农村土地的财产性价值比较重视，其中认为重要的农民工占65.1％，认为比较重要的占24.4％，两者合计89.5％，这就意味着近九成的农民工对农村土地的财产性价值比较重视。在新型城镇化推进过程中，农村土地的财产性价值已经得到体现，农民工重视农村土地财产性价值也在情理之中。同时，还可以发现，市民化程度越高的农民工，对农村土地的财产性价值重视程度越高，认为农村土地财产性价值重要的农民工市民所占比例为80.6％，而认为农村土地财产性价值重要的农民工兼业者所占比例仅为53.2％。其中原因在于，市民化程度越高的农民工，或者亲身经历农村土地财产性价值实现过程的机会越多，或者通过学习认识到农村土地财产性价值的可能性越大，就越加重视农村土地的财产性价值。

9.1.2　发达地区农民工市民化与农村土地价值需求

（1）对农村土地生产性价值的需求

发达地区农民工对农村土地生产性价值需求的调研结果如表9－5所示。

表9－5　发达地区农民工对农村土地生产性价值的需求（％）

农民工阶层	重要	一般	无所谓
兼业者	58.1	23.3	18.6
务工者	22.7	37.5	39.8
准市民	15.1	24.3	60.6
市民	2.6	11.2	86.2
合计（加权平均）	28.2	29.7	42.1

注：加权平均＝兼业者×0.238＋务工者×0.518＋准市民×0.155＋市民×0.089，其中0.238、0.518、0.155、0.089分别为发达地区农民工中兼业者、务工者、准市民、市民所占比例。这部分以下表格相同。

由表9-5可以发现，发达地区有约28.2%的农民工认为农村土地生产性价值重要，低于总体水平；约29.7%的农民工认为农村土地价值一般，低于总体水平；约42.1%的农民工认为农村土地生产性价值无所谓，高于总体水平。这说明，发达地区农民工对农村土地生产性价值的需求程度低于总体水平。可能的原因在于，一方面，发达地区农民工市民化程度较高，农村土地生产性价值对于家庭的重要性较低；另一方面，发达地区农民工非农就业机会较多，非农收入占比较高，农业收入占比较低，农村土地生产性价值重要性较低。

个案 JiangSu4　被访者S，男，41岁，来自江苏无锡农村，现在苏州某物流公司担任送货员。S高中毕业后外出打工，家有承包地3亩多，参加了当地的农村股份合作社，每年可以得到土地股份分红。当问及承包地生产性价值重要性时，S认为对自己家庭而言不太重要，因为自己不直接经营土地，家庭收入主要依靠打工的工资收入，土地流转收入也是一项补充。

（2）对农村土地保障性价值的需求

发达地区农民工对农村土地保障性价值需求的调研结果如表9-6所示。

表9-6　发达地区农民工对农村土地保障性价值的需求（%）

农民工阶层	重要	一般	无所谓
兼业者	58.5	31.9	9.6
务工者	48.2	37.1	14.7
准市民	28.9	54.5	16.6
市民	6.9	60.6	32.5
合计（加权平均）	44.0	40.7	15.3

由表9-6可以发现，发达地区有约44.0%的农民工认为农村土地保障性价值重要，低于总体水平；约40.7%的农民工认为农村土地保障性价值一般，低于总体水平；约15.3%的农民工认为农村土地保障性价值无所谓，高于总体水平。这说明，发达地区农民工对农村土地保障性价值的需求程度低于总体水平。其中原因在于，发达地区农民工市民化程度较高，总体收入水平较高，社会保障水平较高，农村土地的保障性价值相对较低。

个案 JiangSu4　被访者S，男，41岁，来自江苏无锡农村，现在苏州某物流公司担任送货员。S高中毕业后外出打工，家有承包地3亩多，参加了当地的农村股份合作社，每年可以得到土地股份分红。当问及承包地保障性价值重要性时，S认为对自己家庭而言不重要，因为自己及家庭成员都有社会保障，也购买了一定商业保险，加之家庭收入水平较高，承包地的保障功能相对不强。

（3）对农村土地流转性价值的需求

发达地区农民工对农村土地流转性价值需求的调研结果如表9-7所示。

表9-7 发达地区农民工对农村土地流转性价值的需求（%）

农民工阶层	重要	一般	无所谓
兼业者	38.2	20.3	41.5
务工者	71.7	15.9	12.4
准市民	81.8	10.4	7.8
市民	37.6	19.5	42.9
合计（加权平均）	62.3	16.4	21.3

由表9-7可以发现，发达地区有约62.3%的农民工认为农村土地流转性价值重要，高于总体水平；约16.4%的农民工认为农村土地流转性价值一般，与总体水平基本持平；约21.3%的农民工认为农村土地流转性价值无所谓，低于总体水平。这说明，发达地区农民工对农村土地流转性价值的需求程度高于总体水平。其中原因在于，发达地区农民工市民化程度较高，非农就业机会较多，非农收入占比较高，土地流转意愿比较强烈，发生土地流转的比例较高，因而更为重视农村土地流转性价值。

个案 JiangSu4 被访者S，男，41岁，来自江苏无锡农村，现在苏州某物流公司担任送货员。S高中毕业后外出打工，家有承包地3亩多，参加了当地的农村股份合作社，每年可以得到土地股份分红。当问及承包地流转性价值重要性时，S认为土地流转性价值对自己家庭而言比较重要，因为自己及妻子主要从事非农就业，不直接经营承包地，总是将承包地流转，希望承包地流转性价值能够比较高且稳定。

（4）对农村土地财产性价值的需求

发达地区农民工对农村土地财产性价值需求的调研结果如表9-8所示。

表9-8 发达地区农民工对农村土地财产性价值的需求（%）

农民工阶层	重要	一般	无所谓
兼业者	55.8	34.1	10.1
务工者	69.7	22.6	7.7
准市民	73.5	20.7	5.8
市民	83.1	14.4	2.5
合计（加权平均）	68.2	24.3	7.5

由表9-8可以发现，发达地区有约68.2%的农民工认为农村土地财产性价值重要，高于总体水平；约24.3%的农民工认为农村土地财产性价值一般，与

总体水平基本持平；约 7.5％的农民工认为农村土地财产性价值无所谓，低于总体水平。这说明，发达地区农民工对农村土地财产性价值需求程度高于总体水平。其中原因在于，发达地区农村土地被征用比例较高，财产性价值显现化程度较高，农民工对农村土地财产性价值认知程度较高，从而产生了较强的需求。

个案 ZheJiang6　被访者 Q，男，45 岁，来自浙江湖州农村，现在杭州从事个体出租车经营。Q 高中未毕业即外出打工，家有承包地 3 亩多，由村集体组织统一出租给种田大户经营，每年可以得到一定土地租金。当问及承包地财产性价值重要性时，Q 非常肯定地回答重要，因为农村土地越来越少，土地价值会不断上升，将来土地对于农民而言一定是一笔重要财产。

9.1.3　欠发达地区农民工市民化与农村土地价值需求

（1）对农村土地生产性价值的需求

欠发达地区农民工对农村土地生产性价值需求的调研结果如表 9-9 所示。

表 9-9　欠发达地区农民工对农村土地生产性价值的需求（％）

农民工阶层	重要	一般	无所谓
兼业者	62.9	26.4	10.7
务工者	33.2	43.2	23.6
准市民	25.6	33.7	40.7
市民	4.3	18.4	77.3
合计（加权平均）	39.4	36.9	23.7

注：加权平均＝兼业者×0.268＋务工者×0.607＋准市民×0.086＋市民×0.040，其中 0.268、0.607、0.086、0.040 分别为欠发达地区农民工中兼业者、务工者、准市民、市民所占比例。这部分以下表格相同。

由表 9-9 可以发现，欠发达地区有约 39.4％的农民工认为农村土地生产性价值重要，高于总体水平；约 36.9％的农民工认为农村土地生产性价值一般，高于总体水平；约 23.7％的农民工认为农村土地生产性价值无所谓，低于总体水平。这说明，欠发达地区农民工对农村土地生产性价值的需求程度高于总体水平。其中原因在于，一是欠发达地区农民工市民化程度较低，农村土地生产性价值对于家庭的重要性较高；二是欠发达地区农民工非农就业机会较少，非农收入占比较低，农业收入占比较高，农村土地生产性价值比较重要。

个案 HuNan12　被访者 D，男，43 岁，来自湖南长沙郊区农村，现为长沙某建筑公司工人。D 初中毕业后外出打工，家有承包地近 4 亩自己直接经营，平时由老人看管，农忙时自己和妻子回去帮忙。当问及承包地生产性价值重要性时，D 认为比较重要，因为家庭人口多，打工收入有限，需要依靠直接经营土地获得一定收入。

（2）对农村土地保障性价值的需求

欠发达地区农民工对农村土地保障性价值需求的调研结果如表9-10所示。

表9-10　欠发达地区农民工对农村土地保障性价值的需求（％）

农民工阶层	重要	一般	无所谓
兼业者	62.4	35.2	2.4
务工者	52.3	41.0	6.6
准市民	34.4	60.6	5.0
市民	10.0	65.4	24.6
合计（加权平均）	51.9	42.2	6.1

由表9-10可以发现，欠发达地区有约51.9％的农民工认为农村土地保障性价值重要，高于总体水平；约42.2％的农民工认为农村土地保障性价值一般，高于总体水平；约6.1％的农民工认为农村土地保障性价值无所谓，低于总体水平。这说明，欠发达地区农民工对农村土地保障性价值的需求程度高于总体水平。其中原因在于，欠发达地区农民工市民化程度较低，总体收入水平较低，社会保障水平较低，农村土地的保障性价值相对较高。

个案 HuNan12　被访者D，男，43岁，来自湖南长沙郊区农村，现为长沙某建筑公司工人。D初中毕业后外出打工，家有承包地近4亩自己直接经营，平时由老人看管，农忙时自己和妻子回去帮忙。当问及承包地保障性价值重要性时，D认为重要，因为家庭人口多，社会保障水平较低，尤其是家中老人保障水平不高，需要将承包地作为家庭成员保障的一部分。

（3）对农村土地流转性价值的需求

欠发达地区农民工对农村土地流转性价值需求的调研结果如表9-11所示。

表9-11　欠发达地区农民工对农村土地流转性价值的需求（％）

农民工阶层	重要	一般	无所谓
兼业者	32.5	22.9	44.6
务工者	64.3	16.7	18.9
准市民	77.0	10.2	12.8
市民	33.5	20.6	46.0
合计（加权平均）	55.7	18.0	26.4

由表9-11可以发现，欠发达地区有约55.7％的农民工认为农村土地流转性价值重要，低于总体水平；约18.0％的农民工认为农村土地流转性价值

一般，与总体水平基本持平；约 26.4％的农民工认为农村土地流转性价值无所谓，高于总体水平。这说明，欠发达地区农民工对农村土地流转性价值的需求强度低于总体水平。其中原因在于，欠发达地区农民工市民化程度较低，非农就业机会较少，非农收入占比较低，土地流转意愿较低，发生土地流转的比例较低，因而对农村土地流转性价值的重视程度较低。

个案 HuNan12　被访者 D，男，43 岁，来自湖南长沙郊区农村，现为长沙某建筑公司工人。D 初中毕业后外出打工，家有承包地近 4 亩自己直接经营，平时由老人看管，农忙时自己和妻子回去帮忙。当问及承包地流转性价值重要性时，D 认为不太重要，因为家庭人口多，收入水平不高，承包地一般由家庭成员尤其是父母直接经营，暂时不会流转土地。

（4）对农村土地财产性价值的需求

欠发达地区农民工对农村土地财产性价值需求的调研结果如表 9-12 所示。

表 9-12　欠发达地区农民工对农村土地财产性价值的需求（％）

农民工阶层	重要	一般	无所谓
兼业者	50.1	33.4	16.4
务工者	64.5	21.3	14.2
准市民	68.9	20.3	10.8
市民	77.6	19.4	2.9
合计（加权平均）	61.6	24.4	14.1

由表 9-12 可以发现，欠发达地区有约 61.6％的农民工认为农村土地财产性价值重要，低于总体水平；约 24.4％的农民工认为农村土地财产性价值一般，与总体水平基本持平；约 14.1％的农民工认为农村土地财产性价值无所谓，高于总体水平。这说明，发达地区农民工对农村土地财产性价值需求程度低于总体水平。其中原因在于，发达地区农村土地被征用比例较低，财产性价值显现化程度较低，农民工对农村土地财产性价值认知程度较低，因而需求程度较低。

个案 GuangXi8　被访者 F，女，40 岁，来自广西河池农村，现在南宁某大型超市担任售货员。F 初中毕业后外出打工，家有承包地 4 亩左右，转包给亲戚经营，每年得到少量费用。当问及承包地财产性价值重要性时，F 认为一般，因为现在农村土地价值不高，将来也难说，自己搞不清楚。

9.1.4　研究结论

通过实地调研可以发现，不同市民化程度的农民工对农村土地的多元化价值具有不同的需求。我国农村土地价值主要包括生产性价值、保障性价值、流转性价值和财产性价值。就农村土地生产性价值而言，约 1/3 的农民工有需求，且市民化程度越低的农民工需求程度越高；就农村土地保障性价值而言，近半数农民工有需求，且市民化程度越低的农民工需求程度越高；就农村土地流转性价值而言，超过 3/4 的农民工有需求，且农民工准市民和农民工务工者这两类群体对农村土地流转性价值的重视程度比较高；就农村土地财产性价值而言，近 90% 的农民工有需求，且市民化程度越高的农民工需求程度越高。

实地调研表明，发达地区有约 28.2% 的农民工认为农村土地生产性价值重要，低于总体水平；约 29.7% 的农民工认为农村土地价值一般，低于总体水平；约 42.1% 的农民工认为农村土地生产性价值无所谓，高于总体水平。这说明，发达地区农民工对农村土地生产性价值的需求程度低于总体水平。发达地区有约 44.0% 的农民工认为农村土地保障性价值重要，低于总体水平；约 40.7% 的农民工认为农村土地保障性价值一般，低于总体水平；约 15.3% 的农民工认为农村土地保障性价值无所谓，高于总体水平。这说明，发达地区农民工对农村土地保障性价值的需求程度低于总体水平。发达地区有约 62.3% 的农民工认为农村土地流转性价值重要，高于总体水平；约 16.4% 的农民工认为农村土地流转性价值一般，与总体水平基本持平；约 21.3% 的农民工认为农村土地流转性价值无所谓，低于总体水平。这说明，发达地区农民工对农村土地流转性价值的需求程度高于总体水平。发达地区有约 68.2% 的农民工认为农村土地财产性价值重要，高于总体水平；约 24.3% 的农民工认为农村土地财产性价值一般，与总体水平基本持平；约 7.5% 的农民工认为农村土地财产性价值无所谓，低于总体水平。这说明，发达地区农民工对农村土地财产性价值需求程度高于总体水平。

实地调研还表明，欠发达地区有约 39.4% 的农民工认为农村土地生产性价值重要，高于总体水平；约 36.9% 的农民工认为农村土地生产性价值一般，高于总体水平；约 23.7% 的农民工认为农村土地生产性价值无所谓，低于总体水平。这说明，欠发达地区农民工对农村土地生产性价值的需求程度高于总体水平。欠发达地区有约 51.9% 的农民工认为农村土地保障性价值重要，高于总体水平；约 42.2% 的农民工认为农村土地保障性价值一般，高于总体水平；约 6.1% 的农民工认为农村土地保障性价值无所谓，低于总体水平。这说明，欠发达地区农民工对农村土地保障性价值的需求程度高于总体水平。欠发达地区有约 55.7% 的农民工认为农村土地流转性价值重要，低于总体水平；约 18.0% 的农民工认为农村土地流转性价值一般，与总体水平基本持平；约 26.4% 的农民工认为农村土地流转性价值无所谓，高于总体水平。这说明，欠发达地区农民工对农村土地流转性价值的需求强度低于总体水平。欠发达地区有约 61.6% 的农民工认为农村土地财产性价值重要，低于总体水平；约 24.4% 的农民工认为农村土地财产性价值一般，与总体水平基本持平；约

14.1％的农民工认为农村土地财产性价值无所谓，高于总体水平。这说明，欠发达地区农民工对农村土地财产性价值需求程度低于总体水平。

9.2　农民工市民化对农村土地流转意愿影响的总体分析

前述理论分析和实地调研结果都表明，不同市民化程度的农民工对农村土地价值的不同方面具有差异性需求，进而对农民工土地流转意愿产生影响。为了对这一问题进行深入研究，课题组利用调研资料建立结构方程模型进行分析。

9.2.1　理论分析与研究假设

不同市民化程度农民工对农村土地价值不同方面具有异质性需求，进而会对其土地转出意愿产生影响，下面进行具体分析。

（1）农民工市民化程度差异对土地流转意愿的影响

目前，学术界对农民工市民化的内涵和标准还没有形成共识。魏后凯等（2013）认为，农民工市民化是从农村转移到城镇的人口，在经历城乡迁移和职业转变的同时，获得城镇永久居住身份、平等享受城镇居民各项社会福利和政治权利，成为城镇居民并完全融入城镇社会的过程，其主要标志可以概括为社会身份转变、政治权利平等、公共服务全覆盖、经济生活条件改善、综合文化素质提高、广泛的社会认同六个方面。周荣荣等（2016）指出，农民工市民化是指在城市化推进过程中，已在城镇非农产业就业的农业转移人口，在就业、社会保障、子女教育、身份地位、行为方式、心理状态、思想观念等方面向城市居民转化的过程，主要包括经济、政治、社会生活、精神文化四个层面。总结已有文献，笔者认为，农民工市民化是一个综合性概念，需要从经济状况、政治权利、社会身份、文化教育、心理适应五个方面进行全面评价。

为了深入研究农民工市民化程度差异对土地流转意愿的影响，就需要从经济、政治、社会、文化、心理五个方面分别进行分析。

农民工市民化在经济方面的表现是，农民工从事较为稳定的非农产业，获取较高的非农就业收入，使经济状况得到明显改善。1979—2010 年，农民工名义货币工资以年均近 10％的速度增长，农民工与正式职工工资的比率呈先高后低走势（卢锋，2012）。包括非农就业在内的经济状况改善，使农民工家庭的农业收入比重下降，对土地的依赖程度降低，农民工流转土地经营权的意愿增强。据此，可以提出研究假设 1a：如果农民工家庭非农就业收入所占比例较高，那么土地流转意愿较强。

农民工市民化在政治权利方面的表现是，农民工逐步享有与城镇居民同等的选举、被选举和社区管理等权利。农民工政治权利的逐步平等化，会提高其参政议政程度，争取对其有利的政策设计，提高其分享城镇化、工业化的发展成果。在这样的背景下，农民工会更多地响应经济发展过程中的产业合理化和产业高级化进程，逐步离开农业，进入工业和服务业，土地流转意愿增强。据此，可以提出研究假设 1b：如果农民工城镇政治权利较高，那么土地流转意愿较强。

农民工市民化在社会身份方面的表现是，农民工由农村户籍转变为城镇户籍，同时与城镇居民同等享有公共服务。农民工社会身份的真正转变，会提高其分享城镇公共服务水平，从而提高其社会保障水平、就业稳定性，改善住房条件。在这样的背景下，农民工对农村土地的依赖程度降低，土地流转意愿会增强。不同身份背后隐含着最优行为准则的差异，市民身份认同有助于提高农民工的劳动供给（卢海阳等，2016）。据此，可以提出研究假设 1c：如果农民工已经由农村户籍转变为城镇户籍，那么土地流转意愿较强。

农民工市民化在文化教育方面的表现是，农民工受教育程度提高，接受各种技能培训机会增多，工作之余能够参与各种文化娱乐活动丰富生活。2016年全国农民工受教育程度，未上过学的占 1.0%，小学学历的占 13.2%，初中学历的占 59.4%，高中学历的占 17.0%，大专及以上学历的占 9.4%[①]。在经济增长、收入增加背景下，农民工的物质生活已经得到很大改善，对教育文化生活的追求成为必然。农民工教育文化水平提高，会提高城镇生活的吸引力，提高其市民化意愿，弱化返回农村的愿望，增强土地流转意愿。据此，可以提出研究假设 1d：如果农民工文化教育水平较高，那么土地流转意愿较强。

农民工市民化在心理适应方面的表现是，农民工在城镇有一定的社会交往网络，有多层次的朋友圈，在心理上能够享受城镇生活带来的愉悦感。在物质生活水平得到提高的背景下，农民工非常看重包括心理融合在内的精神生活，心理融合程度对其市民化意愿具有重要影响。调查结果显示，新生代农民工喜欢城市市民的比例仅为 18.24%，讨厌城市市民的比例高达 42.13%，在城乡二元社会管理体制框架内，农民工与城市市民两大群体之间的社会距离有不断扩大趋势（赵排风，2016）。新生社会网络显著提升农民工市民化意愿，而较低就业质量带来的心理效应制约农民工主动市民化（聂伟等，2016）。农民工城市心理融合程度提高，会增强城市的吸引力，提高土地流转意愿。据此，可以提出研究假设 1e：如果农民工城市心理融合程度较高，那么土地流转意愿较强。

根据以上分析，可以提出农民工市民化程度与农村土地流转意愿关系的研究假设 I：农民工市民化程度越高，土地流转意愿越强。

（2）农民工土地价值不同方面的需求程度差异性对土地流转意愿的影响

在农民工市民化进程中农村土地具有多方面价值，主要包括生产性价值、

---

① 国家统计局《2016 年全国农民工监测调查报告》

保障性价值、流转性价值和财产性价值。为了深入研究农民工土地价值异质性需求对土地流转意愿的影响，就需要从上述四个土地价值维度进行分析。

①生产性价值。农村土地作为一种重要的资源，可以从事农业生产经营活动，具有重要的生产性价值。近年来，虽然农民工家庭的非农收入持续增加、非农收入占比不断提高，但农业经营收入仍然是农民工家庭收入来源的一个重要组成部分，而且是一部分农民工家庭收入的主要来源。课题组调研资料显示，农民工家庭农业收入占总收入的比例平均为 37.3%，其中有 8.3% 的农民工家庭农业收入占比大于 80%，有 19.9% 的占比在 60%~80% 之间，有 23.0% 的占比在 40%~60% 之间，有 31.8% 的占比在 20%~40% 之间，有 17.0% 的占比小于 20%。对于那些农业收入占总收入比例较高的农民工家庭，对土地的依赖程度相对较高，土地转出意愿较弱。为此，可以提出研究假说 2a：农民工家庭农业收入占总收入比重越高，土地转出意愿越弱。

近年来，农产品价格不断上升并始终处于高位，在一定程度上增加了农业经营收入，提高了农民农业经营的积极性，反过来则削弱了其土地转出意愿。柏振忠等（2010）实证分析表明，农产品价格上升会使农户土地流转意愿降低。为此，可以提出研究假说 2b：由于农产品价格上升，农业收入增加，农民工的土地转出意愿减弱。

随着我国工业化、城镇化进程的不断加快，第二产业、第三产业逐步发展，大量农村劳动力进入城镇从事非农产业。与非农产业相比，农业生产的比较收益较低。因此，较高的非农收益会降低农业生产的相对价值，促进农户家庭更多地转出土地。乐章（2010）的调查分析表明，较多的非农就业机会和较高的非农收入可以提高农户转出土地的可能性。赵光等（2012）研究指出，如果非农就业稳定且收益较高，那么农民愿意转出土地。国家统计局资料显示，2016 年，农民工月工资平均为 3 275 元，比上年增长 6.6%[①]。由此，可以提出研究假说 2c：农民工非农就业收入增加，土地转出意愿增强。

长期以来，我国农村兼业化特征明显，许多农民在从事非农产业的同时，仍然坚持直接经营土地。显然，当农户存在兼业化时，其土地转出意愿会减弱。课题组调研数据表明，有 25.2% 的农民工仍然具有明显的兼业化特征，且兼业者中有 90.7% 没有流转土地，有 67.3% 没有土地流转意愿，远高于其他农民工阶层。叶剑平等（2006）的调查数据表明，尽管 2005 年与 1999 年相比，样本农户劳动力非农就业明显增长，非农就业劳动力比例从 65.1% 上升为 83.2%，但只有 1/3 的农户、1/10 的耕地参与了土地流转，农户兼业化现象明显。钱忠好（2008）分析指出，由于农村土地资源稀缺、家庭劳动力富余，农户的理性决策

---

① 国家统计局：《2016 年农民工监测调查报告》

是：家庭成员内部分工，部分家庭成员非农就业，部分家庭成员从事农业生产，农户经营兼业化。楼江等（2011）研究表明，农户兼业化制约了农村土地流转。因此，可以提出研究假说 2d：农民工兼业化削弱了其土地转出意愿。

从 2004 年起，国家开始实施农业补贴政策，主要包括粮食直补、良种补贴、农机补贴和农资综合补贴。这些补贴对强化农业、惠及农村、富裕农民发挥了积极作用，但也对农村土地流转产生了切实的影响。由于农业补贴直接与土地承包经营权挂钩，它就构成了土地收益的一部分，而且是一种非常稳定的收益，因此，农民在基于进行成本收益核算是否流转土地的决策时，会降低土地转出意愿。陈小林（2011）对安徽省的实地调研表明，由于农业补贴大多给了土地承包方，最终造成土地流转困难。为此，本书提出研究假说 2e：现行农业补贴政策的实施，在一定程度上弱化了农民工的土地转出意愿。

综合以上分析，可以提出如下关于土地生产性价值与农民工土地转出意愿关系的研究假说Ⅱ：农村土地生产性价值越高，农民工土地转出意愿越低。

②保障性价值。长期以来，在农村社会保障制度缺失背景下，农村土地承担了重要的社会保障功能，为农户家庭及其成员提供了基本的生存保障。近年来，虽然我国农村社会保障制度逐步建立，农民的社会保障程度有所提高，但是，考虑到农民工阶层的分化特征，许多家庭仍然对土地有较高的依赖性，农村土地仍然发挥着重要的社会保障功能，具有重要的保障性价值。在很大程度上，土地的保障功能是对农村社会保障的补充，因此，对农民工家庭而言，农村土地保障性价值的大小主要取决于农村社会保障水平，如果农村社会保障水平较高，那么土地的保障性价值就相对较小。由此，可以提出研究假说 3a：如果家庭社会保障总水平提高，那么农民工土地流转意愿会增强。

对于农村居民而言，养老保障和医疗保障是社会保障的两项重要内容，养老保障水平和医疗保障水平构成了农民社会保障水平的主要部分。农村土地保障性价值也主要体现在家庭成员养老保障和医疗保障方面。如果农民工养老保障水平和医疗保障水平较高，那么土地的保障性价值会降低，土地流转意愿会降低。由此，可以提出研究假说 3b：如果农村社会养老保障水平提高，那么农民工土地流转意愿会增强；研究假说 3c：如果农村社会医疗保障水平提高，那么农民工土地流转意愿会增强。

近年来，农村商业保险发展较快，农村商业养老保险、农村商业医疗保险等从无到有、逐步增加，在一定程度上提高了农民的保障水平，弱化了农村土地的社会保障功能。那些参与农村商业养老保险、农村商业养老保险的农民工家庭，土地可以发挥的保障性价值有所降低，土地流转意愿会增强。由此，可以提出研究假说 3d：如果农民工家庭参与了农村商业养老保险，那么土地流转意愿会增强；研究假说 3e：如果农民工家庭参与了农村商业医疗保险，那么土地流转意愿会增强。

综合以上分析，可以提出关于土地保障性价值与农民工土地转出意愿关系的研究假说Ⅲ：农村土地保障性价值越高，农民工土地转出意愿越低。

③流转性价值。农村土地流转可以为转出方带来一定流转收益，这就体现出土地的流转性价值。农民工土地流转性价值主要有两个决定性因素，一是土地流转价格，二是土地流转收益的可靠性。

现阶段，在农村土地流转市场比较健全的地区，农村土地流转价格主要通过市场形成；在农村土地流转市场不太健全的地区，农村土地流转价格则主要由双方协商决定。总体而言，农村土地流转价格相对偏低，并且呈现出明显的地区差异性。调查数据显示，浙江省土地流转租金一般为 0.9 万元/（公顷·年），黑龙江省一般为 0.3 万元/（公顷·年）。调研数据表明，江苏省苏州市农村土地流转价格平均为 2.36 万元/（公顷·年），扬州市为 1.22 万元/（公顷·年），淮安市为 0.73 万元/（公顷·年）。近年来由于人地关系变化、劳动力工资水平上升、经济持续发展等综合因素影响，农村土地流转租金不断提高，一些平原地区已经达到每亩 700～800 元，有些地方甚至超过每亩 1 000 元（赵鲲等，2016）。可以预见，随着土地流转价格提高，土地流转性价值能够在更大程度上得以实现，农民工土地流转意愿会进一步增强。因此，可以提出研究假说 4a：如果土地流转价格提高，那么农民工转出意愿会增强。

由于农村土地流转市场尚不健全，以及政府部门对土地流转市场的服务和管理水平依然偏低，土地流转过程存在着多方面的不规范因素，土地流转纠纷仍然没有得到及时防范和化解。赵丙奇等（2011）的调查结果表明，在农户土地流转过程中，发达地区有 71％选择书面协议，19％选择第三方证明，8％选择口头协议，其他占 2％；欠发达地区有 35％选择口头协议，32％选择第三方证明，22％签订书面协议。在这一背景下，农民工对土地流转收益的安全性和稳定性要求较高。不难理解，如果外部条件能够保证土地流转收益的可靠性，避免可能出现的土地流转纠纷，那么农民工的土地流转意愿会有所增强。由此，可以提出研究假说 4b：如果能够保证土地流转收益的可靠性，那么农民工的土地流转意愿会增强。

在现有条件下，提高土地流转收益可靠性的主要途径有三种：一是由村组织出面对土地流转交易进行担保，提高土地流转交易的可靠程度。二是完善农村土地流转交易市场制度，显化土地交易价格，减少交易成本。三是提高各级政府对农村土地流转交易的监督管理水平，规范土地流转交易行为。由此，可以提出研究假说 4c：如果村组织出面担保，那么农民工的土地流转意愿会增强；研究假说 4d：如果农村土地流转交易市场健全，那么农民工土地流转意愿会增强；研究假说 4e：如果政府管理服务到位，那么农民工土地转出意愿会增强。

综上所述，可以提出土地流转性价值与农民工土地流转意愿关系的研究假说Ⅳ：农村土地流转性价值越高，农民工土地转出意愿越强。

④财产性价值。对于农民工而言，农村土地是一项重要的资产，可以带来一定的收益，因而具有重要的财产属性。在农民工市民化背景下，农村土地正在从传统的生产性功能、保障性功能逐步向财产性功能转化，土地财产性价值不断提高。

农村土地财产性价值主要体现在三个方面。

一是农民工可以继承土地承包权。对于农村土地继承权，虽然现有法律并没有明确的规定，但在现实生活中，一些地区的农村习俗和惯例，在一定程度上默认了事实上的土地继承权，允许后代继承祖辈的承包地，直至下次土地调整时为止。事实上，农民对土地继承权的需求一直存在，希望能够通过合法手段继承土地承包经营权。农民工对土地继承权的偏好在一定程度上削弱了其土地转出意愿。为此，提出研究假说5a：农民工土地继承权偏好程度较强，土地转出意愿较弱。

二是农民工可以通过一定方式实现土地资本化。土地资本化的一个重要形式是土地抵押。近年来，在"三权分置"改革创新背景下，农村土地抵押试点改革已经在多地进行，取得了积极的成效。可以预见，农村土地抵押权的改革实施必将成为一种趋势。在实际生活中，许多农民工对土地抵押权提出了强烈需求，希望通过抵押权的行使，能够将土地资本化，为自己创业提供资本支持。显然，农民工对土地抵押权的偏好，会弱化其土地转出意愿。因此，可以提出研究假说5b：农民工土地抵押权偏好程度较强，土地转出意愿较弱。

三是农民工可以选择自愿退出土地承包权得到一定补偿。关于农民工土地承包权退出，虽然还没有明确规定，但中央已经开始重视这一问题，并明确规定了一些基本原则。2016年10月，中央《关于完善农村土地所有权承包权经营权分置办法的意见》明确规定，严格保护农户承包权，充分维护承包农户退出承包地等权能，承包农户有权依法依规自愿有偿退出承包地。可以预见，在"三权分置"改革过程中，农民工承包地合理退出机制将逐步建立完善。农民工对土地有偿退出权的偏好，会弱化其当前的土地流转意愿。因此，可以提出研究假说5c：农民工土地有偿退出权偏好程度较强，土地转出意愿较弱。

随着农村土地制度改革的不断推进，尤其是农村土地市场化程度不断提高，农村土地价值不断提高并显化，农民工逐步形成了对土地财产性价值的良好预期。2019年1月1日修改实施的《农村土地承包法》明确规定，进城落户农民的土地承包权、宅基地使用权、集体收益分配权继续保留，支持引导农民工依法自愿有偿转让上述权益。不难理解，农民工对土地财产性价值的主观评价程度越高，土地流转意愿越弱。由此，可以提出研究假说5d：如果土地财产性价值提高，那么农民工土地转出意愿减弱；假说5e：如果农民工对土地财产性价值评价程度提高，那么土地转出意愿减弱。

综上所述，可以提出土地财产性价值与农民工土地流转意愿关系的研究假说Ⅴ：农村土地财产性价值越高，农民工土地转出意愿越弱。

9.2.2 变量选取

在实地调研过程中，对所提出的问题，采取通用的5点李克特（5-Likert）量表设计，变量的取值有1、2、3、4、5，分别表示完全不同意、不同意、一般、同意、完全同意。根据以上理论分析和研究假说，问卷设计了6个相关的潜变量（农民工市民化程度、农村土地生产性价值需求程度、农村土地保障性价值需求程度、农村土地流转性价值需求程度、农村土地财产性价值需求程度和农民工土地流转意愿）和30个可测变量。量表包含变量的含义及其描述性统计结果，如表9-13所示[①]。

表9-13　变量含义及描述

变量类型[a]	变量含义	平均值	标准差
农民工市民化程度 ξ_1	X_{11} 由于非农就业收入占家庭总收入比例较高，我愿意转出土地	3.556	1.086
	X_{12} 如果在城镇政治权利较高，我愿意转出土地	3.050	1.117
	X_{13} 如果可以转变为城镇户籍，我愿意转出土地	2.864	1.227
	X_{14} 如果教育文化水平提高，我愿意转出土地	3.464	0.972
	X_{15} 如果城市心理融合程度提高，我愿意转出土地	3.232	0.840
生产性价值需求程度 ξ_2	X_{21} 由于农业收入占家庭总收入比例较高，我不愿意转出土地	1.967	1.158
	X_{22} 由于农产品价格上涨，农业收入增加，我不愿意转出土地	3.116	1.347
	X_{23} 由于非农就业工资水平不高，我不愿意转出土地	2.986	1.256
	X_{24} 由于可以利用工余时间耕种土地，我不愿意转出土地	2.535	1.652
	X_{25} 由于国家给予多种农业生产补贴，我不愿意转出土地	3.036	1.267
保障性价值需求程度 ξ_3	X_{31} 由于农村社会养老保障水平较低，我不愿意转出土地	3.227	1.273
	X_{32} 由于没有参加商业养老保险，我不愿意转出土地	3.201	1.268
	X_{33} 由于农村社会医疗保障水平较低，我不愿意转出土地	3.035	1.149
	X_{34} 由于没有参加商业医疗保险，我不愿意转出土地	3.337	0.889
	X_{35} 由于社会保障总水平较低，我不愿意转出土地	3.218	0.723

---

① 结构方程模型的适合样本数在200个左右，一般不少于150个，不大于500个。本课题样本数1 371个，远超过500个。为了进行结构方程模型分析，需要对样本进行技术处理，处理方法如下：按照区域样本数占总样本的比例随机抽取样本，将总样本分为3组，每组共457个样本，第1组样本用于拟合分析，其余2组样本用于交叉验证。易丹辉：《结构方程模型——方法与应用》，中国人民大学出版社2008年版，第142页。

（续）

变量类型[a]	变量含义	平均值	标准差
流转性价值 需求程度 ξ_4	X_{41} 如果土地流转价格提高，我愿意转出土地	3.820	0.627
	X_{42} 如果土地流转收益有保障，我愿意转出土地	3.708	0.674
	X_{43} 如果村组织出面担保，我愿意转出土地	3.253	1.034
	X_{44} 如果土地流转市场健全，我愿意转出土地	3.705	0.872
	X_{45} 如果政府的管理服务到位，我愿意转出土地	3.291	0.708
财产性价值 需求程度 ξ_5	X_{51} 由于土地承包经营权可以继承，我不愿意转出土地	3.746	0.653
	X_{52} 由于土地承包经营权可以抵押，我不愿意转出土地	3.205	1.116
	X_{53} 由于将来可以有偿退出承包地，我不愿意转出土地	3.109	1.087
	X_{54} 如果土地财产性价值提高，我不愿意转出土地	3.207	0.784
	X_{55} 现在和将来土地都是一项重要财产，我不愿意转出土地	3.334	0.689
农民工土地 流转意愿 η	Y_1 土地转出符合我的意愿	3.672	0.721
	Y_2 土地转出可以让自己安心在城镇就业	3.318	0.882
	Y_3 土地转出符合家庭成员的意愿	3.337	0.796
	Y_4 土地转出有利于自己及家庭成员市民化	3.205	1.056
	Y_5 综合考虑，我愿意转出土地	3.207	1.128

注：在变量类型中，农民工市民化程度 ξ_1、生产性价值需求程度 ξ_2、保障性价值需求程度 ξ_3、流转性价值需求程度 ξ_4、财产性价值需求程度 ξ_5 为外生潜变量；农民工土地转出意愿 η 为内生潜变量。

9.2.3 模型建立

本章重点研究影响农民工土地流转意愿的主要因素，变量本身具有明显的主观性，具有难以测量和难以避免主观测量误差的基本特征，适合建立结构方程模型加以分析。结构方程模型（SEM）作为一种现代统计分析工具，可以提供一种有效方法，能够将难以直接测量的潜变量加以观测和处理、并将难以避免的误差纳入分析模型之中（吴明隆，2000）。

结构方程模型中有两个基本模型：测量模型与结构模型。测量模型由潜变量与可测变量组成，反映潜变量与可测变量之间的关系。结构模型反映不同潜变量之间的因果关系。一般地，SEM 由三个矩阵方程来表示：

$$\eta = B\eta + \Gamma\xi + \zeta \qquad (9-1)$$
$$X = \Lambda_x\xi + \delta \qquad (9-2)$$
$$Y = \Lambda_y\eta + \varepsilon \qquad (9-3)$$

方程（9-1）为结构模型，η 为内生潜变量，ξ 为外生潜变量，ζ 为误差向量，B 和 Γ 为系数矩阵。结构模型通过系数矩阵 B 和 Γ 将内生潜变量与外生潜变量联系起来。方程（9-2）和（9-3）为测量模型，X 为外生潜变量的可测变量，Y 为内生潜变量的可测变量，Λ_x 为外生潜变量与其可测变量的关联系数矩阵，Λ_y 为内生潜变量与其可测变量的关联系数矩阵，ε、δ 为误差向量。通过测量模型，潜变量可以由可测变量来反映。

在本章的结构方程模型中，内生潜变量 η 为农民工土地转出意愿，外生潜变量包括农民工市民化程度 ξ_1、农村土地生产性价值需求程度 ξ_2、农村土地保障性价值需求程度 ξ_3、农村土地流转性价值需求程度 ξ_4、农村土地财产性价值需求程度 ξ_5。

为了验证所提出的研究假说，根据前述理论分析，建立如图9-1所示的结构方程模型。

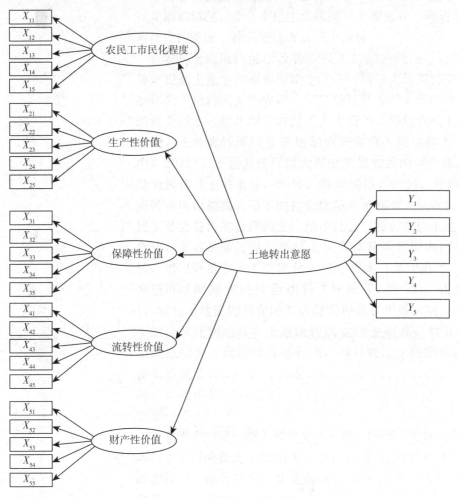

图9-1　结构方程模型图

9.2.4 模型分析

（1）验证性因子分析

运用验证性因子分析方法，对调研问卷的有效性进行评估，分析结果如表 9-14 所示。

由分析结果可以发现，除了 X_{25} 和 X_{52} 两个可观测变量以外，其余可观测变量的标准因子载荷均在 0.5～0.95 之间，并在统计上显著，同时，各个潜变量的组合信度均在 0.60 以上，这些都表明模型内在质量良好。

表 9-14 验证性因子分析

潜变量	可观测变量	标准因子载荷	信度系数	测量误差	组合信度	潜变量	可观测变量	标准因子载荷	信度系数	测量误差	组合信度
ξ_1	X_{11}	0.812	0.659	0.341	0.884	ξ_4	X_{41}	0.901	0.812	0.188	0.926
	X_{12}	0.803	0.645	0.355			X_{42}	0.872	0.760	0.240	
	X_{13}	0.756	0.572	0.428			X_{43}	0.843	0.711	0.289	
	X_{14}	0.743	0.552	0.448			X_{44}	0.796	0.634	0.366	
	X_{15}	0.771	0.594	0.406			X_{45}	0.807	0.651	0.349	
ξ_2	X_{21}	0.863	0.745	0.255	0.892	ξ_5	X_{51}	0.751	0.564	0.436	0.870
	X_{22}	0.817	0.667	0.333			X_{52}	0.691	0.477	0.523	
	X_{23}	0.792	0.627	0.373			X_{53}	0.810	0.656	0.344	
	X_{24}	0.784	0.615	0.385			X_{54}	0.790	0.624	0.376	
	X_{25}	0.685	0.469	0.531			X_{55}	0.733	0.537	0.463	
ξ_3	X_{31}	0.731	0.534	0.466	0.868	η	Y_1	0.811	0.658	0.342	0.882
	X_{32}	0.710	0.504	0.496			Y_2	0.797	0.635	0.365	
	X_{33}	0.759	0.576	0.424			Y_3	0.766	0.587	0.413	
	X_{34}	0.793	0.629	0.371			Y_4	0.743	0.552	0.448	
	X_{35}	0.771	0.594	0.406			Y_5	0.755	0.570	0.430	

（2）模型拟合评价

选择绝对拟合指数、相对拟合指数和简约适配度指数来对模型进行综合评价，结果如表 9-15 所示。

表 9-15 模型拟合指数

拟合指数	评价指标	适配标准	估计结果	适配判断
绝对适配度指数	RMSEA	＜0.05	0.043	是
	GFI	＞0.90	0.927	是

（续）

拟合指数	评价指标	适配标准	估计结果	适配判断
绝对适配度指数	AGFI	>0.90	0.922	是
增值适配度指数	NFI	>0.90	0.957	是
	RFI	>0.90	0.951	是
	IFI	>0.90	0.968	是
	TLI	>0.90	0.964	是
	CFI	>0.90	0.955	是
简约适配度指数	x^2/df	<2	1.761	是
	PNFI	>0.50	0.730	是
	PCFI	>0.50	0.753	是

　　由估计结果可以发现，所有评价指标均符合适配标准，说明模型适配度良好，可以进行结构方程模型分析。

　　（3）估计结果分析

　　继续利用 Amos21.0 软件进行分析，得到结构方程模型的估计结果，如图 9-2 所示。

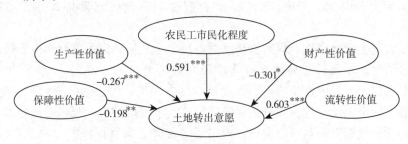

图 9-2　结构方程模型路径图

注：①估计结果均为标准化系数。

②*、**、***表示估计结果的显著性水平分别为 10%、5%、1%。

　　从图 9-2 和表 9-14 的估计结果可以发现：

　　①农民工市民化程度对其土地流转意愿具有积极影响。农民工市民化程度对土地流转意愿的标准化路径系数为 0.591，显著性水平为 1%，表明市民化程度越高的农民工，对土地的依赖程度越低，越愿意转出土地。进一步分析农民工市民化程度的五个观测变量与潜变量之间的标准化载荷系数可以发现：如果非农就业收入占家庭总收入比重较高，那么经营土地的重要性下降，农民工土地转出意愿增强；如果在城镇政治权利较高，那么农民工的正当权益可以得到保证，土地转出意愿增强；如果户籍身份已经转变，由农村户籍改变为城镇

户籍，那么农民工继续在城镇工作生活的可能性提高，流转土地的意愿增强；如果教育文化水平较高，那么农民工城镇生活质量提高，土地流转意愿增强；如果城市心理融合程度提高，那么农民工城市生活的舒适度、安全感提高，土地转出意愿增强。由此，就验证了研究假说Ⅰ和研究假说1a、研究假说1b、研究假说1c、研究假说1d和研究假说1e。

②农村土地生产性价值需求程度对农民工土地转出意愿具有消极影响。生产性价值对土地转出意愿的标准化路径系数为−0.267，显著性水平为1%，表明对土地生产性价值需求程度越高的农民工，对土地的依赖程度越大，越不愿意转出土地。进一步分析生产性价值需求程度的五个观测变量与潜变量之间的标准化载荷系数可以发现，X_{21}、X_{22}、X_{23}和X_{24}四个观测变量的载荷系数显著，而观测变量X_{25}的载荷系数不显著。这表明：如果农业收入占家庭总收入比重较高，那么经营土地的重要性较高，农民工土地转出意愿较弱；如果农产品价格上升，那么农业收入就会增加，农民工土地转出意愿减弱；由于非农就业工资水平较低，土地经营收入的补充作用较大，农民工土地转出意愿较弱；如果可以实现农业与非农业的兼业化经营，农民就不会轻易转出土地；国家实施的农业生产补贴总额有限，仅仅占农民工家庭总收入的很小比例，不会对农民工的土地流转决策产生明显影响。由此，就验证了研究假说Ⅱ和研究假说2a、研究假说2b、研究假说2c、研究假说2d，而研究假说2e则没有得到验证。

③农村土地保障性价值需求程度对农民工土地流转意愿具有消极影响。保障性价值对土地流转意愿的标准化路径系数为−0.198，显著性水平为5%，表明对农村土地保障性价值需求程度越高的农民工，对土地的依赖程度越大，越不愿意转出土地。进一步分析保障性价值需求程度的五个观测变量与潜变量之间的标准化载荷系数可以发现：农村养老保障是家庭保障的一项重要内容，农村社会养老保障水平越低，土地的保障性价值越大，农民工土地转出意愿越弱；没有参加农村商业养老保险的农民工家庭，养老保障水平较低，土地转出意愿较弱；农村医疗保障是家庭保障的另一项重要内容，农村社会医疗保障水平越低，需要土地承担的保障功能越强，农民工土地转出意愿越弱；没有参加农村商业医疗保险的农民工家庭，医疗保障水平较低，土地转出意愿较弱；社会保障总水平较低的农民工，需要土地承担更多的保障功能，土地转出意愿较弱。由此，就验证了研究假说Ⅲ和研究假说3a、研究假说3b、研究假说3c、研究假说3d和研究假说3e。

④农村土地流转性价值需求程度对农民工土地流转意愿具有积极影响。流转性价值对土地流转意愿的标准化路径系数为0.603，显著性水平为1%，表明对农村土地流转性价值需求程度越高的农民工，土地流转的积极性越高，土

地转出意愿越强。进一步分析流转性价值需求程度的五个观测变量与潜变量之间的标准化载荷系数可以发现：土地流转价格提高，可以直接增加流转收益，农民工土地流转意愿增强；土地流转收益保障程度提高，可以增加流转收益安全性，农民工土地流转意愿增强；在流转过程中，如果村组织出面担保，就可以提高流转合同的可靠程度，减少可能出现的纠纷，农民工土地流转意愿增强；农村土地流转市场健全，可以提高流转的规范程度，农民工土地流转意愿增强；政府的管理服务水平提高，可以减少土地流转交易成本，农民工土地流转意愿增强。由此，就验证了研究假说Ⅳ和研究假说 4a、研究假说 4b、研究假说 4c、研究假说 4d 和研究假说 4e。

⑤农村土地财产性价值需求程度对农民工土地转出意愿具有消极影响。财产性价值对土地转出意愿的标准化路径系数为 -0.301，显著性水平为 10%，表明对土地财产性价值需求程度越高的农民工，对土地的重视程度越大，越不愿意转出土地。进一步分析财产性价值需求程度的五个观测变量与潜变量之间的标准化载荷系数可以发现，X_{51}、X_{53}、X_{54} 和 X_{55} 四个观测变量的载荷系数显著，而观测变量 X_{52} 的载荷系数不显著。这表明：农村土地承包经营权实践上的继承权，增加了农民工对土地财产性价值的重视程度，弱化了其土地转出意愿；中央提出的农村土地承包经营权有偿退出政策，已经使农民工产生了良好预期，期望能够通过退出土地获得一定的经济补偿，这就在一定程度上弱化了其土地转出意愿；土地财产性价值提高，会使农民工更加重视土地，弱化其土地转出意愿；在城市化背景下，征地行为的大量发生，已经使农民工充分认识到土地的财产属性，这会弱化其土地转出意愿；农村土地经营权抵押担保改革，仅在少部分地区试点，还没有全面推广，本次接受调查的大部分农民工对土地抵押改革还不了解，因此，土地抵押对农民工土地流转意愿还没有显著影响。由此，就验证了研究假说Ⅴ和研究假说 5a、研究假说 5c、研究假说 5d、研究假说 5e，而研究假说 5b 则没有得到验证。

9.3　发达地区与欠发达地区农民工市民化对农村土地流转意愿影响的比较分析

前文的理论分析和统计分析表明，发达地区与欠发达地区农民工市民化对农村土地流转意愿的影响程度不同，为了对不同经济发展水平地区进行比较分析，课题组利用调研资料建立结构方程模型进行分析。

9.3.1　发达地区农民工市民化对农村土地流转意愿影响的分析

利用实地调研资料，以发达地区 745 名农民工为研究样本，建立结构方程模型，对发达地区农民工市民化对农村土地流转意愿的影响进行分析。分析过程与总体分析过程类似，可以得到验证性因子分析结果如表 9-16 所示。

表 9-16　发达地区结构方程模型验证性因子分析

潜变量	可观测变量	标准因子载荷	信度系数	测量误差	组合信度	潜变量	可观测变量	标准因子载荷	信度系数	测量误差	组合信度
ξ_1	X_{11}	0.863	0.744	0.256	0.905		X_{41}	0.912	0.832	0.168	
	X_{12}	0.826	0.682	0.318		ξ_4	X_{42}	0.881	0.776	0.224	
	X_{13}	0.785	0.616	0.384			X_{43}	0.861	0.741	0.259	0.931
	X_{14}	0.772	0.596	0.404			X_{44}	0.803	0.645	0.355	
	X_{15}	0.804	0.646	0.354			X_{45}	0.813	0.661	0.339	
ξ_2	X_{21}	0.837	0.701	0.299	0.874		X_{51}	0.773	0.598	0.402	
	X_{22}	0.786	0.618	0.382		ξ_5	X_{52}	0.725	0.526	0.474	
	X_{23}	0.767	0.588	0.412			X_{53}	0.832	0.692	0.308	0.888
	X_{24}	0.753	0.567	0.433			X_{54}	0.818	0.669	0.331	
	X_{25}	0.664	0.441	0.559			X_{55}	0.764	0.584	0.416	
ξ_3	X_{31}	0.72	0.518	0.482	0.853		Y_1	0.823	0.677	0.323	
	X_{32}	0.709	0.503	0.498		η	Y_2	0.81	0.656	0.344	
	X_{33}	0.736	0.542	0.458			Y_3	0.775	0.601	0.399	0.890
	X_{34}	0.762	0.581	0.419			Y_4	0.752	0.566	0.434	
	X_{35}	0.748	0.560	0.440			Y_5	0.766	0.587	0.413	

由表 9-16 验证性因子分析结果可以发现，除了 X_{25} 以外，其余可观测变量的标准因子载荷均在 0.5～0.95 之间，并在统计上显著，同时，各个潜变量的组合信度均在 0.60 以上，这些都表明模型内在质量良好。

发达地区结构方程模型估计结果如图 9-3 所示。

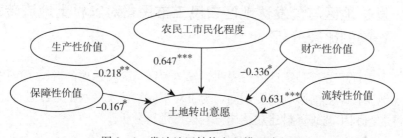

图 9-3　发达地区结构方程模型路径图

注：①估计结果均为标准化系数。

②＊、＊＊、＊＊＊表示估计结果的显著性水平分别为 10%、5%、1%。

可以对表 9-16 和图 9-3 的估计结果进行分析：

（1）发达地区农民工市民化程度对其土地流转意愿具有积极影响，且影响程度大于总体水平

发达地区农民工市民化程度对土地流转意愿影响的标准化路径系数为 0.647，大于总体水平，显著性水平为 1%，与总体水平持平，表明市民化程度越高的发达地区农民工，转出土地的意愿越强，且影响程度大于总体水平。进一步分析发达地区农民工市民化程度的五个观测变量与潜变量之间的标准化载荷系数可以发现，五个观测变量的载荷系数都显著。这说明，如果非农就业收入占家庭总收入比重越高，那么发达地区农民工土地转出意愿越强；如果在城镇政治权利越高，那么发达地区农民工土地转出意愿越强；如果户籍身份已经转变，由农村户籍改变为城镇户籍，那么发达地区农民工转出土地的意愿越强；如果教育文化水平越高，那么发达地区农民工土地流转意愿越强；如果城市心理融合程度越高，那么农民工城市生活的舒适度、安全感提高，土地转出意愿越强。

（2）农村土地生产性价值需求程度对发达地区农民工土地转出意愿具有消极影响，但影响程度小于总体水平

生产性价值对农民工土地转出意愿的标准化路径系数为 -0.218，小于总体水平，显著性水平为 5%，低于总体水平，表明对土地生产性价值需求程度越高的发达地区农民工，越不愿意转出土地，且影响程度小于总体水平。进一步分析生产性价值需求程度的五个观测变量与潜变量之间的标准化载荷系数可以发现，X_{21}、X_{22}、X_{23} 和 X_{24} 四个观测变量的载荷系数显著，而观测变量 X_{25} 的载荷系数不显著。这表明，如果农业收入占家庭总收入比重越高，那么发达地区农民工土地转出意愿越弱；如果农产品价格上升，那么农业收入就会增加，发达地区农民工土地转出意愿减弱；如果非农就业工资水平越低，那么发达地区农民工土地转出意愿越弱；如果可以实现农业与非农业的兼业化经营，那么发达地区农民工转出土地意愿减弱；国家实施的农业生产补贴总额有限，仅仅占发达地区农民工家庭总收入的很小比例，不会对发达地区农民工的土地流转决策产生明显影响。

（3）农村土地保障性价值需求程度对发达地区农民工土地流转意愿具有消极影响，但影响程度小于总体水平

保障性价值对土地流转意愿的标准化路径系数为 -0.167，小于总体水平，显著性水平为 10%，小于总体水平，表明对农村土地保障性价值需求程度越高的发达地区农民工，越不愿意转出土地，且影响程度小于总体水平。进一步分析保障性价值需求程度的五个观测变量与潜变量之间的标准化载荷系数可以发现，五个观测变量的载荷系数都显著。这表明，如果农村社会养老保障水平越低，那么发达地区农民工土地转出意愿越弱；如果发达地区农民工参加农村

商业养老保险的水平越低，那么土地转出意愿越弱；如果发达地区农民工农村社会医疗保障水平越低，那么土地转出意愿越弱；如果发达地区农民工参加农村商业医疗保险的水平越低，那么土地转出意愿越弱；如果发达地区农民工社会保障总水平越低，那么土地转出意愿越弱。

（4）农村土地流转性价值需求程度对发达地区农民工土地流转意愿具有积极影响，且影响程度大于总体水平

流转性价值对土地流转意愿的标准化路径系数为 0.631，大于总体水平，显著性水平为 1%，与总体水平持平，表明对农村土地流转性价值需求程度越高的发达地区农民工，土地转出意愿越强，且影响程度大于总体水平。进一步分析流转性价值需求程度的五个观测变量与潜变量之间的标准化载荷系数可以发现，五个可观测变量的载荷系数都显著。这表明，土地流转价格越高，那么发达地区农民工土地流转意愿越强；如果土地流转收益保障程度越高，那么发达地区农民工土地流转意愿越强；在流转过程中，如果村组织出面担保，可以提高流转合同的可靠程度，那么发达地区农民工土地流转意愿增强；如果农村土地流转市场健全，可以提高流转的规范程度，发达地区农民工土地流转意愿增强；如果政府管理服务水平提高，可以减少土地流转交易成本，那么发达地区农民工土地流转意愿增强。

（5）农村土地财产性价值需求程度对发达地区农民工土地转出意愿具有消极影响，但影响程度大于总体水平

财产性价值对土地转出意愿的标准化路径系数为 -0.336，大于总体水平，显著性水平为 10%，与总体水平持平，表明对土地财产性价值需求程度越高的发达地区农民工，越不愿意转出土地。进一步分析财产性价值需求程度的五个观测变量与潜变量之间的标准化载荷系数可以发现，五个观测变量的载荷系数均显著。这表明，农村土地承包经营权实践上的继承权，增加了发达地区农民工对土地财产性价值的重视程度，弱化了其土地转出意愿；中央提出的农村土地承包经营权有偿退出政策，已经使发达地区农民工产生了良好预期，期望能够通过退出土地获得一定的经济补偿，这就在一定程度上弱化了其土地转出意愿；土地财产性价值提高，会使发达地区农民工更加重视土地，弱化其土地转出意愿；在城市化背景下，征地行为的大量发生，已经使发达地区农民工充分认识到土地的财产属性，这会弱化其土地转出意愿；农村土地经营权抵押担保改革，已经使发达地区农民工进一步认识到土地的财产性价值，从而弱化了其土地转出意愿。

9.3.2 欠发达地区农民工市民化对农村土地流转意愿影响的分析

利用实地调研资料，以欠发达地区 626 名农民工为研究样本，建立结构方程模型，对欠发达地区农民工市民化对农村土地流转意愿的影响进行分析。分

析过程与农民工市民化对土地流转意愿影响的总体分析过程类似，可以得到验证性因子分析结果如表 9－17 所示。

表 9－17　欠发达地区结构方程模型验证性因子分析

潜变量	可观测变量	标准因子载荷	信度系数	测量误差	组合信度	潜变量	可观测变量	标准因子载荷	信度系数	测量误差	组合信度
ξ_1	X_{11}	0.793	0.629	0.371		ξ_4	X_{41}	0.886	0.785	0.215	
	X_{12}	0.790	0.624	0.376			X_{42}	0.853	0.728	0.272	
	X_{13}	0.741	0.549	0.451	0.874		X_{43}	0.829	0.687	0.313	0.917
	X_{14}	0.729	0.531	0.469			X_{44}	0.787	0.619	0.381	
	X_{15}	0.758	0.575	0.425			X_{45}	0.795	0.632	0.368	
ξ_2	X_{21}	0.874	0.764	0.236		ξ_5	X_{51}	0.739	0.546	0.454	
	X_{22}	0.831	0.691	0.309			X_{52}	0.684	0.468	0.532	
	X_{23}	0.805	0.648	0.352	0.900		X_{53}	0.801	0.642	0.358	0.862
	X_{24}	0.796	0.634	0.366			X_{54}	0.775	0.601	0.399	
	X_{25}	0.694	0.482	0.518			X_{55}	0.721	0.520	0.480	
ξ_3	X_{31}	0.744	0.554	0.446		η	Y_1	0.802	0.643	0.357	
	X_{32}	0.723	0.523	0.477			Y_2	0.784	0.615	0.385	
	X_{33}	0.764	0.584	0.416	0.875		Y_3	0.752	0.566	0.434	0.872
	X_{34}	0.802	0.643	0.357			Y_4	0.731	0.534	0.466	
	X_{35}	0.783	0.613	0.387			Y_5	0.741	0.549	0.451	

由表 9－14 验证性因子分析结果可以发现，除了 X_{25} 以外，其余可观测变量的标准因子载荷均在 0.5～0.95 之间，并在统计上显著，同时，各个潜变量的组合信度均在 0.60 以上，这些都表明模型内在质量良好。

欠发达地区结构方程模型估计结果如图 9－4 所示。

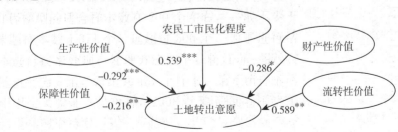

图 9－4　欠发达地区结构方程模型路径

注：①估计结果均为标准化系数。

②＊、＊＊、＊＊＊表示估计结果的显著性水平分别为 10%、5%、1%。

可以对表 9-17 和图 9-4 的估计结果进行分析：

（1）欠发达地区农民工市民化程度对其土地流转意愿具有积极影响，但影响程度小于总体水平

欠发达地区农民工市民化程度对土地流转意愿影响的标准化路径系数为 0.539，小于总体水平，显著性水平为 1%，与总体水平持平，表明市民化程度越高的欠发达地区农民工，转出土地的意愿越强，且影响程度小于总体水平。进一步分析欠发达地区农民工市民化程度的五个观测变量与潜变量之间的标准化载荷系数可以发现，五个观测变量的载荷系数都显著。这说明，如果非农就业收入占家庭总收入比重越高，那么欠发达地区农民工土地转出意愿越强；如果在城镇政治权利越高，那么欠发达地区农民工土地转出意愿越强；如果户籍身份已经转变，由农村户籍改变为城镇户籍，那么欠发达地区农民工转出土地的意愿越强；如果教育文化水平越高，那么欠发达地区农民工土地流转意愿越强；如果城市心理融合程度越高，那么农民工城市生活的舒适度、安全感提高，土地转出意愿越强。

（2）农村土地生产性价值需求程度对欠发达地区农民工土地转出意愿具有消极影响，且影响程度大于总体水平

生产性价值对土地转出意愿的标准化路径系数为 -0.292，大于总体水平，显著性水平为 1%，与总体水平持平，表明对土地生产性价值需求程度越高的欠发达地区农民工，越不愿意转出土地，且影响程度大于总体水平。进一步分析生产性价值需求程度的五个观测变量与潜变量之间的标准化载荷系数可以发现，X_{21}、X_{22}、X_{23} 和 X_{24} 四个观测变量的载荷系数显著，而观测变量 X_{25} 的载荷系数不显著。这表明，如果农业收入占家庭总收入比重越高，那么欠发达地区农民工土地转出意愿越弱；如果农产品价格上升，那么农业收入就会增加，欠发达地区农民工土地转出意愿减弱；如果非农就业工资水平越低，那么欠发达地区农民工土地转出意愿越弱；如果可以实现农业与非农业的兼业化经营，那么欠发达地区农民工转出土地意愿减弱；国家实施的农业生产补贴总额有限，仅仅占欠发达地区农民工家庭总收入的较小比例，不会对欠发达地区农民工的土地流转决策产生明显影响。

（3）农村土地保障性价值需求程度对欠发达地区农民工土地流转意愿具有消极影响，且影响程度大于总体水平

保障性价值对土地流转意愿的标准化路径系数为 -0.216，大于总体水平，显著性水平为 5%，与总体水平持平，表明对农村土地保障性价值需求程度越高的欠发达地区农民工，越不愿意转出土地，且影响程度大于总体水平。进一步分析保障性价值需求程度的五个观测变量与潜变量之间的标准化载荷系数可以发现，五个观测变量的载荷系数都显著。这表明，如果农村社

会养老保障水平越低，那么欠发达地区农民工土地转出意愿越弱；如果欠发达地区农民工参加农村商业养老保险的水平越低，那么土地转出意愿越弱；如果欠发达地区农民工农村社会医疗保障水平越低，那么土地转出意愿越弱；如果欠发达地区农民工参加农村商业医疗保险的水平越低，那么土地转出意愿越弱；如果欠发达地区农民工社会保障总水平越低，那么土地转出意愿越弱。

（4）农村土地流转性价值需求程度对欠发达地区农民工土地流转意愿具有积极影响，但影响程度小于总体水平

流转性价值对农民工土地流转意愿的标准化路径系数为 0.589，大于总体水平，显著性水平为 5%，小于总体水平，表明对农村土地流转性价值需求程度越高的欠发达地区农民工，土地转出意愿越强，且影响程度小于总体水平。进一步分析流转性价值需求程度的五个观测变量与潜变量之间的标准化载荷系数可以发现，五个可观测变量的载荷系数都显著。这表明，土地流转价格越高，那么欠发达地区农民工土地流转意愿越强；如果土地流转收益保障程度越高，那么欠发达地区农民工土地流转意愿越强；在流转过程中，如果村组织出面担保，可以提高流转合同的可靠程度，那么欠发达地区农民工土地流转意愿增强；如果农村土地流转市场健全，可以提高流转的规范程度，欠发达地区农民工土地流转意愿增强；如果政府管理服务水平提高，可以减少土地流转交易成本，那么欠发达地区农民工土地流转意愿增强。

（5）农村土地财产性价值需求程度对欠发达地区农民工土地转出意愿具有消极影响，但影响程度小于总体水平

财产性价值对土地转出意愿的标准化路径系数为 -0.286，小于总体水平，显著性水平为 10%，与总体水平持平，表明对土地财产性价值需求程度越高的欠发达地区农民工，越不愿意转出土地，且影响程度小于总体水平。进一步分析财产性价值需求程度的五个观测变量与潜变量之间的标准化载荷系数可以发现，除了 X_{52} 以外，其余四个观测变量的载荷系数均显著。这表明，农村土地承包经营权实践上的继承权，增加了欠发达地区农民工对土地财产性价值的重视程度，弱化了其土地转出意愿；中央提出的农村土地承包经营权有偿退出政策，已经使欠发达地区农民工产生了良好预期，期望能够通过退出土地获得一定的经济补偿，这就在一定程度上弱化了其土地转出意愿；土地财产性价值提高，会使欠发达地区农民工更加重视土地，弱化其土地转出意愿；在城市化背景下，征地行为的大量发生，已经使欠发达地区农民工充分认识到土地的财产属性，这会弱化其土地转出意愿；欠发达地区农村土地经营权抵押担保改革尚未完全展开，还没有对欠发达地区农民工的土地流转意愿产生显著影响。

9.3.3 发达地区与欠发达地区农民工市民化对农村土地流转意愿影响的比较分析

根据以上研究可以发现，发达地区与欠发达地区农民工市民化对农村土地流转意愿的影响存在差异，主要表现在：

（1）发达地区农民工市民化对土地流转意愿的影响程度更大

虽然发达地区与欠发达地区农民工市民化程度对土地流转意愿均具有显著性影响，但发达地区农民工市民化程度对土地流转意愿的影响程度较大。发达地区农民工市民化程度较高，受教育水平较高，城市心理融合程度较高，市民化意愿较强，流转土地的可能性较大。

（2）发达地区与欠发达地区农民工农村土地价值异质性需求对土地流转意愿的影响程度存在差异

一是发达地区农民工土地生产性价值需求程度对土地流转意愿的影响程度较小。虽然发达地区与欠发达地区农民工土地生产性价值需求程度对土地流转意愿均具有显著性影响，但发达地区农民工土地生产性价值需求程度对土地流转意愿的影响程度较小。发达地区经济发展水平较高，农民工非农就业机会较多，非农收入占比较高，农民工直接经营土地的比例较小，兼业化程度较低，对农村土地生产性价值需求程度较低，农村土地生产性价值对农民工土地流转意愿影响程度较小。

二是发达地区农民工土地保障性价值需求程度对土地流转意愿的影响程度较小。虽然发达地区与欠发达地区农民工土地保障性价值需求程度对土地流转意愿均具有显著性影响，但发达地区农民工土地保障性价值需求程度对土地流转意愿的影响程度较小。发达地区经济发展水平较高，农村居民社会保障水平较高，土地的社会保障功能较弱，土地保障性价值需求程度对农民工土地流转意愿影响程度较小。

三是发达地区农民工土地流转性价值需求程度对土地流转意愿的影响程度较大。虽然发达地区与欠发达地区农民工土地流转性价值需求程度对土地流转意愿均具有显著性影响，但发达地区农民工土地流转性价值需求程度对土地流转意愿的影响程度较大。发达地区农村土地市场比较发达，土地流转比较规范，流转价格较高，土地流转比例较高，土地流转性价值需求程度对农民工土地流转意愿影响程度较大。

四是发达地区农民工土地财产性价值需求程度对土地流转意愿的影响程度较大。虽然发达地区与欠发达地区农民工土地财产性价值需求程度对土地流转意愿均具有显著性影响，但发达地区农民工土地财产性价值需求程度对土地流转意愿的影响程度较大。发达地区农村土地财产性价值显现化程度较高，农村居民对土地财产性价值认知程度较高，农民工的需求程度较大，对土地流转意愿影响程度较大。

9.4　本章小结

实地调研结果表明，不同市民化程度的农民工对农村土地的多元化价值具有不同的需求。就农村土地生产性价值而言，约 1/3 的农民工有需求，且市民化程度越低的农民工需求程度越高；就农村土地保障性价值而言，近半数农民工有需求，且市民化程度越低的农民工需求程度越高；就农村土地流转性价值而言，超过 3/4 的农民工有需求，且农民工准市民和农民工务工者这两类群体对农村土地流转性价值的重视程度比较高；就农村土地财产性价值而言，近 90％的农民工有需求，且市民化程度越高的农民工需求程度越高。

发达地区农民工市民化与农村土地价值需求方面，约 28.2％的农民工认为农村土地生产性价值重要，低于总体水平；约 44.0％的农民工认为农村土地保障性价值重要，低于总体水平；约 62.3％的农民工认为农村土地流转性价值重要，高于总体水平；约 68.2％的农民工认为农村土地财产性价值重要，高于总体水平。

欠发达地区农民工市民化与农村土地价值需求方面，约 39.4％的农民工认为农村土地生产性价值重要，高于总体水平；约 51.9％的农民工认为农村土地保障性价值重要，高于总体水平；约 55.7％的农民工认为农村土地流转性价值重要，低于总体水平；约 61.6％的农民工认为农村土地财产性价值重要，低于总体水平。

计量研究表明，农民工市民化程度对土地流转意愿具有显著影响，市民化程度越高的农民工，土地流转意愿越强；对农村土地生产性价值需求程度越大的农民工，土地流转意愿越弱；对农村土地保障性价值需求程度越大的农民工，土地流转意愿越弱；对农村土地流转性价值需求程度越大的农民工，土地流转意愿越强；对农村土地财产性价值需求程度越大的农民工，土地流转意愿越强。

计量研究表明，发达地区与欠发达地区农民工市民化对农村土地流转意愿的影响程度存在一定差异，主要表现在：第一，发达地区农民工市民化对土地流转意愿的影响程度更大。第二，发达地区与欠发达地区农民工农村土地价值异质性需求对土地流转意愿的影响程度存在差异。一是发达地区农民工土地生产性价值需求程度对土地流转意愿的影响程度较小。二是发达地区农民工土地保障性价值需求程度对土地流转意愿的影响程度较小。三是发达地区农民工土地流转性价值需求程度对土地流转意愿的影响程度较大。四是发达地区农民工土地财产性价值需求程度对土地流转意愿的影响程度较大。

第 10 章

农民工福利状况评价及农村土地
流转对农民工福利的影响

为了深入分析农村土地流转对农民工福利变化的影响，本章在理论分析基础上，利用实地调研资料，建立结构方程模型进行研究。首先，对农民工福利构成进行分析。其次，利用实地调研数据，运用模糊评价方法，对农民工福利状况进行评价。再次，利用实地调研数据，建立结构方程模型，实证分析农村土地流转对农民工福利变化的影响。最后，对本章进行小结。

10.1　可行能力方法与农民工福利构成

10.1.1　可行能力方法概述

福利是指个人生活的满意程度。福利的大小通常可以用个人所获得的效用来衡量。个人福利同时包括物质和精神两个方面。社会福利则是个人福利的总和，其包含的范围十分广泛。福利经济学重点在于评价经济制度与政策对社会福利的影响，福利经济学致力于判断社会福利在一种经济状态下比另一种经济状态下更高或更低（黄有光，2005）。一般认为，1920 年庇古《福利经济学》一书的出版是福利经济学产生的标识。按照对"福利"概念的不同解释，可以将福利理论分为主观主义福利理论和客观主义福利理论（方福前等，2009）。主观主义福利理论将"福利"解释为"效用"，即人们对物品的主观心理评价。主观主义福利理论的代表性人物包括边沁、约翰·穆勒、杰文斯、马歇尔、庇古等。客观主义福利理论则将"福利"主要解释为收入、财富、基本物品、消费支出和资源等，它们具有客观性。客观主义福利理论代表性人物包括希克斯、罗尔斯等。

印度经济学家阿玛蒂亚·森在前人研究的基础上，于 20 世纪八九十年代提出了可行能力理论框架。能力方法源于亚里士多德、斯密、马克思和穆勒等人的思想，具有一种源远流长的学术传统。该理论重新定义了福利的概念，将福利定义为一个人的"自由"，即享受人们有理由珍视的那种生活的可行能力。

一个人的"可行能力"就是对于当事人是可行的、列入清单的所有活动的组合。同时，自由既意味着个人享有的"机会"，也涉及个人选择的"过程"。在各种价值标准中，自由观的信息基础更为广泛、包容性更强，例如，就政治权利而言，政治参与本身就是发展的目标之一；在经济领域，自由交易是人的基本权利。基于能力方法的福利经济学是一个由"能力""功能"和"作为自由的发展"等概念构成的完整体系。阿玛蒂亚·森（2002）用五种工具性自由来表达可行能力：政治自由、经济条件、社会机会、透明性担保和防护性保障。政治自由是指人们依法参与政治活动的权利；经济条件是指个人享有的将其经济资源运用于消费、生产或交换的机会；社会机会是指在教育、健康等方面的社会安排；透明性担保是指人们在社会交往中需要的信用，取决于交往过程的公开性、信息发布的准确性等；防护性保障是为那些需要帮助的人提供的社会安全网。因此，能力方法突破了许多福利理论过于强调经济条件的局限性，从更为全面的视角来综合分析福利变化，具有广泛的应用价值。

能力方法用于福利分析还有一个突出优点，就是可以将福利进行量化，从而可以科学设计福利指标体系，通过实地调研，定量了解当事人福利变化情况，并借助现代统计分析工具进行定量研究，得出更为可信的结论。

10.1.2　农民工福利构成

（1）功能性活动及相关指标

按照阿玛蒂亚·森的可行能力理论框架，农民工的福利构成应该从更为全面的视角加以分析。基于森的可行能力理论，叶战备（2009）从迁徙自由、政治参与能力、经济能力、维权能力和适应能力等五个方面分析了农民工的福利状况；徐玮等（2009）从政治自由、经济条件、社会机会、透明性担保和防护性保障等五个方面分析了农民工群体"可行能力"贫困的原因。伊立夫（2009）采用浙江省第二次全国农业普查的数据，基于森的可行能力理论，从工资收入、社会保障、劳动保护等三个维度分别对城镇职工和农民工的福利进行回归，并对回归结果进行比较。本书重点研究农村土地流转对农民工福利变化的影响，依据可行能力分析框架，结合农民工市民化内涵的几个维度，主要从经济状况、政治权利、社会身份、文化生活、心理适应五个方面考察构成农民工福利的功能性活动。

①经济状况。经济状况是指农民工在经济条件方面的综合表现，主要包括收入总量、收入结构、收入增速等。在农民工人均收入水平仍然较低情况下，经济状况是农民工福利的主要组成部分，也是农民工进行其他功能性活动的基础。农民工作为特殊群体，非农就业是其主要特征，在我国现阶段产

业结构背景下，非农就业收入水平一般高于农业经营收入，因此，农民工收入总量一般高于单纯从事农业经营的农民收入，农民工家庭人均收入水平也会高于农民家庭人均收入水平。同时，在农民工收入结构中，非农就业收入所占比例会不断提高。农民工收入增速，可以描述收入增长态势，预测未来农民工收入变化情况。考虑到数据的可获得性，选取农民工家庭人均年收入、非农收入所占比例、近三年收入增长速度三个指标来反映农民工的经济状况。

②政治权利。政治权利是指农民工参与民主管理的各种基本权利，是农民工福利的重要组成部分。农民工户籍仍然在农村，而工作生活则在城镇，这种户籍与居住地分离的状况导致农民工基本的政治权利无法得到保证。许多农民工既不能参加户籍所在地村委会的选举和被选举，也不能参加工作所在地社区管理，造成基本政治权利的缺失。魏后凯（2013）研究指出，农业转移人口的政治参与水平低，仅为 37.20%。国务院发展研究中心课题组（2011）分析认为，18 周岁以上农民工只有 30% 曾回乡参加村委会选举，但有 55% 期待参加所在企业或社区的民主管理，农民工群体的相对剥夺感正在增强，农民工群体的党团工会建设滞后。本书选取参与村委会选举情况、参与工作单位民主管理情况、参与所在社区民主管理情况三个指标来反映农民工的政治权利。

③社会身份。社会身份是指农民工户籍及各种社会福利的特征。我国长期实行城乡分离的二元户籍社会管理制度，农村户籍人员与城镇户籍人员之间存在着巨大的福利待遇差别。辜胜阻（2013）指出，在户籍制度上有 60 多种城乡之间的不平等福利。新华社统计，农村户口与城镇户口之间的福利差距多达 33 项①。与此同时，农村居民还受到诸如就业、住房、子女教育、社会保障等多方面歧视。陈珣等（2014）研究认为，农民工需要经过 10~58 年，才能达到与城镇职工同等的工资水平。统计数据显示，2015 年，外出农民工人均月收入为 3 072 元，城镇职工人均月收入为 5 169 元，农民工平均工资仅为城镇职工平均工资的 59.4%②。数据表明，2013 年，外出农民工参加养老保险的比重为 15.7%，参加工伤保险的比重为 28.5%，参加医疗保险的比重为 17.6%，参加失业保险的比重为 9.1%，参加生育保险的比重为 6.6%，明显处于较低水平③。2014 年，江苏省农民工企业职工基本养老保险、医疗保险、

① http://news.sina.com.cn/o/2014-08-01/153430615326.shtml 9 成农民不愿交地换"非农户口"户口福利差距达 33 项。
② 国家统计局《2015 年全国农民工监测调查报告》，《中国统计年鉴》（2016 年）。
③ 国家统计局《2013 年全国农民工监测调查报告》。

失业保险的参保率分别为 43.8%、44.9%、41.3%，分别为城镇职工的 56.1%、60.4%、90.8%（周荣荣等，2016）。因此，社会身份是反映农民工福利功能性活动的重要方面。本书选取户籍情况、就业稳定性、社会保障水平三个指标来反映农民工的社会身份。

④文化生活。文化生活是指农民工综合文化素质及业余生活情况，主要反映农民工文化、教育、生活、休闲等综合方面。在物质条件不断改善情况下，与其他群体类似，农民工群体也对教育、文化、休闲等精神层面提出了较高需求，追求较高质量的丰富生活。因此，文化生活同样是反映农民工福利功能性活动的重要方面，并且其重要性会随着经济发展水平提高而不同增强。资料显示，农民工受教育程度低，职业培训欠缺，综合文化素质不高，与城镇居民有较大差距。2016 年，农民工受教育水平总体水平仍然较低，未上过学的占1.0%，小学文化程度占 13.2%，初中文化程度占 59.4%，高中文化程度占17.0%，大专及以上文化程度占 9.4%①。调查样本中，只有约 29.6% 的农民工参加过各种培训（谭晓婷等，2015）。同时，农民工业余生活单调乏味，不能分享城镇公共文化服务。本书选取受教育程度、参加职业培训情况、业余文化生活状况三个指标来反映农民工的文化生活。

⑤心理适应。心理适应是指农民工在城镇工作生活能够融入其中，有一定的社会交往网络，具有一定的适应性。在现代生活方式中，心理融合适应是人们保证生活品质的一个重要方面。认知心理学指出，人们如果能够从心理上接受目前的生活方式，那么物质条件就没有想象中那么重要。行为经济学也指出，人们是在主观认知指导下进行决策进而采取行动的（董志勇，2006）。由此可见，心理适应是反映农民工福利功能性活动的一个重要维度。许多研究指出，农民工城镇工作生活心理适应程度较低，许多农民工受到歧视，没有被城镇居民接纳，进而对市民产生了排斥心理，严重影响了其市民化意愿，降低了生活质量。调查样本中，46.8% 的农民工受到市民歧视，32.4% 的农民工从不与市民交往（谭晓婷等，2015）。调查样本中，约16.2% 的农民工反映受到市民歧视，34.1% 的农民工反映对工作不满意，55.5% 的农民工反映生活满意度中等及以下（冯爽爽等，2016）。本书选取受市民歧视情况、对待市民态度、社会交往范围三个指标来反映农民工城镇生活心理适应状况。

（2）异质性因素

阿玛蒂亚·森在研究福利的不平等问题时，引入了个体异质性概念。森（2002）将个体之间的异质性分为五个方面，即个人内在或外在条件的差异性、

---

① 国家统计局《2015 年全国农民工监测调查报告》

环境的多样性、社会氛围的差异性、人际关系的差异性、家庭内部分配的多样性。这五个方面的差异性直接决定了社会功能性活动的效率，进而会影响个体福利的分配状况。本书在研究农民工福利状况时，也考虑到农民工的异质性特征，引入个体特征差异、家庭特征差异、地区特征差异，对不同特征农民工的福利状况进行比较分析。

①个体特征差异。农民工个体特征差异主要表现在年龄、受教育程度、职业技能培训情况等方面。与老一代农民工相比，新生代农民工的劳动能力更强，社会认知度更高，适应环境能力更强，更有可能获得更好的福利状况。农民工受教育程度越高、职业技能培训情况越好，说明其人力资本含量越大，越能够获得高收入，越能参与社会管理，适应环境能力越强，福利水平也会越高。

②家庭特征差异。农民工家庭特征差异主要表现在家庭劳动力人口占总人口比例、家庭非农就业人口占劳动力人口比例等方面。农民工家庭劳动力人口占总人口比例越高，说明家庭抚养比越低，家庭负担越小，经济状况等方面也会越好；农民工家庭非农就业人口占劳动力人口比重越高，意味着经济收入水平越高，也会对就业、社会保障、城市适应等方面产生积极影响。以上两方面差异都会对农民工福利状况产生积极影响。

③地区特征差异。发达地区与欠发达地区在经济发展水平、社会保障水平、政治体制改革深入程度、社会体制完善程度等多方面存在差异，这些会对农民工经济状况、民主权利、社会保障等多方面产生影响，进而会对农民工福利状况产生影响。

10.2　农民工福利状况评价

阿玛蒂亚·森将福利定义为一个人的"自由"，即享受人们有理由珍视的那种生活的可行能力。但自由或可行能力概念的内涵和外延并没有清晰的界定，具有"模糊性"特征。由美国学者 Zadeh 在 1965 年提出的模糊数学方法近年来被越来越多地运用到福利分析等研究领域。本书运用模糊数学方法对农民工福利状况进行评价。

10.2.1　模糊评价方法

（1）福利的模糊函数设定

将农民工福利状况表示为模糊集 X，在城市的农民工福利函数用 X 的子集 W 表示，则第 n 个农民工的福利函数可以表示为：$W^{(n)} = \{x, \mu_W(x)\}$，其中，$x \in X$，$\mu_W(x)$ 是 x 对 W 的隶属度，$\mu_W(x) \in [0, 1]$。一般假定，隶属度等于 0 时，农民工的福利状况最差；隶属度等于 1 时，农民工的福利状况最好，即隶属度越大，表示农民工的福利状况越好。

（2）隶属函数的设定

运用模糊数学方法的关键是选择合适的隶属函数 $\mu_W(x)$。隶属函数的选择依赖于指标类型。一般而言，指标变量分为三种类型，即连续变量、虚拟二分变量和虚拟定性变量。

设 x_i 是初级指标 x_{ij} 决定的农民工福利的第 i 个功能子集，则农民工福利的初级指标集合为：

$$x_i = [x_{i1}, x_{i2}, \cdots\cdots, x_{ij} \cdots\cdots] \qquad (10-1)$$

虚拟二分变量所要表达的对象是非模糊的，取值只有 0 或 1 两种，其隶属函数为：

$$\mu_W(x_{ij}) = \begin{cases} 0, & x_{ij} = 0 \\ 1, & x_{ij} = 1 \end{cases} \qquad (10-2a)$$

例如，当（10-2a）式表示农民工是否参加养老保险时，如果农民工参加了养老保险，那么 x_{ij} 取值为 1，该指标的隶属度 $\mu_W(x)$ 等于 1；如果农民工没有参加养老保险，那么 x_{ij} 取值为 0，该指标的隶属度 $\mu_W(x)$ 等于 0。

连续变量隶属函数的确定应根据变量之间的相关关系，分为正相关和负相关两种类型，如（10-2b）式或（10-2c）式所示。

$$\mu_W(x_{ij}; a, b) = \begin{cases} 0, & 0 \leqslant x_{ij} \leqslant a \\ \dfrac{x_{ij} - a}{b - a}, & a < x_{ij} < b \\ 1, & x_{ij} \geqslant b \end{cases} \qquad (10-2b)$$

（10-2b）式中，a、b 是参数，且 $a < b$，a 表示指标值 x_{ij} 的下限，b 表示指标值 x_{ij} 的上限。（10-2b）式表示指标值 x_{ij} 与福利状况呈正相关关系，即指标值 x_{ij} 越大，隶属度 $\mu_W(x_{ij}; a, b)$ 值越大，农民工福利状况越好。

$$\mu_W(x_{ij}; a, b) = \begin{cases} 1, & 0 \leqslant x_{ij} \leqslant a \\ \dfrac{x_{ij} - a}{b - a}, & a < x_{ij} < b \\ 0, & x_{ij} \geqslant b \end{cases} \qquad (10-2c)$$

（10-2c）式中，a、b 是参数，且 $a < b$，a 表示指标值 x_{ij} 的下限，b 表示指标值 x_{ij} 的上限。（10-2c）式表示指标值 x_{ij} 与福利状况呈负相关关系，即指标值 x_{ij} 越大，隶属度 $\mu_W(x_{ij}; a, b)$ 值越小，农民工福利状况越差。

在福利评价时，一些问题只能定性描述，而无法定量刻画。例如，农民工对城市心理适应程度进行评价，只能定性描述为很适应、较适应、一般、较不适应、很不适应五类。这类变量被称为虚拟定性变量。假设一个问题存在 m

种状态，依次对这 m 种状态在 0 至 1 之间等距赋值，赋值越大表示农民工福利状况越好。

虚拟定性变量的隶属函数为：

$$\mu_W(x_{ij};a,b)=\begin{cases}0, & 0\leqslant x_{ij}\leqslant a\\ \dfrac{x_{ij}-a}{b-a}, & a<x_{ij}<b\\ 1, & x_{ij}\geqslant b\end{cases} \quad (10-2d)$$

（10-2d）式中，a 和 b 分别表示指标值 x_{ij} 的下限和上限。

（3）权重的获取

在获得各初级指标的隶属度之后，需要对隶属度进行加总，这就需要获得指标的权重。本书使用 Cheli 和 Lemmi（1995）提出的公式（10-2e）来确定各指标的权重。

$$\omega_{ij}=ln\left[\dfrac{1}{\mu(x_{ij})}\right] \quad (10-2e)$$

其中，$\overline{\mu(x_{ij})}=\dfrac{1}{n}\sum_{p=1}^{n}\mu(x_{ij})^{(p)}$，反映 n 个农民工第 i 个功能子集中第 j 项指标的均值。

（4）指标的加总

在获得初级指标隶属度和权重的基础上，可以对指标的隶属度进行加总。本书使用 Cerioli 和 Zani（1990）提出的加总公式（10-2f）。

$$f(x_i)=\sum_{1}^{k}\overline{\mu(x_{ij})}\times\omega_{ij}\Big/\sum_{j=1}^{k}\omega_{ij} \quad (10-2f)$$

其中，k 表示在第 i 个功能子集中包含 k 个初级指标。

10.2.2 计算指标隶属度时最大值、最小值的选取

（1）经济状况

选取农民工家庭人均年收入、家庭非农收入所占比例、近三年家庭总收入增长速度三个指标来反映农民工的经济状况。农民工家庭人均年收入。调研样本中，农民工家庭人均年收入最低为 7 500 元，最高为 63 000 元。农民工家庭非农收入所占比例。调研样本中，农民工家庭非农收入所占比例最低为 9.0%，最高为 100%。近三年农民工家庭总收入增长速度。调研样本中，近三年农民工家庭总收入增长速度最低为 3.0%，最高为 80%。

（2）文化生活

调研样本中，农民工参加职业培训情况最低为 0 次，最高为 7 次。

10.2.3　农民工福利状况的评价结果

（1）农民工各功能性活动的评价结果

农民工各功能性活动的隶属度及权重计算结果如表 10-1 所示。

表 10-1　农民工各功能性活动的隶属度及权重

功能性活动及指标	隶属度	权重
经济状况 X_1	0.392	0.936
人均年收入	0.502	0.689
非农收入占比	0.551	0.596
近三年收入增长速度	0.264	1.332
政治权利 X_2	0.295	1.221
参与村委会选举情况	0.463	0.770
参与工作单位民主管理情况	0.355	1.036
参与所在社区民主管理情况	0.182	1.704
社会身份 X_3	0.467	0.761
户籍	0.416	0.877
就业稳定性	0.483	0.728
社会保障水平	0.518	0.658
文化生活 X_4	0.431	0.842
受教育程度	0.531	0.633
参加职业技能培训情况	0.353	1.041
业余文化生活状况	0.453	0.792
心理适应 X_5	0.382	0.962
受市民歧视情况	0.373	0.986
对待市民态度	0.341	1.076
社会交往范围	0.447	0.805
总模糊指数	0.384	

注：为符合数学意义，将数值 0 和 1 分别表示为 0.001 和 0.999。

由表 10-1 可以发现，农民工福利水平的总模糊指数为 0.384，处于低于 0.4 的较低水平[①]。其中，农民工经济状况的隶属度为 0.392，表示福利状况处于较低水平；政治权利的隶属度为 0.295，表示福利状况处于较低水平；社

---

① 按照一般标准，隶属度小于 0.4 表示福利状况处于较低水平，隶属度在 0.4 至 0.6 之间表示福利状况处于中间水平，隶属度大于 0.6 表示福利状况处于较高水平。

会身份的隶属度为 0.467，表示福利状况处于中间水平；文化生活的隶属度为 0.431，表示福利状况处于中间水平；心理适应的隶属度为 0.382，表示福利状况处于较低水平。

各分指标评价结果如下：

①经济状况。农民工经济状况的隶属度为 0.392，表示福利状况处于较低水平。其中，农民工家庭非农收入占比的隶属度为 0.551，农民工家庭人均年收入的隶属度为 0.502，表示福利状况均处于中间水平；近三年农民工家庭总收入增长速度的隶属度为 0.264，表示福利状况处于较低水平。这表明，虽然近年来农民工工资收入不断增加，但由于受到户籍歧视，农民工在就业、工资等方面仍然受到歧视，收入水平明显低于城镇就业人员（谢嗣胜等，2006；万海远等，2013），从而对农民工福利状况带来不利影响，使经济状况的隶属度处于较低水平。进一步地，随着我国城镇化进程不断加快，非农就业机会不断增加，农民工从事非农就业取得的收入不断增加，农民工家庭非农收入占比不断提高，对农民工福利水平提高具有促进作用；一般而言，非农就业收入要高于农业就业收入，农民工非农就业机会增加，会增加农民工家庭总收入，进而增加家庭人均收入，这也对农民工福利水平提高具有促进作用；现阶段，农民工非农就业仍然存在较大程度的不稳定性，这就导致农民工收入增长具有不稳定性，收入增长的持续性不强，对农民工福利状况改善带来不利影响，最终导致收入增长速度的隶属度处于较低水平。

②政治权利。农民工政治权利的隶属度为 0.295，表示福利状况处于较低水平。其中，农民工参与村委会选举情况的隶属度为 0.463，表示福利状况处于中间水平；参与工作单位民主管理情况的隶属度为 0.355，表示福利状况处于较低水平；参与所在社区民主管理情况的隶属度为 0.182，表示福利状况处于较低水平。这表明，农民工参与民主管理的总体水平较低，这其中既有农民工自身原因，也有制度设计方面的原因，现有制度安排下，农民工户籍仍然在农村老家，民主选举权等仍然归属于户籍地，农民工只能参与户籍地民主选举活动，无法充分参与居住地、工作单位的民主管理活动，最终导致农民工参与民主管理的积极性不高，政治权利的隶属度较低。进一步地，按照现有的制度安排，农民工选举权仍然归属于户籍地，农民工只能回老家参与村委会选举活动，但从工作地回户籍地，需要花费时间、金钱等成本，一些农民工不太愿意，最终会影响农民工总体的参与水平，导致农民工参与村委会选举情况的隶属度只处于中间水平；现有制度安排并没有充分保障农民工在居住地的民主管理权利，一些工作单位也没有充分保障农民工的民主管理权利，最终导致农民工参与工作单位、所在社区的民主管理活动积

极性不高。

③社会身份。农民工社会身份的隶属度为 0.467，表示福利状况处于中间水平。其中，农民工户籍状况的隶属度为 0.416，处于中间水平；农民工就业稳定性的隶属度为 0.483，处于中间水平；农民工社会保障水平的隶属度为 0.518，处于中间水平。这表明，近年来，随着户籍制度改革、农民工就业保障制度、农村社会保障制度改革的逐步推进，农民工的社会身份不断得到认可，对农民工福利水平提升产生了积极影响；当然，现阶段农民工社会身份的隶属度只处于中间水平，还有进一步提升的空间。进一步地，我国户籍制度改革刚刚启动，城乡二元化的户籍制度所造成的福利水平差异仍然巨大，未来需要进一步深化改革，逐步缩小户籍制度的福利水平差异，提高农民工福利水平；近年来，虽然国家制定实施了一系列保障农民工非农就业的政策措施，但农民工非农就业歧视仍然存在，农民工非农就业稳定性仍然有待提高；近年来，我国农村社会保障制度逐步完善，农村居民社会保障水平逐步提高，这对改善农民工福利状况发挥了积极作用，但我国农村居民社会保障水平仍然较低，未来仍然需要逐步提升，从而改善包括农民工在内的农村居民的福利状况（于长永，2012）。

④文化生活。农民工文化生活的隶属度为 0.431，表示福利水平处于中间水平。其中，农民工受教育程度的隶属度为 0.531，表示福利水平处于中间水平；农民工参加职业技能培训情况的隶属度为 0.353，表示福利水平处于较低水平；农民工业余文化生活状况的隶属度为 0.453，表示福利水平处于中间水平。这表明，近年来，虽然农民工受教育程度、在职培训参与程度、业余生活丰富程度等有所提高，但总体水平依然不高，需要进一步加以提升。进一步地，随着国家九年制义务教育等各项措施的逐步落实，农村教育水平稳步提高，农民工受教育程度也逐步提高，但仍然需要采取措施，进一步提高农民工受教育水平；由于农民工工作单位、工作性质的稳定性不高，农民工职业培训参与程度较低，这严重制约了农民工职业技能的提升，也给农民工工资收入带来不利影响，进而影响了农民工的福利状况；随着城市文化体育娱乐设施逐步完善，互联网覆盖率不断提高，农民工业余文化生活水平也相应有所提高，但总体水平仍然不高，需要加快农民工融入城市进程，进一步改善农民工业余文化生活状况。

⑤心理适应。农民工心理适应的隶属度为 0.382，表示福利水平处于较低水平。其中，农民工受市民歧视状况的隶属度为 0.373，表示福利水平处于较低水平；农民工对待市民态度的隶属度为 0.341，表示福利水平处于较低水平；农民工的社会交往范围的隶属度为 0.447，表示福利水平处于中间水平。这表明，在我国城市化进程中，由于多种因素影响，农民工还没有很好融入城

市生活，在一定程度上还受到城市居民的排斥，导致农民工福利状况较差。进一步地，在城市工作生活过程中，农民工还受到城市居民不同程度的歧视，城市居民还对农民工存在一定偏见，没有完全接受农民工群体；农民工对待市民态度也不很友好，心理上仍然认为自己和城市居民隶属于两个不同群体，不能完全接受对方，抱有戒备心理；近年来，随着城市交通、娱乐、文化、体育设施的不断完善，随着互联网覆盖面积扩大，农民工的社会交往范围逐步扩大，未来需要正确加以引导，使农民工社会交往范围进一步扩大，从而改善农民工福利状况。

（2）农民工各功能性活动隶属度的分布情况

农民工各功能性活动隶属度的分布情况如表 10-2 所示。

表 10-2　农民工各功能性活动隶属度的分布情况

隶属度区间	X_1	X_2	X_3	X_4	X_5	加总
0.000～0.100	4.7	17.5	7.6	6.9	6.9	0.7
0.101～0.200	10	19.3	10.7	7.5	15.6	11.6
0.201～0.300	19.3	17.7	11	11.3	17.9	20.5
0.301～0.400	22.5	21.9	15.6	16.8	20.1	22.5
0.401～0.500	19.4	8.4	14.5	14.7	11.7	17.9
0.501～0.600	9.6	6.3	7.5	13.9	10.5	13.4
0.601～0.700	6.3	4.4	9.5	12.3	8.7	7.0
0.701～0.800	4.1	3.8	3.2	7.4	5.2	3.8
0.801～0.900	2.9	0	8.5	5.7	3.4	1.7
0.901～1.000	1.2	0	11.9	3.5	0	0.9
汇总	100	100	100	100	100	100
平均隶属度	0.392	0.295	0.467	0.431	0.382	0.384

由表 10-2 可以发现，农民工福利的评价隶属度为 0.384，处于较低水平。各功能性活动隶属度分布情况显示，农民工社会身份和文化生活的隶属度处于中间水平；农民工经济状况、政治权利、心理适应的隶属度均处于较低水平，存在较大提升空间。总体上看，有 73.2% 的农民工福利隶属度低于 0.5，43.0% 的农民工福利隶属度在 0.2～0.4。

（3）按照异质性因素对农民工福利状况的分解

由于农民工个体特征、家庭特征、所在地区特征存在差异，造成异质性农民工的福利状况存在差异。为了研究异质性因素对农民工福利状况的影响，本书选取农民工年龄（Y_1）[①]、受教育程度（Y_2）、参加培训情况（Y_3）、家庭劳动力人口占总人口比重（Y_4）、家庭非农就业人口占劳动力人口比重（Y_5）、地区经济发展水平（Y_6）[②] 等指标。异质性因素对农民工福利状况的分解结果如表 10-3 所示。

表 10-3　异质性因素对农民工福利状况的分解

异质性因素	X_1	X_2	X_3	X_4	X_5	加总
Y_1						
老一代	0.379	0.287	0.415	0.380	0.403	0.367
新生代	0.434	0.310	0.531	0.512	0.364	0.410
Y_2						
小学及以下	0.297	0.262	0.376	0.365	0.312	0.317
初中	0.384	0.287	0.446	0.408	0.364	0.370
高中及以上	0.503	0.312	0.532	0.480	0.418	0.431
Y_3						
未参加培训	0.337	0.264	0.397	0.398	0.367	0.345
参加培训	0.457	0.315	0.515	0.465	0.401	0.417
Y_4						
0%～20%	0.282	0.220	0.388	0.377	0.330	0.308
21%～40%	0.301	0.251	0.416	0.396	0.365	0.335
41%～60%	0.359	0.287	0.457	0.426	0.379	0.372
61%～80%	0.403	0.303	0.484	0.468	0.399	0.400
81%～100%	0.506	0.341	0.523	0.502	0.421	0.445
Y_5						
0%～20%	0.290	0.234	0.397	0.380	0.334	0.317
21%～40%	0.312	0.259	0.423	0.401	0.367	0.342
41%～60%	0.364	0.290	0.461	0.433	0.389	0.378
61%～80%	0.390	0.310	0.495	0.477	0.401	0.402
81%～100%	0.478	0.331	0.520	0.510	0.428	0.439
Y_6						
欠发达地区	0.323	0.277	0.403	0.387	0.376	0.347
发达地区	0.465	0.319	0.522	0.479	0.397	0.422

---

①　一般将 1980 年以后出生的农民工称为新生代农民工，将 1980 年以前出生的农民工称为老一代农民工。本书主要按照农民工出生年龄，将农民工群体划分为老一代农民工和新生代农民工，对两类群体的福利状况进行比较分析。

②　根据人均国内生产总值可以划分为发达地区和欠发达地区。2015 年，全国人均国内生产总值排名位于前列的有北京、天津、辽宁、上海、江苏、浙江、福建、山东、广东、内蒙古、重庆 11 个省（市、区），将其划分为发达地区，其余 20 个省（市、区）划分为欠发达地区。

由表 10-3 可以发现，新生代农民工的福利状况比老一代农民工福利状况要好。分指标显示，新生代农民工在经济状况、政治权利、社会身份、文化生活等方面的福利状况均高于老一代农民工，而新生代农民工在心理适应方面的福利状况低于老一代农民工。随着我国经济发展水平不断提高，社会制度不断完善，各项改革措施不断深入，加之新生代农民工人力资本、社会资本的总体水平不断提升，新生代农民工的经济状况、政治权利、社会身份、文化生活比老一代农民工有不同程度改善。老一代农民工在城镇工作生活时间较长，社会经验丰富，见识面广，适应社会能力较强，对外部环境的适应能力较强，其城市心理适应程度比新生代农民工要好。

农民工受教育程度和参加培训情况对其福利状况影响明显，受教育程度较高的农民工福利状况也相应较好，参加过职业技能培训的农民工的福利状况也较好。分指标显示，受教育程度较高、参加过职业技能培训的农民工，在经济状况、政治权利、社会身份、文化生活、心理适应等方面的福利状况均较好。农民工受教育程度越高，参加职业技能培训次数越多，其人力资本也相应越高，越能适应现代社会分工背景下复杂的职业技能要求，越能胜任技术含量较高的工作岗位，职业稳定性也越高，工资水平也越高；对社会的认知程度也较高，更有积极性参与民主选举、民主管理等事务；适应环境能力较强，能够更好适应城市生活，因而其福利状况较好。

农民工家庭劳动力人口占总人口比重越大、家庭非农就业人口占劳动力人口比重越大，福利状况越好。分指标结果显示，农民工家庭劳动力人口占总人口比重越大、家庭非农就业人口占劳动力人口比重越大，农民工经济状况、政治权利、社会身份、文化生活、心理适应等方面的福利状况越好。农民工家庭劳动力人口占总人口比重越大，意味着家庭人口抚养比越低，经济状况越好；劳动力人口参与民主选举、民主管理的积极性也比较高，政治权利隶属度较高；劳动力社会保障水平、文化生活水平也相对较高，适应环境能力较强，因而其福利状况较好。

发达地区农民工的福利状况好于欠发达地区农民工。分指标结果显示，发达地区农民工的经济状况、政治权利、社会身份、文化生活、心理适应等方面的福利状况均好于欠发达地区农民工。发达地区经济发展水平较高，各项改革比较深入，社会制度比较完善，农民工个体受教育水平比较高，这就使得发达地区农民工在经济、政治、社会、文化、心理等多方面的福利状况好于欠发达地区农民工。

10.3 农村土地流转对农民工福利的影响分析

为了分析农村土地流转对农民工福利水平的影响，本节利用实地调研资料，建立结构方程模型进行研究。

10.3.1　研究假设与理论模型

（1）研究假设

根据理论分析，借鉴相关文献，针对研究主题，本书提出假设模型，分析农村土地流转对农民工福利变化的影响。假设模型以农民工福利为内生潜变量，以农民工经济状况、政治权利、社会身份、文化生活、心理适应五个方面为外生潜变量。其中，经济状况包括农民工家庭人均年收入、非农收入所占比例、近三年收入增长速度三个指标；政治权利包括参与村委会选举情况、参与所在单位民主管理情况、参与所在社区民主管理情况三个指标；社会身份包括户籍情况、就业稳定性、社会保障水平三个指标；文化生活包括受教育程度、职业培训情况、业余文化生活状况三个指标；心理适应包括受市民歧视程度、对待市民态度、社会交往方式三个指标。

农村土地流转可以改善农民工的经济状况，一是可以优化配置土地资源，提高土地生产率和劳动生产率，增加土地流转双方的收益。二是可以增加作为土地转出方的农民工家庭的流转收益；可以减少农民工从事非农产业的机会成本，优化配置农民工人力资源，增加农民工家庭总收益。实证研究表明，土地流转可以显著增加农户家庭人均纯收入（薛凤蕊等，2011；李中，2013）。土地流转可以大幅度增加农民的财产性收入，有效促进农村劳动力转移（王象永等，2015；陈紫涵等，2015；管琳等，2015）。农村土地流转还可以提高农民工的社会保障水平和非农就业稳定性，从而逐步实现农民工社会身份的合理转变。城市社会保障和农村土地保障制度及机制的合理创建，尤其是通过保留进城农民在本轮承包期内的承包地，允许其长期流转，可以降低农民工市民化的机会成本（张丽艳等，2008）。农村土地制度变迁可以增加农民社会福利（林乐芬，2015）。由此可以提出研究假设：1：农村土地流转对农民工功能实现具有积极影响。进一步地，农民工家庭土地流转比例越高，土地流转满意程度越高，对其经济状况、社会身份、心理适应等方面的改善越有利，即对农民工功能实现越有利。由此，可以提出研究假设 2：农村土地流转比例对农民工功能实现具有积极影响；同时可以提出研究假设 3：农村土地流转总体满意程度对农民工功能实现具有积极影响。

基于森的可行能力理论分析发现，医疗、教育、安全等保障状况对农民工福利水平影响显著（宋艳等，2017）。由此可以提出研究假设 4：经济状况、政治权利、社会身份、文化生活、心理适应与农民工功能实现具有正相关关系。

实证研究结果表明，收入和学历等个人特征对我国城镇居民福利水平实现具有显著影响，我国城镇居民福利水平与住房、休闲、人际关系、健康和工作满意度关系显著（方福前等，2009）。农民工福利水平处于较低水平，在影响农民工福利的主要因素中，工作环境和防护性保障的改善对提升农民工福利影响最大（张广胜等，2016）。由此可以提出研究假设5：农民工家庭人均年收入、非农收入所占比例、近三年收入增长速度、参与村委会选举情况、参与所在单位民主管理情况、参与所在社区民主管理情况、户籍情况、就业稳定性、社会保障水平、受教育程度、职业培训情况、业余文化生活状况、受市民歧视程度、对待市民态度、社会交往方式与农民工功能实现具有正相关关系。

（2）理论模型

本章重点研究影响农民工土地流转意愿的主要因素，变量本身具有明显的主观性，具有难以测量和难以避免主观测量误差的基本特征，适合建立结构方程模型加以分析。结构方程模型（SEM）作为一种现代统计分析工具，可以提供一种有效方法，能够将难以直接测量的潜变量加以观测和处理、并将难以避免的误差纳入分析模型之中。

结构方程模型中有两个基本模型：测量模型与结构模型。测量模型由潜变量与可测变量组成，反映潜变量与可测变量之间的关系。结构模型反映不同潜变量之间的因果关系。一般地，SEM 由三个矩阵方程来表示：

$$\eta = B\eta + \Gamma\xi + \zeta \qquad (10-3)$$

$$X = \Lambda_x\xi + \delta \qquad (10-4)$$

$$Y = \Lambda_y\eta + \varepsilon \qquad (10-5)$$

方程（10-3）为结构模型，η 为内生潜变量，ξ 为外生潜变量，ζ 为误差向量，B 和 Γ 为系数矩阵。结构模型通过系数矩阵 B 和 Γ 将内生潜变量与外生潜变量联系起来。方程（10-4）和（10-5）为测量模型，X 为外生潜变量的可测变量，Y 为内生潜变量的可测变量，Λ_x 为外生潜变量与其可测变量的关联系数矩阵，Λ_y 为内生潜变量与其可测变量的关联系数矩阵，ε、δ 为误差向量。通过测量模型，潜变量可以由可测变量来反映。

在本章的结构方程模型中，农村土地流转状况（土地流转所占比例、土地流转性价值满意程度）是原因潜变量，农民工个人功能实现（经济状况、政治权利、社会身份、文化生活、心理适应）是结果潜变量，土地流转状况不同可能导致农民工个人功能实现程度差异。

为了验证所提出的研究假说，根据前述理论分析，建立如图10-1所示的结构方程模型。

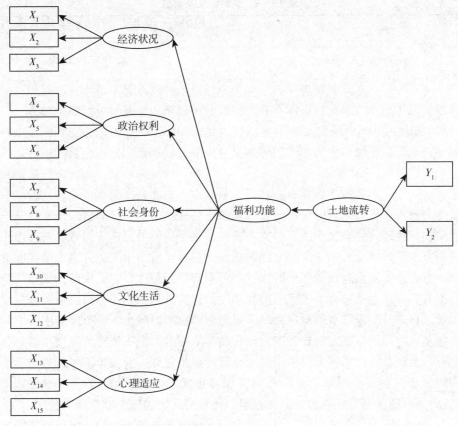

图 10-1 结构方程模型图

10.3.2 问卷设计及样本描述性统计

（1）问卷设计

利用课题组在江苏、浙江、湖北、四川4省9市进行的农民工问卷调查，有效问卷共1 371份。结构方程模型的适合样本数在200个左右，一般不少于150个，不大于500个。本课题样本数1 371个，远超过500个。为了进行结构方程模型分析，需要对样本进行技术处理，处理方法如下：将江苏、浙江、湖北、四川4省的样本分别随机分为3组，每组共457个样本，第1组样本用于拟合分析，其余2组样本用于交叉验证（易丹辉，2008）。调研问卷围绕研究主题进行设计，按照研究假说和理论模型，从经济状况、政治权利、社会身份、文化生活、心理适应、土地流转六个方面设计紧密联系特征内容的相关问题，并采取通用的5点李克特量表设计。调研问卷中所涉及变量的含义及取值情况如表10-4所示。

表 10-4 变量含义及取值

变量类型	潜变量		可测变量		
	符号	含义	符号	含义	取值
			X_1	人均年收入[a]	$[0, 10\,000] =1$, $(10\,000, 20\,000] =2$, $(20\,000, 30\,000] =3$, $(30\,000, 40\,000] =4$, $(40\,000, +\infty) =5$
	ξ_1	经济状况	X_2	非农收入占比	$[0, 20\%] =1$, $(20\%, 40\%] =2$, $(40\%, 60\%] =3$, $(60\%, 80\%] =4$, $(80\%, 100\%] =5$
			X_3	近三年收入增长速度[b]	$[-\infty, 8.8\%] =1$, $(8.8\%, 9.8\%] =2$, $(9.8\%, 10.8\%] =3$, $(10.8\%, 11.8\%] =4$, $(11.8\%, +\infty) =5$
			X_4	参与村委会选取情况	从不参加=1, 较少参加=2, 有时参加=3, 正常参加=4, 积极参加=5
	ξ_2	政治权利	X_5	参与工作单位民主管理情况	从不参加=1, 较少参加=2, 有时参加=3, 正常参加=4, 积极参加=5
			X_6	参与所在社区民主管理情况	从不参加=1, 较少参加=2, 有时参加=3, 正常参加=4, 积极参加=5
结果潜变量(功能实现 η_1)			X_7	户籍情况	农村户籍=1, 城镇户籍1年以下=2, 城镇户籍1~2年=3, 城镇户籍2~3年=4, 城镇户籍4年及以上=5
	ξ_3	社会身份	X_8	就业稳定性	很不稳定=1, 不太稳定=2, 一般=3, 比较稳定=4, 很稳定=5
			X_9	社会保障水平	很低=1, 较低=2, 一般=3, 较高=4, 很高=5
			X_{10}	受教育程度	未上过学=1, 小学=2, 初中=3, 高中=4, 大专及以上=5
	ξ_4	文化生活	X_{11}	参加职业培训情况	0次=1, 1次=2, 2次=3, 3次=4, 4次及以上=5
			X_{12}	业余文化生活状况	非常单调=1, 较单调=2, 一般=3, 较丰富=4, 非常丰富=5
			X_{13}	受市民歧视情况	很多=1, 较多=2, 一般=3, 较少=4, 没有=5
	ξ_5	心理适应	X_{14}	对待市民态度	很不友好=1, 不太友好=2, 一般=3, 比较友好=4, 很友好=5
			X_{15}	社会交往范围	很小=1, 较小=2, 一般=3, 较大=4, 很大=5

（续）

变量类型	潜变量		可测变量		
	符号	含义	符号	含义	取值
原因潜变量	η_2	土地流转	Y_1	已经转出土地比例	[0，20%] =1，(20%，40%] =2，(40%，60%] =3，(60%，80%] =4，(80%，100%] =5
			Y_2	土地流转性价值实现满意程度	不满意=1，不太满意=2，一般=3，满意=4，很满意=5

注：a. 2015 年全国农民工人均月收入 3 072 元，因此，变量 X_1 取值（2 500，3 500] =3，其余取值类推。

b. 2013 年、2014 年、2015 年全国农民工人均月收入增长率分别为 13.9%、9.8%、7.2%，年均增长率为 10.3%，因此，变量 X_3 取值（9.8%，10.8%] =3，其余取值类推。

（2）样本的描述性统计

对 457 个农民工样本的实地调研结果如表 10 - 5 所示。

表 10 - 5　农民工功能实现程度及土地流转状况

类别	变量符号	变量含义	均值	标准差
经济状况	X_1	月收入[a]	3.561	1.307
	X_2	非农收入占比	3.861	1.035
	X_3	近三年收入增长速度[b]	3.683	1.134
政治权利	X_4	参与村委会选取情况	2.652	0.983
	X_5	参与工作单位民主管理情况	2.751	0.875
	X_6	参与所在社区民主管理情况	2.261	0.826
社会身份	X_7	户籍情况	1.437	2.071
	X_8	就业稳定性	3.291	1.895
	X_9	社会保障水平	3.157	1.527
文化生活	X_{10}	受教育程度	3.282	0.834
	X_{11}	参加职业培训情况	2.346	2.516
	X_{12}	业余文化生活状况	2.863	2.018
心理适应	X_{13}	受市民歧视情况	2.872	1.865
	X_{14}	对待市民态度	3.026	1.864
	X_{15}	社会交往范围	2.866	1.531
土地流转	Y_1	已经转出土地比例	2.621	1.865
	Y_2	土地流转性价值满意程度	2.572	1.667

由表 10-5 可以发现,样本农民工土地流转方面,已经转出土地比例约 50%,土地流转性价值满意程度约 50%,总体处于一般水平。

样本农民工福利功能实现方面:①经济状况。月收入高于全国平均水平,非农收入占比超过 70%,近三年收入增长情况好于全国平均水平。②政治权利。农民工较少回村参加村委会选举,较少参与工作单位民主管理,较少参与所在社区民主管理。③社会身份。只有少数农民工转变户籍,就业稳定性处于一般水平,社会保障水平处于一般水平。④文化生活。农民工受教育程度仍然以初中为主,较少参加职业培训,业余文化生活丰富程度一般。⑤心理适应。农民工仍然受到市民歧视,对待市民态度一般,社会交往范围较小。

10.3.3 模型分析

(1)验证性因子分析

运用验证性因子分析方法,对调研问卷的有效性进行评估,分析结果如表 10-6 所示。

由分析结果可以发现,所有可观测变量的标准因子载荷均在 0.5~0.95 之间,并在统计上显著。这表明,各可观测变量可以有效地衡量相应的潜变量。同时,各个潜变量的组合信度均在 0.60 以上,表明模型内在质量良好。

表 10-6 验证性因子分析

潜变量	可观测变量	标准因子载荷	信度系数	测量误差	组合信度	潜变量	可观测变量	标准因子载荷	信度系数	测量误差	组合信度
ξ_1	X_1	0.802	0.643	0.198	0.869	ξ_4	X_{10}	0.822	0.676	0.178	0.878
	X_2	0.693	0.480	0.307			X_{11}	0.764	0.584	0.236	
	X_3	0.746	0.557	0.254			X_{12}	0.692	0.479	0.308	
ξ_2	X_4	0.672	0.452	0.328	0.821	ξ_5	X_{13}	0.722	0.521	0.278	0.837
	X_5	0.691	0.477	0.309			X_{14}	0.693	0.480	0.307	
	X_6	0.703	0.494	0.297			X_{15}	0.706	0.498	0.294	
ξ_3	X_7	0.780	0.608	0.220	0.884	η_2	Y_1	0.711	0.506	0.289	0.919
	X_8	0.803	0.645	0.197			Y_2	0.752	0.566	0.248	
	X_9	0.721	0.520	0.279							

(2)模型拟合评价

选择绝对拟合指数、相对拟合指数和简约适配度指数来对模型进行综合评价,结果如表 10-7 所示。

表 10-7　模型拟合指数

拟合指数	评价指标	适配标准	估计结果	适配判断
绝对适配度指数	$RMSEA$	<0.05	0.039	是
	GFI	>0.90	0.917	是
	$AGFI$	>0.90	0.931	是
增值适配度指数	NFI	>0.90	0.963	是
	RFI	>0.90	0.916	是
	IFI	>0.90	0.945	是
	TLI	>0.90	0.936	是
	CFI	>0.90	0.950	是
简约适配度指数	x^2/df	<2	1.621	是
	$PNFI$	>0.50	0.674	是
	$PCFI$	>0.50	0.743	是

由估计结果可以发现，所有评价指标均符合适配标准，说明模型适配度良好，可以进行结构方程模型分析。

（3）估计结果分析

利用 Amos21.0 软件进行分析，得到结构方程模型的估计结果，如表 10-8 所示。

表 10-8　模型路径估计结果

模型	路径	标准化系数
结构模型	$\xi_1 \rightarrow \eta_1$	0.602***
	$\xi_2 \rightarrow \eta_1$	0.302***
	$\xi_3 \rightarrow \eta_1$	0.473***
	$\xi_4 \rightarrow \eta_1$	0.358***
	$\xi_5 \rightarrow \eta_1$	0.447***
	$\eta_2 \rightarrow \eta_1$	0.339**
测量模型	$\xi_1 \rightarrow X_1$	0.664***
	$\xi_1 \rightarrow X_2$	0.430***
	$\xi_1 \rightarrow X_3$	0.581***
	$\xi_2 \rightarrow X_4$	0.392**
	$\xi_2 \rightarrow X_5$	0.441**
	$\xi_2 \rightarrow X_6$	0.482***

（续）

模型	路径	标准化系数
	$\xi_3 \rightarrow X_7$	0.671***
	$\xi_3 \rightarrow X_8$	0.597***
	$\xi_3 \rightarrow X_9$	0.590***
	$\xi_4 \rightarrow X_{10}$	0.686***
	$\xi_4 \rightarrow X_{11}$	0.503***
测量模型	$\xi_4 \rightarrow X_{12}$	0.379**
	$\xi_5 \rightarrow X_{13}$	0.441***
	$\xi_5 \rightarrow X_{14}$	0.408**
	$\xi_5 \rightarrow X_{15}$	0.396***
	$\eta_2 \rightarrow Y_1$	0.534***
	$\eta_2 \rightarrow Y_2$	0.563***

注：***、**、*分别表示显著性水平为1‰、5‰、10‰。

结构模型路径估计结果表明：

①农民工的经济状况、政治权利、社会身份、文化生活、心理适应对其功能实现均具有显著的正向影响。五个潜变量的标准化路径系数分别为0.602、0.302、0.473、0.358和0.447，说明农民工的经济状况对其功能实现影响最大，其余按照影响程度由大到小依次为社会身份、心理适应、文化生活、政治权利。对此的解释是：第一，现阶段，农民工收入水平仍然较低，农民工各种支出较高，导致农民工净收入较低，同时，农民工市民化成本巨大，政府层面仍然没有建立有效的成本分摊机制，其中大部分成本需要由农民工及其家庭承担，因此，经济状况仍然是农民工首先需要考虑的方面，其对农民工功能实现影响最大。第二，长期以来，我国实行城乡分离的二元化社会管理体制，农村户籍与城镇户籍在福利待遇等方面相差巨大，农民工希望通过改变户籍实现社会身份转变，消除就业歧视，提高社会保障水平，因此，社会身份对农民工功能实现具有显著影响。第三，现阶段，长期城乡分离制度环境下形成的农村居民受歧视状况仍然存在，农民工迫切希望得到城镇居民的同等对待，与市民友好相处，扩大社会交往范围，提高生活质量，心理上逐步融入城市，因此，心理适应对农民工功能实现具有显著影响。第四，农民工经济状况逐步改善以后，在政治权利方面不断提出要求，希望正常行使选举权和被选举权，参与村庄社会管理，参与所在工作单位和所在社区民主管理，因此，政治权利对农民工功能实现也具有一定影响。第五，农民工大都文化程度不高，就业技能缺乏，迫切希望提高受教育程度，接受各种技能培训，提高综合素质，同时，农

民工远离乡土，离开熟悉的环境，进入一个全新的环境，迫切希望丰富业余文化生活提高生活质量，因此，文化生活状况对农民工功能实现也具有一定影响。以上分析结果充分证明，理论假说 4 成立。

②土地流转状况对农民工功能实现具有显著的正向影响，标准化路径系数为 0.339，且在 5% 水平上显著。土地是农民工家庭一项重要财产，在新型城镇化加速推进过程中，农村土地多元化价值不断实现，农民工也从农村土地价值实现中得到了相当收益。现阶段，农民工土地流转比例不断增加，土地流转价格不断提高，这些都对农民工功能实现产生了积极影响。这说明理论假说 3 成立。

测量模型路径估计结果表明：

①经济状况方面，农民工收入、非农收入占比、收入增长速度三个测量变量均对农民工经济状况具有显著影响，标准化路径系数分别为 0.664、0.430、0.581，显著性水平均为 1%。这表明，收入现状、结构、趋势都充分反映了农民工福利构成的经济方面，进而对其功能实现产生重要影响。农民工收入水平越高，经济状况越好，功能实现越充分；非农收入占比越高，收入结构越合理，经济状况越好，功能实现越充分；收入增长速度越快，经济状况越好，功能实现越充分。

②政治权利方面，农民工参与村委会选举情况、参与工作单位民主管理情况、参与所在社区民主管理情况三个测量变量均对其政治权利具有显著影响，标准化路径系数分别为 0.392、0.441、0.482，显著性水平分别为 5%、5%、1%。这表明，农民工希望通过参与村委会、工作单位、所在社区的民主管理主张自身的政治权利，进而达成功能实现。参与村委会选举情况越好，政治权利越强，功能实现越充分；参与工作单位民主管理情况越好，政治权利越强，功能实现越充分；参与所在社区民主管理情况越好，政治权利越强，功能实现越充分。

③社会身份方面，农民工户籍情况、就业稳定性、社会保障水平三个测量变量均对其社会身份具有显著影响，标准化路径系数分别为 0.671、0.597、0.590，显著性水平均为 1%。这表明，农民工对其社会身份转变主要通过户籍改变情况、就业歧视程度、社会保障水平等三个方面加以关注，进而对其福利功能实现产生影响。户籍转变越充分，社会身份认同感越强，功能实现越充分；就业稳定性越高，就业歧视越少，社会身份认同感越强，功能实现越充分；社会保障水平越高，社会身份认同感越强，功能实现越充分。

④文化生活方面，农民工受教育程度、参加职业培训情况、业余文化生活状况三个测量变量对其文化生活潜变量具有显著影响，标准化路径系数分别为 0.686、0.503、0.379，显著性水平分别为 1%、1%、5%。这表明，农民工

希望通过提高受教育程度、多参加职业培训、丰富业余文化生活来提高其文化生活水平，提高生活质量，充分实现福利功能。农民工受教育程度越高，文化教育综合素质越高，功能实现越充分；参加职业技能培训越多，文化教育素质越高，功能实现越充分；业余文化生活越丰富，生活满意度越高，功能实现越充分。

⑤心理适应方面，农民工受市民歧视情况、对待市民态度、社会交往范围三个测量变量可以较好反映其城市心理适应程度，标准化路径系数分别为0.441、0.408、0.396，显著性水平分别为1％、5％、1％。这表明，农民工希望得到市民平等对待，也愿意友好对待市民，通过扩大社会交往范围，逐渐融入城市生活，改善福利功能。农民工受市民歧视程度越低，心理适应程度越强，功能实现越充分；对待市民态度越友好，心理适应程度越强，功能实现越充分；社会交往范围越大，心理适应程度越强，功能实现越充分。

⑥土地流转方面，已经转出土地比例、土地流转性价值实现满意程度两个测量变量可以较好反映农民工土地流转状况对其福利功能实现程度的影响，标准化系数分别为0.534和0.563，显著性水平均为1％。这表明，农民工土地转出比例、土地流转性价值实现满意程度通过改善土地流转状况，提高福利功能实现程度。农民工已经转出土地比例越高，土地经营可能性越低，非农就业稳定性越大，福利功能实现越充分；土地流转性价值实现满意程度越高，通过流转土地获得收益越多，对市民化进程支持力度越大，福利功能实现越充分。

以上测量模型路径分析结果充分证明，理论假说5、理论假说1和理论假说2成立。

10.4　本章小结

基于阿玛蒂亚·森的可行能力理论，农民工福利构成包括经济状况、政治权利、社会身份、文化生活、心理适应五个方面。经济状况是指农民工在经济条件方面的综合表现，主要包括收入总量、收入结构、收入增速等；政治权利是指农民工参与民主管理的各种基本权利；社会身份是指农民工户籍及各种社会福利的特征；文化生活是指农民工综合文化素质及业余生活情况，主要反映农民工文化、教育、生活、休闲等综合方面；心理适应是指农民工在城镇工作生活能够融入其中，有一定的社会交往网络，具有一定的适应性。

运用模糊评价方法对农民工福利状况进行评价可以发现，农民工福利水平的总模糊指数为0.384，处于低于0.4的较低水平。其中，农民工经济状况的隶属度为0.392，表示福利状况处于较低水平；政治权利的隶属度为0.295，表示福利状况处于较低水平；社会身份的隶属度为0.467，表示福利状况处于中间水平；文化生活的隶属度为 0.431，表示福利状况处于中间水平；心理适应的隶属度为 0.382，表示福利状况处于较低水平。进一步地，经济状况分指标方面，农民工家庭非农收入占比的隶属度为 0.551，农民工家庭人均年收入的隶属度为 0.502，近三年农民工家庭总收入增长速度的隶属度为 0.264，表示福利状况分别处于中等水平、中等水平、较低水平；政治权利分指标方面，农民工参与村委会选举情况的隶属度为 0.463，参与工作单位民主管理情况的隶属度为 0.355，参与所在社区民主管理情况的隶属度为 0.182，表示福利状况分别处于中间水平、较低水平、较低水平；社会身份分指标方面，农民工户籍状况的隶属度为 0.416，农民工就业稳定性的隶属度为 0.483，农民工社会保障水平的隶属度为 0.518，表示福利状况均处于中间水平；文化生活分指标方面，农民工受教育程度的隶属度为 0.531，农民工参加职业技能培训情况的隶属度为 0.353，农民工业余文化生活状况的隶属度为 0.453，表示福利水平分别处于中间水平、较低水平、中间水平；心理适应分指标方面，农民工受市民歧视状况的隶属度为 0.373，农民工对待市民态度的隶属度为 0.341，农民工的社会交往范围的隶属度为 0.447，表示福利状况分别处于中间水平、较低水平、中间水平。各功能性活动隶属度分布情况显示，农民工社会身份和文化生活的隶属度处于中间水平；农民工经济状况、政治权利、心理适应的隶属度均处于较低水平，存在较大提升空间。总体上看，有 73.2% 的农民工福利隶属度低于 0.5，43.0% 的农民工福利隶属度在 0.2~0.4。同时，包括农民工个体特征差异、家庭特征差异、地区特征差异等在内的差异性因素对农民工福利状况存在一定影响。异质性因素对农民工福利状况的分解发现，新生代农民工的福利状况比老一代农民工福利状况要好；农民工受教育程度和参加培训情况对其福利状况存在积极影响；农民工家庭劳动力人口占总人口比重越大、家庭非农就业人口占劳动力人口比重越大，福利状况越好；发达地区农民工的福利状况好于欠发达地区农民工。

结构方程模型分析表明，土地流转状况对农民工功能实现具有显著的正向影响，标准化路径系数为 0.339，且在 1% 水平上显著。农民工的经济状况、政治权利、社会身份、文化生活、心理适应对其功能实现均具有显著的正向影响，五个潜变量的标准化路径系数分别为 0.602、0.302、0.473、0.358 和 0.447，说明农民工的经济状况对其功能实现影响最大，其余按照影响程度由大到小依次为社会身份、心理适应、文化生活、政治权利。进一步地，经济状况方面，农民工家庭人均年收入、非农收入占比、收入增长速度三个测量变量均对农民工经济状况具有显著影响，标准化路径系数分别为 0.664、0.430、0.581，显著性水平均为 1%；政治权利方面，农民工参与村委会选举情况、参与工作单位民主管理情况、参与所在社区民主管理情况三个测量变量均对其政治权利具有显著影响，标准化路径系数分别为 0.392、0.441、0.482，显著性水平分别为 5%、5%、1%；社会身份方面，农民工户籍情况、就业稳定性、社会保障水平三个测量变量均对其社会身份具有显著影响，标准化路径系数分别为 0.671、0.597、0.590，显著性水平均为 1%；文化生活方面，农民工受教育程度、参加职业培训情况、业余文化生活状况三个测量变量对其文化生活潜变量具有显著影响，标准化路径系数分别为 0.686、0.503、0.379，显著性水平分别为 1%、1%、5%；心理适应方面，农民工受市民歧视情况、对待市民态度、社会交往范围三个测量变量可以较好反映其城市心理适应程度，标准化路径系数分别为 0.441、0.408、0.396，显著性水平分别为 1%、5%、1%；土地流转方面，已经转出土地比例、土地流转性价值实现满意程度两个测量变量可以较好反映农民工土地流转状况对其福利功能实现程度的影响，标准化系数分别为 0.534 和 0.563，显著性水平均为 1%。

第11章

主要研究结论与相关政策建议

本章总结前述理论研究和实证分析得出的主要结论，在此基础上提出相关政策建议，有序推进农民工市民化、促进农村土地顺利流转。

11.1 主要研究结论

11.1.1 我国农村土地制度变迁具有内在的逻辑演变过程，农村土地转让权从土地产权中分解出来并逐步得到重视，是制度结构适应制度环境的结果

综合分析新中国成立以后我国农村土地制度变迁过程可以发现，农村土地制度变迁具有内在的演变逻辑，那就是制度环境变化导致制度结构变化，带来一定的制度绩效，推动制度变革，最终发生制度变迁。改革开放以后，家庭联产承包责任制的建立和不断完善，在工业化、城镇化建设过程中，一方面，非农就业机会增多，农村劳动力持续转移，农村人、地关系不断发生变化，包括广大农民工在内的农民家庭对农村土地产权提出了新的需求；另一方面，农村土地多元化价值不断得以体现，土地不同方面相对价值逐步发生变化，土地流转性价值受重视程度不断增加。这些都促使农村土地转让权逐步从土地产权中分解出来，并不断得到重视。农村土地承包经营制度的完善过程，在很大程度上就是农村土地转让权的不断分解和完善过程。近年来，建立在确权基础上的农村土地"三权分置"改革创新，既符合现阶段农村发展的实践，也顺应了未来一段时期农村发展的趋势，具有重要的创新意义。可以预见，"十三五"时期以及未来相当长一段时期，伴随着新型城镇化建设和农民工市民化进程，农村土地所有权、承包权、经营权"三权分置"改革将是主要的制度安排，其中强化土地经营权是重点。

11.1.2 农民工市民化与农村土地流转两者之间存在内在的互动关系

农民工市民化反映了农民工从农村向城镇逐步转移的过程，农村土地流转则反映了农村土地资源不断改变经营主体的过程，两者之间存在着内在的联系。一方面，农村土地流转为农民工市民化提供了重要的资本支持；另一方

面，农民工市民化则改变了农村的人地关系，对农村土地流转提出了新的需求。农民工市民化对农村土地流转的推动作用与农村土地流转对农民工市民化的支持作用，两者之间存在着持续的反馈运动关系。在农民工市民化与农村土地流转的互动关系中，新型城镇化建设提供了重要的动力支持，农业人口有序转移与农村土地资源优化配置则表现为两个重要的运行机制。

现阶段，在农民工市民化进程中，农村土地流转存在一些问题，主要表现在"土地城镇化"速度快于"人口城镇化"速度、农村土地流转收益不能满足农民工市民化要求、部分地区违背农户家庭意愿以放弃土地为条件推进农民工市民化，农村土地流转制度供给滞后于制度需求。为此，需要采取措施改革现有的农村土地制度，协调推进"人口城镇化"与"土地城镇化"，充分实现农村土地的多元化价值，保证农民工合理分享土地的各种权益，加强农村土地流转制度的有效供给。

11.1.3 我国农民工市民化意愿强烈，但市民化程度较低，发达地区农民工市民化意愿和市民化程度均高于欠发达地区农民工

实地调研结果表明，大多数农民工市民化意愿比较强烈，约 2/3 的参与调查的农民工有市民化意愿，然而，农民工市民化程度总体水平较低，且农民工阶层出现了明显分化，其中兼业者约占 25.2%，务工者约占 55.9%，准市民约占 12.3%，市民约占 6.6%。

发达地区农民工市民化意愿比欠发达地区更为强烈。发达地区约 2/3 的农民工有市民化意愿，高于欠发达地区农民工；发达地区农民工市民化程度高于欠发达地区。发达地区农民工兼业者、农民工务工者所占比例均低于欠发达地区农民工，农民工准市民、农民工市民所占比例均高于欠发达地区农民工。

11.1.4 农民工土地流转行为和土地流转意愿具有明显的市民化程度差异和地区差异特征

农民工土地转出行为方面，超过半数的农民工有土地转出，且市民化程度越高的农民工，土地转出比例越高；农民工土地转出意愿方面，67.5% 左右的农民工有土地转出意愿，且市民化程度越高的农民工，土地转出意愿越强。

农民工土地转出方式方面，股份合作形式最多，其次是出租形式，再次是代耕、互换、转包、转让形式，少数农民工将土地承包经营权直接退还给农村集体。不同市民化程度农民工土地转出方式存在差异：农民工兼业者土地转出方式以互换形式最多，其次是代耕形式，再次是出租、股份合作、转包形式，没有人转让、退出。农民工务工者土地转出方式以股份合作人数最多，其次是出租、代耕、互换、转包、转让形式，没有人退出；农民工准市民土地转出方

式以股份合作最多，其次是代耕、出租、互换、转包、转让，没有人退出。农民工市民土地转出方式以转让最多，其次是股份合作、出租、转包形式，退出形式约占 18.6%。

发达地区与欠发达地区农民工土地转出行为、意愿、方式、数量、期限等方面均存在差异。发达地区农民工土地转出人数占比高于欠发达地区农民工，发达地区农民工土地转出意愿人数占比高于欠发达地区农民工。发达地区农民工土地转出方式与欠发达地区农民工也存在一定差异，在已经发生土地转出行为的农民工中，发达地区农民工以股份合作和出租形式转出土地的人数占比明显高于欠发达地区；发达地区农民工以转包、转让形式转出土地的人数占比高于欠发达地区；发达地区农民工将土地承包经营权退还给农村集体的人数占比也略高于欠发达地区。发达地区农民工转出土地占家庭承包地的比例较高。农民工户籍所在地属于发达地区，其转出土地期限较长。

影响农民工土地转出期限的主要因素包括非农就业稳定性、家庭社会保障水平、农村土地市场发育程度、农民工市民化程度等。农民工非农就业稳定性越高，土地转出期限越长；农民工家庭社会保障水平越高，土地转出期限越长；农村土地市场化程度越高，土地转出期限越长；农民工市民化程度越高，土地转出期限越长。

11.1.5 农民工市民化程度对其土地产权结构偏好和土地流转行为具有重要影响，并且存在明显的地区差异

农民工市民化与农村土地产权结构偏好方面，约 1/4 的农民工对农村土地所有权具有偏好，且市民化程度越低的农民工偏好强度越大；近九成的农民工对农村土地占有权有较强偏好，且市民化程度越低的农民工偏好强度越大；约 2/3 的农民工对农村土地使用权有较强偏好，且以兼业者为代表的市民化程度较低的农民工阶层偏好更为强烈；近六成的农民工对农村土地生产性收益权有较强偏好，约七成农民工对农村土地流转性收益权有较强偏好，超过九成的农民工对农村土地增值性收益权有较强偏好，近九成农民工对农村土地剩余性收益权有较强偏好，且农民工兼业者比较重视农村土地的农业生产收益，农民工务工者和准市民比较重视农村土地的流转收益，大多数农民工非常重视农村土地非农化的增值收益和未来的剩余收益；约 2/3 的农民工对农村土地流转权有较强偏好，且农民工兼业者和准市民的偏好程度较强；超过 70% 的农民工对农村土地抵押权有较强偏好，且农民工准市民和市民的偏好程度较强。

发达地区农民工对农村土地产权结构偏好方面，超过 1/4 的农民工对农村土地所有权具有偏好，高于总体水平；近九成的农民工对农村土地占有权有较强偏好，高于总体水平；约六成的农民工对农村土地使用权有较强偏好，低于

总体水平；约半数的农民工对农村土地生产性收益权有较强偏好，低于总体水平；超过七成的农民工对农村土地流转性收益权有较强偏好，高于总体水平；超过九成的农民工对农村土地增值性收益权有较强偏好，高于总体水平；近九成的农民工对农村土地剩余性收益权有较强偏好，高于总体水平；约 2/3 的农民工对农村土地流转权有较强偏好，高于总体水平；超过七成的农民工对农村土地抵押权有较强偏好，高于总体水平。

欠发达地区农民工对农村土地产权结构偏好方面，约 1/4 的农民工对农村土地所有权具有偏好，低于总体水平；近九成的农民工对农村土地占有权有较强偏好，低于总体水平；约七成的农民工对农村土地使用权有较强偏好，高于总体水平；超过六成的农民工对农村土地生产性收益权有较强偏好，高于总体水平；近七成的农民工对农村土地流转性收益权有较强偏好，低于总体水平；近九成的农民工对农村土地增值性收益权有较强偏好，低于总体水平；超过八成的农民工对农村土地剩余性收益权有较强偏好，低于总体水平；超过六成的农民工对农村土地流转权有较强偏好，低于总体水平；近七成的农民工对农村土地抵押权有较强偏好，低于总体水平。

研究结果表明，农民工市民化程度对土地流转行为具有显著影响，市民化程度越低的农民工，土地流转比例越低；对农村土地生产性收益权偏好程度越强的农民工，土地流转的比例越低；对农村土地流转性收益权偏好程度越强的农民工，土地流转的比例越高；对农村土地抵押权偏好程度越强的农民工，土地流转的比例越低；农民工受教育程度对其土地流转行为具有显著影响，受教育程度越高的农民工，土地流转的比例越大；农民工家庭非农收入所占比例对土地流转行为具有显著影响，家庭非农收入占比越高的农民工，土地流转的比例越大；农民工非农就业稳定性和非农就业收入对土地流转行为具有显著影响，非农就业稳定性越高的农民工，土地流转的比例越大；非农就业收入越高的农民工，土地流转的比例越大。

研究结果表明，发达地区与欠发达地区农民工市民化对农村土地流转行为的影响存在一定差异，主要表现在：第一，发达地区农民工市民化对土地流转行为的影响程度较大。第二，发达地区与欠发达地区农民工农村土地产权结构偏好对土地流转行为的影响程度存在差异。一是发达地区农民工土地生产性收益权偏好程度对土地流转行为的影响程度较小。二是发达地区农民工土地流转性收益权偏好程度对土地流转行为的影响程度较大。三是发达地区农民工农村土地增值性收益权偏好程度对土地流转行为的影响程度较大。四是发达地区农民工农村土地剩余性收益权偏好程度对土地流转行为的影响程度较大。五是发达地区农民工农村土地抵押权的偏好程度对土地流转行为的影响显著，但欠发达地区农民工农村土地抵押权的偏好程度对土地流转行为的影响不显著。

11.1.6　农民工市民化程度对其土地多元化价值需求和土地流转意愿具有重要影响，并且存在明显的地区差异

实地调研结果表明，不同市民化程度的农民工对农村土地多元化价值具有不同的需求。我国农村土地价值主要包括生产性价值、保障性价值、流转性价值和财产性价值。就农村土地生产性价值而言，约 1/3 的农民工有需求，且市民化程度越低的农民工需求程度越高；就农村土地保障性价值而言，近半数农民工有需求，且市民化程度越低的农民工需求程度越高；就农村土地流转性价值而言，超过 3/4 的农民工有需求，且农民工准市民和农民工务工者这两类群体对农村土地流转性价值的重视程度比较高；就农村土地财产性价值而言，近90％的农民工有需求，且市民化程度越高的农民工需求程度越高。

发达地区与欠发达地区农民工在农村土地价值需求方面存在差异，发达地区农民工认为农村土地生产性价值、保障性价值重要的比例均低于欠发达地区农民工；发达地区农民工认为农村土地流转性价值、财产性价值重要的比例均高于欠发达地区农民工。

研究结果表明，农民工市民化程度对土地流转意愿具有显著影响，市民化程度越高的农民工，土地流转意愿越强；对农村土地生产性价值需求程度越大的农民工，土地流转意愿越弱；对农村土地保障性价值需求程度越大的农民工，土地流转意愿越弱；对农村土地流转性价值需求程度越大的农民工，土地流转意愿越强；对农村土地财产性价值需求程度越大的农民工，土地流转意愿越强。

研究结果表明，发达地区与欠发达地区农民工市民化对农村土地流转意愿的影响程度存在一定差异，主要表现在：第一，发达地区农民工市民化对土地流转意愿的影响程度更大。第二，发达地区与欠发达地区农民工农村土地价值异质性需求对土地流转意愿的影响程度存在差异。一是发达地区农民工土地生产性价值需求程度对土地流转意愿的影响程度较小。二是发达地区农民工土地保障性价值需求程度对土地流转意愿的影响程度较小。三是发达地区农民工土地流转性价值需求程度对土地流转意愿的影响程度较大。四是发达地区农民工土地财产性价值需求程度对土地流转意愿的影响程度较大。

11.1.7　目前农民工福利功能总体水平仍然较低，农村土地流转对农民工福利功能改善具有积极影响

可行能力视角下的农民工福利功能主要包括经济状况、政治权利、社会身份、文化生活、心理适应五个方面。各功能性活动隶属度分布情况显示，农民工社会身份和文化生活的隶属度处于中间水平；农民工经济状况、政治权利、

心理适应的隶属度均处于较低水平，存在较大提升空间。同时，包括农民工个体特征差异、家庭特征差异、地区特征差异等在内的差异性因素对农民工福利状况存在一定影响。异质性因素对农民工福利状况的分解发现，新生代农民工的福利状况比老一代农民工福利状况较好；农民工受教育程度和参加培训情况对其福利状况存在积极影响；农民工家庭劳动力人口占总人口比重越大、家庭非农就业人口占劳动力人口比重越大，福利状况越好；发达地区农民工的福利状况好于欠发达地区农民工。

研究结果表明，农民工的经济状况、政治权利、社会身份、文化生活、心理适应对其功能实现均具有显著的正向影响。收入现状、结构、趋势都充分反映了农民工福利构成的经济方面，进而对其功能实现产生重要影响；农民工希望通过参与村委会、工作单位、所在社区的民主管理主张自身的政治权利，进而达成功能实现；农民工对其社会身份转变主要通过户籍改变情况、就业歧视程度、社会保障水平等三个方面加以关注，进而对其福利功能实现产生影响；农民工希望通过提高受教育程度、多参加职业培训、丰富业余文化生活来提高其文化生活水平，提高生活质量，充分实现福利功能；农民工希望得到市民平等对待，也愿意友好对待市民，通过扩大社会交往范围，逐渐融入城市生活，改善福利功能。

研究结果表明，土地流转状况对农民工功能实现具有显著的正向影响。农民工转出土地以后可以专业从事非农产业工作，获得比较高的工资收入，同时获得一定的土地流转收益，这可以增加农民工家庭总收入水平，改善收入结构，从而改善农民工经济状况，提高农民工福利功能水平。

11.2 相关政策建议

11.2.1 按照中国农村土地制度变迁逻辑，进行系统设计，有序推进农民工市民化进程中的农村土地流转

我国农村土地制度变迁的内在逻辑表明，制度结构只有适应制度环境，才能取得良好的制度绩效，进而推动制度有效变迁。未来制度变迁的主要路径和方向，那就是根据制度环境变化不断完善农村土地承包责任制，通过产权改革赋予主体相对独立清晰的土地产权，赋予农民家庭完整的土地承包经营权，依法保护农民家庭合法的土地权益。

我国经济社会正处于重要的转型期，城镇化率不断提高，产业结构不断优化、非农就业机会不断增加，这就意味着农村土地制度环境会发生明显变化。未来相当长一段时期内，在推进新型城镇化过程中，大量农民工会陆续进入城镇工作生活，由农民转为市民，农村的人地关系会不断发生变化，农村土地的

经营形态也会不断发生变化，由家庭分散经营为主逐步转变为适度规模经营为主，新型农业经营主体不断产生壮大。农村制度环境的这些变化，内在推动了农村土地制度改革，推动了农村土地制度变迁。

农村土地制度改革是一个系统性过程，需要加强顶层系统设计，制定近期、中期和长期改革规划。近期内，农村土地制度改革需要以新型城镇化建设为契机，在有序推进农民工市民化进程中，在土地确权基础上，逐步推进农村土地"三权分置"改革创新，强化所有权、稳定承包权、放活经营权，将土地经营权从土地产权中逐步分离出来，赋予各类经营主体相对独立的土地经营权，不断完善土地经营权能，通过改革试点，逐步赋予农村土地经营权抵押、担保权能，提高农业新型经营主体经营土地的积极性，顺利推进农村土地适度规模经营。中长期而言，农村土地制度改革需要在家庭承包经营制框架内，以"三权分置"改革为主线，逐步探索农村集体土地所有权的实现形式、农户家庭土地承包权的实施办法、经营主体土地经营权的权能设计，有效分解农村土地产权，保证多样化的农村土地产权结构与异质性的农户家庭资源禀赋条件相适应，满足不同农户家庭对土地权能的合理要求，顺利推进农村土地流转；合理设计农村土地承包经营权有偿退出机制，实现土地多元化价值，为农民工市民化创造条件。

11.2.2 探索农民工市民化与农村土地流转两者之间良性互动的内在规律，协调推进农民工市民化与农村土地流转

农村劳动力和土地是农村两种核心资源，农村劳动力流动与农村土地流转之间必然存在着紧密的关系。本质上，农民工市民化与农村土地流转之间存在着持续的互动关系：一方面，农村土地多种形式的合理流转，可以充分实现多元化的土地价值，并逐步将农村土地资产化、资本化，为农民工市民化提供必要的资本支持。另一方面，农民工市民化程度提高，意味着非农就业机会增加并趋于稳定，这就对农村土地流转提出了迫切需求，会对农村土地流转提供重要的推动力。农民工市民化与农村土地流转的互动关系可以具体表述为三个方面：一是农村土地流转可以为农民工市民化提供重要的资本支持。二是农民工市民化对农村土地流转提出了迫切需求。三是农民工市民化对农村土地流转的推动作用与农村土地流转对农民工市民化的支持作用，两者之间存在着持续的反馈运动关系。在农民工市民化与农村土地流转的互动关系中，新型城镇化是推进农民工市民化和农村土地流转的最大动力；在具体的运行层面上，则表现为农业人口有序转移与农村土地资源优化配置两个重要特征。因此，在农民工市民化与农村土地流转互动过程中，最重要的动力机制是我国正在推进的新型城镇化建设；同时，还存在着两个重要的运行机制，一个是农业人口向非农产

业、农村人口向城镇的有序转移，另一个是农村土地资源在农业内部、在农业与非农产业之间的优化配置。

这就要求尊重农民工市民化与农村土地流转的互动规律，采取措施改革现有的农村土地制度及其他关联制度，在新型城镇化建设过程中，协调推进"人口城镇化"与"土地城镇化"，通过"土地城镇化"优化配置农村土地资源，为农民工市民化提供资本支持；通过"人口城镇化"使大量农民工逐步市民化，真正实现新型城镇化。现阶段，我国"土地城镇化"明显快于"人口城镇化"，农民工市民化程度相对滞后，未来的一系列改革要纠正这种倾向，有序推进农民工市民化，促进"人口城镇化"与"土地城镇化"协调发展。

农民工市民化需要大量资本支持，而农村土地是农民工家庭重要的财产资源，要通过深化改革，细分农村土地产权，使新的农村土地产权结构适应制度环境的变化，充分实现农村土地的多元化价值，尤其是要实现农村土地的财产性价值，满足不同层次农民工对农村土地价值的多样性需求，尤其是要满足那些市民化程度较高的农民工对农村土地财产性价值的迫切需求，为顺利推进农民工市民化提供重要的资本支持。

在深化农村土地制度改革的同时，要加快户籍制度综合体制改革，按照中央《关于进一步推进户籍制度改革的意见》《深化农村改革综合性实施方案》《关于加快转变农业发展方式的意见》《关于实施支持农业转移人口市民化若干财政政策的通知》等一系列文件精神，建立城乡统一的户口登记制度，体现户籍制度的人口登记管理功能，稳步推进教育、就业、医疗卫生、社会保障、住房保障等基本公共服务覆盖全部常住人口，逐步消除城乡户籍福利差别，促进农业人口有序转移，满足农民工市民化意愿，逐步提高农民工市民化程度，实现农民工市民化与农村土地资源优化配置的良性互动。

11.2.3 需要在农民工阶层分化基础上，全面考察农民工市民化意愿、市民化程度，分析不同阶层农民工的土地流转行为和土地流转意愿，并充分考虑地区差异所带来的影响，在发达地区与欠发达地区制定差异化的政策措施

实地调研结果表明，我国农民工市民化意愿比较强烈，但市民化程度总体水平较低。在中国社会转型背景下，社会阶层分化趋势明显，农民工阶层也出现了分化，约1/4的农民工兼业者从事农业和非农产业，市民化程度很低；超过半数的农民工以在城镇从事非农产业为主，市民化程度较低；约1/10的农民工已经转变为城镇户籍、进入城镇工作生活，成为准市民，市民化程度较高；约1/20的农民工已经转变为城镇户籍多年，已经有非常稳定的非农就业机会和收入，已经成为标准化的市民。这些客观事实，构成了未来中国农村各

项改革的现实基础。

　　未来的农村改革，要以农民工阶层分化为基础，进行富有弹性的制度设计，满足不同阶层农民工的市民化意愿，有效提高农民工市民化程度。对于市民化程度较高的农民工市民和准市民，要强化公共服务供给，逐步实现公共服务均等化，保证已经加入城镇户籍、在城镇工作生活的农民工群体享有与城市居民同等的社会保障、住房、教育、培训、就业、民主管理等合法权益；采取措施，促进农民工能够尽快融入城市生活，成为真正的市民。对于市民化程度较低的农民工务工者，要消除对农民工的就业、工资歧视，逐步实现农民工与城市居民劳动者同工同酬；创造更多非农就业机会，满足农民工务工者的工作需求；加强农民工务工者职业技能培训，提高农民工务工者职业技能水平，提高农民工务工者适应新工作岗位的能力；提高农民工在工作单位、居住社区参与民主管理的程度，切实保障农民工务工者合法的民主管理权利；采取措施，提高农民工务工者适应城市生活的能力。对于市民化程度很低的农民工兼业者，现阶段需要创造更多非农就业机会，为完全从事非农职业创造条件。

　　我国地区经济社会发展差异明显，农民工市民化状况在发达地区与欠发达地区存在着较大差别，需要制定差异化的政策措施。发达地区农民工市民化意愿强于欠发达地区农民工，发达地区农民工市民化程度高于欠发达地区农民工，发达地区农民工兼业者、农民工务工者所占比例均低于欠发达地区农民工，农民工准市民、农民工市民所占比例均高于欠发达地区农民工。因此，发达地区需要在新型城镇化建设过程中，先行进行户籍制度改革试点，逐步消除城乡二元户籍制度的福利差异，还原户籍的人口登记基本功能；逐步实现城乡一体化的社会保障、教育、住房等公共服务有效供给，实现公共服务均等化；保证市民化程度较高的农民工准市民和农民工市民尽快融入城市，在城镇稳定工作生活，享有与城镇居民同等的政治、经济、社会权益。欠发达地区需要逐步提高经济发展水平，创造更多非农就业机会，保证农民工有比较稳定的非农就业工作岗位，提高农民工家庭收入；逐步提高农民工受教育水平，加强农民工职业技能培训，提高农民工人力资本水平，适应现代社会对农民工劳动者的高素质要求；逐步提高农民工社会保障水平，减少农民工对农村土地的依赖程度，不断提高农民工市民化程度。

11.2.4　农民工市民化进程中的农村土地制度改革，需要建立在农民工阶层分化特征基础上，充分考虑农民工阶层分化与农村土地产权结构不同方面的适应性以及由此产生的对农民工土地流转行为的影响，并且考虑到不同地区农民工市民化程度差异性所带来的影响

　　农民工阶层分化与农村土地产权结构不同方面之间存在一定的适应关系，

不同市民化程度农民工对农村土地产权结构不同方面具有不同的偏好强度，这就内在要求农民工市民化进程中的农村土地制度改革，一定要充分考虑到不同市民化程度农民工对农村土地产权的差异性需求。一方面，在农村土地两权分离基础上，进一步细分农村土地产权，尽快实施"三权分置"改革，保证农村土地产权结构具有相当的弹性，保证农民工作为产权主体能够充分选择适合自身特征的产权结构方面，实现符合自身需求的目标价值，满足市民化程度较低的农民工兼业者和农民工务工者对农村土地占有权、使用权、生产性收益权的较强偏好，满足市民化程度较高的农民工准市民和农民工市民对农村土地流转性收益权、增值性收益权、剩余性收益权、流转权、抵押权的较强偏好。另一方面，及时响应农民工市民化进程中市民化程度较高的农民工准市民和农民工市民对农村土地剩余控制权、剩余索取权和剩余收益权的正当诉求，合理确定土地剩余控制权、剩余索取权和剩余收益权的分配原则，科学设计农民工土地承包经营权退出机制，按照自愿合理有偿原则，逐步引导市民化程度较高的农民工退出土地承包经营权，既提高农业适度规模经营，也保证农村土地能够成为农民工市民化的重要物质基础。

进一步地，农民工市民化程度与农村土地产权结构偏好之间的适应关系对其土地流转行为具有重要影响，市民化程度越高的农民工，转出土地的比例越高。这就需要采取措施，提高农民工市民化程度，增加农民工土地转出比例。一是创造更多非农就业机会，使得更多农民工能够从事非农就业，提高农民工非农就业稳定性，逐步减少对农村土地使用权的偏好程度。二是逐步消除对农民工就业、工资等方面的歧视，实现农民工与城镇就业人员同工同酬，提高农民工工资收入水平，逐步减少农民工对农村土地生产性收益权的偏好程度。三是深化农村土地制度改革，在"三权分置"框架下，通过抵押权试点，逐步赋予农村土地抵押权能，促进农村土地顺利流转。

发达地区与欠发达地区的农民工对农村土地产权结构的不同方面偏好强度有所不同，这就需要在不同地区实施不同政策，满足不同地区农民工的产权结构偏好。发达地区的农村土地制度改革，尤其要满足市民化程度较高的农民工对农村土地占有权、增值性收益权、剩余性收益权、抵押权的较强偏好，科学设计农民工土地承包经营权有偿退出机制，满足市民化程度较高的农民工准市民和农民工市民对土地退出的较强偏好，为农民工市民化积累资本；欠发达地区的农村土地制度改革，重点在于满足广大农民工对农村土地使用权、生产性收益权、流转权、流转性收益权的较强偏好，使得农民工能够专门从事非农产业，同时推进农村土地顺利流转，实现适度规模经营。

11.2.5　农民工市民化进程中的农村土地制度改革，还需要建立在农民工阶层
　　　　分化特征基础上，充分考虑不同市民化程度农民工对农村土地多元化
　　　　价值的异质性需求以及由此产生的对农民工土地流转意愿的影响，并
　　　　且考虑到不同地区农民工市民化程度差异性所带来的影响

　　不同市民化程度农民工对农村土地多元化价值具有异质性需求，市民化程
度较低农民工对农村土地生产性价值、保障性价值需求较强，市民化程度较高
农民工对农村土地财产性价值需求较强，农民工准市民和农民工务工者这两类
群体对农村土地流转性价值的需求较强。这就要求农村土地制度改革能够适应
不同市民化程度农民工对土地价值多元化的异质性需求，一是通过确权、登
记、颁证，保证农户家庭拥有长期稳定的土地承包权，满足市民化程度较低的
农民工兼业者对土地生产性价值、保障性价值的较强需求。二是加快进行农村
土地"三权分置"改革，明确农村土地集体所有权，稳定农户承包权、放活土
地经营权，进一步细分农村土地产权，并使得产权之间边界清晰化，保证农民
工可以根据自身条件自愿流转土地经营权，满足农民工务工者和农民工准市民
对农村土地流转性价值的较强需求，同时逐步实现农村土地适度规模经营。三
是通过改革试点，探索农村土地承包权有偿退出机制，使得市民化程度较高的
农民工市民和农民工准市民可以在自愿基础上有偿退出土地承包权，为农民工
市民化提供资本支持。

　　进一步地，农民工阶层分化与农村土地多元化价值需求之间的适应关系，
对农民工土地流转意愿具有重要影响，市民化程度越高的农民工，转出土地意
愿越强。这就需要，采取措施提高农民工市民化程度，提高农民工土地转出意
愿，促进农村土地顺利流转，一是逐步提高农民工家庭收入，改善收入结构，
减少市民化程度较低农民工兼业者对土地生产性价值的需求强度。二是提高农
民工社会保障水平，逐步实现农民工与城市居民社会保障水平均等化，减少市
民化程度较低农民工务工者对土地保障性价值的需求强度。三是建立农村土地
市场，完善市场运行机制，使得农村土地流转逐步市场化，提高农村土地流转
价格，满足农民工对农村土地流转性价值的需求。四是通过农村土地承包权有
偿退出，逐步实现农村土地的财产性价值，满足市民化程度较高的农民工市民
和农民工准市民对土地财产性价值的较强需求，提高其土地转出意愿。

　　发达地区与欠发达地区的农民工对农村土地多元化价值的需求强度不同，
这就需要在不同地区实施不同政策，满足不同地区农民工的土地多元化价值需
求。发达地区的农村土地制度改革，重点在于，一是建立健全农村土地市场，
充分发挥市场在农村土地资源优化配置过程中的基础性作用，逐步实现农村土
地流转价格的市场化决定机制，提高农村土地流转价格，规范农村土地流转行

为，满足农民工对土地流转性价值的较强需求。二是通过改革试点，探索农村土地承包权有偿退出机制，保证市民化程度较高农民工市民和农民工准市民可以根据自身条件，在自愿基础上，有偿退出土地承包权，满足其对农村土地财产性价值的较强需求。欠发达地区的农村土地制度改革，重点在于，一是尽快提高农民工家庭收入，提高农民工社会保障水平，减少市民化程度较低农民工兼业者和农民工务工者对农村土地生产性价值、保障性价值的较强需求，提高其土地流转意愿。二是规范农村土地流转程序，逐步提高农村土地流转价格，满足农民工对农村土地流转性价值的较强需求。

11.2.6 重视农村土地流转对农民工福利功能的积极影响，采取综合措施，提高农民工福利功能水平，并充分考虑到异质性因素对农民工福利功能的影响

现阶段，我国农民工福利功能总体水平较低，农民工社会身份和文化生活的隶属度处于中间水平；农民工经济状况、政治权利、心理适应的隶属度均处于较低水平，存在较大提升空间。这就需要采取综合措施，提高农民工收入水平，提高农民工民主管理程度，加快融入城市社会，切实转变社会身份，提高综合文化素质，促进农民工尽快融入城市生活，最终提高农民工可行能力框架内的福利功能。具体而言，一是创造更多非农就业机会，改善农民工收入结构，保证农民工收入持续增长，加快农村集体产权制度改革，保证农民能够分享农村集体资产收益，改善农民工的经济状况。二是加强农村基层民主建设，保证农民工依法履行村委会民主选举权利，保证农民工依法享有在所在工作单位和居住社区参与民主管理的权力，保证农民工享有合法的政治权利。三是加快户籍制度改革，逐步缩小城乡户籍的福利差距，保证有意愿、有能力的农民工能够顺利转变为城镇户籍，消除对农民工的就业歧视和工资歧视，保证农民工与城镇劳动者同工同酬，提高农民工社会保障水平，明确农民工的社会身份；提高农村教育水平，保证农民工在城镇享有同等教育机会，提高农民工受教育程度，建立健全农民工在职培训体系，增加农民工接受培训的数量和质量，组织农民工参加单位和社区的文化活动，丰富其文化生活；加强对城市市民和农民工的宣传教育，开展城市市民与农民工的互动交流活动，促进城市市民与农民工互相理解、互相包容、互相支持，促进农民工尽快融入城市生活。

同时，农民工个体特征差异、家庭特征差异、地区特征差异等异质性因素对农民工福利状况存在一定影响，新生代农民工的福利状况比老一代农民工福利状况较好；农民工受教育程度和参加培训情况对其福利状况存在积极影响；农民工家庭劳动力人口占总人口比重越大、家庭非农就业人口占劳动力人口比重越大，福利状况越好；发达地区农民工的福利状况好于欠发达地区农民工。

这就要求，针对不同农民工群体，采取不同对策，有效提高农民工福利功能水平。具体而言，一是要加快农村改革，保证老一代农民工返乡后能够有一定的经济收入，能够享有一定的社会保障，从而提高其福利水平。二是针对新生代农民工的特点，加快城乡二元化体制改革，逐步实现公共服务均等化，保证新生代农民工在城镇享有与城镇居民同等的就业、教育、住房、社会保障等公共服务，提高其福利水平。三是提高农民工受教育水平，向农民工提供更多数量、更高质量的在职培训，提高其福利水平。四是在发达地区，加快户籍制度、农村土地制度改革试点，进一步提高农民工福利水平。五是在欠发达地区，创造更多非农就业机会，增加农民工经济收入，提高农民工社会保障水平，提高农民工福利水平。

另外，土地流转状况对农民工功能实现具有显著的正向影响。这就要求，深化农村土地制度改革，实现农村土地所有权、承包权、经营权"三权分置"，加快农村土地经营权抵押担保试点改革，赋予农户家庭更多土地权能，满足农民工流转土地意愿，提高农民工土地流转比例，提高土地流转性价值实现满意程度，改善农村土地流转状况，最终提高农民工福利功能实现程度。

参 考 文 献

阿尔钦，1994. 产权：一个经典的注释 [M]. //科斯，阿尔钦，诺斯. 财产权利与制度变迁——产权学派与新制度经济学派文集. 上海：三联书店.

阿玛蒂亚·森，2002. 以自由看待发展 [M]. 北京：中国人民大学出版社.

埃里克·弗鲁博顿，鲁道夫·芮切特，2006. 新制度经济学——一个交易费用的分析范式 [M]. 上海：三联书店.

巴泽尔，1997. 产权的经济分析 [M]. 上海：三联书店.

柏振忠，王红玲，2010. "双重有限约束"下的我国农地承包经营权流转的影响因素实证分析 [J]. 农业技术经济 (3)：121-128.

包屹红，2013. 影响农民工转让农村土地的因素分析——基于南昌市 782 份农民工问卷调查 [J]. 农村经济 (5)：103-106.

毕宝德，2011. 土地经济学 [M]. 北京：中国人民大学出版社，2011.

蔡昉，2010. 被世界关注的中国农民工——论中国特色的深度城市化 [J]. 国际经济评论 (2)：40-53.

蔡昉，2010. 三农、民生与经济增长——中国特色改革与发展探索 [M]. 北京：北京师范大学出版社.

蔡继明，程世勇，地价双向垄断与土地资源配置扭曲 [J]. 经济学动态 2010 (1)：75-80.

蔡继明，熊柴，高宏，2013. 我国人口城镇化与空间城镇化非协调发展及成因 [J]. 经济学动态 (6)：15-22.

蔡洁，夏显力，2016. 农业转移人口就近城镇化：个体响应与政策意蕴——基于陕西省 2055 个调查样本的实证分析 [J]. 农业技术经济 (10)：29-37.

蔡瑞林，陈万明，王全领，2015. 农民工逆城市化的驱动因素分析 [J]. 经济管理 (8)：161-170.

陈春，于立，吴娇，2016. "人的城镇化"需解决农民融入城市的制约因素——重庆农民工调研的分析启示 [J]. 城市发展研究 (7)：8-14.

陈会广，刘忠原，石晓平，2012. 土地权益在农民工城乡迁移意愿中的作用研究—以南京市 1062 份农民工问卷为分析对象 [J]. 农业经济问题 (7)：70-77.

陈剑波，2006. 农地制度：所有权问题还是委托—代理问题？[J]. 经济研究 (7)：83-91.

陈伟，王喆，2014. 中国农地转用的制度框架及其软约束问题 [J]. 中国人口·资源与环境 (3)：61-68.

陈锡文，2013. 农业和农村发展：形势与问题 [J]. 南京农业大学学报（社会科学版）(1)：1-10.

陈锡文，2014. 农业转移人口市民化须解决四个问题 [N]. 人民日报 6-23 (7).

陈锡文，2014. 应准确把握农村土地制度改革新部署 [J]. 中国党政干部论坛 (1)：19-20.

陈小林, 2011. 农村土地成本经营权流转调查与思考——基于安徽省实地调研的分析 [J].
经济理论与经济管理 (7)：106－112.

陈学法, 丁浩, 2015. 走出农民市民化的困境：户籍与土地制度管理制度创新 [J]. 江苏
社会科学 2015 (3)：39－46。

陈雪原, 2013. 依靠"带资进城"促进农民市民化 [M]. 载潘家华、魏后凯主编：《中国
城市发展报告：农业转移人口的市民化》北京：社会科学文献出版社.

陈珣, 徐舒, 2014. 农民工与城镇职工的工资差距及动态同化 [J]. 经济研究 (10)：74－88.

陈钰宇, 姚东旻, 洪嘉聪, 2012. 政府主导下的土地流转路径模型——一个动态博弈的视
角 [J]. 经济评论 (2)：6－16.

陈云松, 张翼, 2015. 城镇化的不平等效应与社会融合 [J]. 中国社会科学 (6)：78－95.

陈昭玖, 胡雯, 2016. 人力资本、地缘特征与农民工市民化意愿——基于结构方程模型的
实证分析 [J]. 农业技术经济 (1)：37－47.

陈志刚, 曲福田, 2003. 农地产权制度变迁的绩效分析——对转型期中国农地制度多样化
创新的解释 [J]. 中国农村观察 (2)：2－9.

陈紫涵, 雷宗兴, 张序正, 等, 2015. 当前土地流转背景下影响农民收入的因素研究——
基于济南市商河县的调查与实证 [J]. 经济研究导刊 (27)：13－16.

程承坪, 张晓丽, 2015. 农村土地制度改革：分离保障功能与经济功能 [J]. 学习与实践
(11)：27－34.

程世勇, 2016. 中国农村土地制度变迁：多元利益博弈与制度均衡 [J]. 社会科学辑刊
(2)：85－93.

程宇, 钱蕾, 2015. 经营式动员：土地增值收益实现的策略与机制——来自南县的经验调
查 [J]. 学术研究 (6)：58－62.

楚德江, 韩雪, 2016. 农民工市民化进程中农地承包权退出机制研究 [J]. 理论导刊 (7)：
71－75.

戴维斯, 诺斯, 1994. 制度创新的理论：描述、类推与说明 [M]. 载科斯, 阿尔钦, 诺斯
等著：《财产权利与制度变迁——产权学派与新制度经济学派文集》, 上海：三联书店.

党国英, 2005. 土地制度对农民的剥夺 [J]. 中国改革 (7)：31－35.

党门英, 2013. 积极稳妥发展家庭农场 [J]. 农村工作通讯 (7)：1.

道格拉斯.C. 诺斯, 1994. 经济史中的结构与变迁 [M]. 上海：三联书店.

道格拉斯.C. 诺斯, 2008. 制度、制度变迁与经济绩效 [M]. 北京：格致出版社.

德勒巴克, 奈, 2003. 新制度经济学前沿 [M]. 北京：经济科学出版社.

德姆塞茨, 1990. 关于产权的理论 [J]. 经济社会体制比较 (6)：56－57.

邓大才, 2000. 效率与公平交互替代：中国农地产权制度的变迁轨迹 [J]. 山西农经 (3)：
49－56.

邓大才, 2009. 关于土地承包经营权流转市场的一个重大判断 [J]. 学术研究 (10)：92－97.

邓大才, 2000. 农业制度安排的非均衡研究 [J]. 当代财经 (8)：19－23.

邓宏图, 李德良, 2008. 农地产权、合约选择与制度变迁——一个有关农地租约的历史逻
辑分析 [J]. 江苏社会科学 (5)：39－47.

丁文，冯义强，2016. 土地承包经营权流转市场的问题与对策研究［J］. 华中师范大学学报（人文社会科学版）(5)：30 - 39.

董秀茹，薄乐，赫静文，2016. 农村集体经营性建设用地流转收益分配研究——基于分配主体利用诉求及博弈理论［J］. 国土资源科技管理 (5)：80 - 85.

董志勇，2006. 行为经济学原理［M］. 北京：北京大学出版社.

杜润生，2005. 杜润生自述：中国农村体制改革重大决策纪实［M］. 北京：人民出版社.

杜鹰，唐正平，张红宇，2002. 中国农村人口变动对土地制度改革的影响［M］. 北京：中国财政经济出版社.

范进，赵定涛，2012. 土地城镇化与人口城镇化协调性测定及其影响因素［J］. 经济学家 (5)：61 - 67.

方福前，吕文慧，2009. 中国城镇居民福利水平影响因素分析——基于阿玛蒂亚·森的能力方法和结构方程模型［J］. 管理世界 (4)：17 - 26.

方文，2011. 论城乡统筹视域下的农村土地流转及其公平［J］. 农业现代化研究 (3)：292 - 296.

费孝通，1985. 乡土中国［M］. 北京：生活·读书·新知三联书店.

丰雷，蒋妍，叶剑平，2013. 诱致性制度变迁还是强制性制度变迁——中国农村土地调整的制度演进及地区差异研究［J］. 经济研究 (6)：4 - 18，57.

付江涛，纪月清，胡浩，2016. 产权保护与农户土地流转合约选择——兼评新一轮承包地确权颁证对农地流转的影响［J］. 江海学刊 (3)：74 - 81.

付宗平，2015. 中国农村土地制度改革的动力、现实需求及影响［J］. 财经问题研究 (12)：119 - 124.

傅晨，任辉，2014. 农业转移人口市民化背景下农村土地制度创新的机理：一个分析框架［J］. 经济学家 (3)：74 - 83.

盖庆恩，朱喜，程名望，等，2017. 土地资源配置不当与劳动生产率［J］. 经济研究 (5)：117 - 130.

高洁，廖长林，2011. 英、美、法土地发展权制度对我国土地管理制度的启示［J］. 经济社会体制比较 (4)：206 - 213.

高进云，乔荣锋，张安录，2007. 农地城市流转前后农户福利变化的模糊评价——基于森的可行能力理论［J］. 管理世界 (6)：45 - 55.

高名姿，张雷，陈东平，2015. 差序治理、熟人社会与农地确权矛盾化解——基于江苏省695份调查问卷和典型案例的分析［J］. 中国农村观察 (6)：60 - 69.

高艳梅，汤惠君，张效军，2012. 基于产权价值的区域农地承包经营权流转价格研究——以广州市为例［J］. 华南农业大学学报》(社会科学版)(2)：58 - 63.

高战民，万沛，2016. 农村集体建设用地流转存在的问题及对策研究［J］. 资源导刊 (4)：22 - 23.

龚启圣，刘守英，1998. 农民对土地产权的意愿及其对新政策的反应［J］. 中国农村观察 (2)：20 - 27.

管琳，刘淑俊，2015. 土地流转后农民收入来源变化的聚类和因子分析［J］. 中国人口资源与环境 (52)：158 - 161.

桂华，2016. 从经营制度向财产制度异化——集体农地制度改革的回顾、反思与展望［J］. 政治经济学评论（5）：126-142.

郭贯成，丁晨曦，2016. 土地细碎化对粮食生产规模报酬影响的量化研究——基于江苏省 盐城市、徐州市的实证数据［J］. 自然科学学报（2）：202-214.

郭炜，丁延武，2015. 深化农村土地产权制度改革的困境突破与路径选择［J］. 经济体制 改革（4）：84-89.

郭熙保，苏桂榕，2016. 我国农地流转制度的演变、存在问题与改革的新思路［J］. 江西 财经大学学报（1）：78-89.

郭晓鸣，张克俊，2013. 让农民带着土地财产权进城［J］. 农业经济问题（7）：4-12.

国家发改委经济研究所课题组，2012. 面向2020年的中国经济发展战略研究［J］. 经济研 究参考（43）：4-34.

国家统计局，1959. 伟大的十年［M］. 北京：人民出版社.

国家统计局编，1989. 奋斗的四十年：1949～1989［M］. 北京：中国统计出版社.

国家统计局统计科学研究所，2013. 农民工市民化程度测算及分析［J］. 研究参考资料 （46）：1-16.

国务院发展研究中心课题组，2011. 农民工市民化：制度创新与顶层政策设计［J］. 北京： 中国发展出版社.

韩德军，朱道林，2013. 中国农村土地制度历史变迁的进化博弈论解释［J］. 中国土地科 学（7）：21-27.

韩俊，2009. 中国农民工战略问题研究［M］. 上海：上海远东出版社.

韩俊，何宇鹏，2014. 新型城镇化与农民工市民化［M］. 北京：中国工人出版社.

韩学平，刘兆军，2007. 论农民工土地权益的法律保护［J］. 学术交流（2）：68-71.

何格，别梦瑶，陈文宽，2016. 集体经营性建设用地入市存在问题及其对策［J］. 中州学 刊（2）：43-47.

何军，李庆，2014. 代际差异视角下的农村土地流转行为差异研究［J］. 农业技术经济 （1）：65-72.

何立胜，黄灿，2011. 城乡统筹的路径选择：实现农村人口迁移与土地流转［J］. 贵州财 经学院学报（2）：87-93.

何佩生，2008. 谁是中国土地的拥有者？——制度变迁、产权和社会冲突［M］. 北京：社 会科学文献出版社.

何一鸣，罗必良，2012. 农地流转、交易费用与产权管制：理论范式与博弈分析［J］. 农 村经济（1）：9-14.

何元斌，姜武汉，2011. 农地流转参与主体与社会福利的关联度［J］. 改革（1）：136-142.

贺振华，2006. 劳动力迁移、土地流转与农户长期投资［J］. 经济科学（3）：11-19.

贺振华，2006. 农户兼业及其对农村土地流转的影响——一个分析框架［J］. 上海财经大 学学报（哲学社会科学版）（2）：36-41.

衡爱民，2014. 土地发展权、制度设计与被征地农民权益保护的关联度［J］. 改革（7）： 49-56.

候风云，潘芸红，2016. 中国农村土地与农民工劳资关系状况研究 [J]. 山东大学学报（哲学社会科学版）（4）：103－111.

胡初枝，黄贤金，2007. 农户土地经营规模对农业生产绩效的影响分析——基于江苏省铜山县的分析 [J]. 农业技术经济（6）：81－84.

胡乐明，刘刚，2014. 新制度经济学 [M]. 北京：中国人民大学出版社.

胡平，杨羽宇，2014. 农民工市民化：制约因素与政策建议 [J]. 四川师范大学学报（社会科学版）（5）：60－65.

胡绳主编，1991. 中国共产党的七十年 [M]. 北京：中共党史出版社.

胡穗，2007. 中国共产党农村土地政策的演进 [M]. 北京：中国社会科学出版社.

胡雯，陈昭玖，滕玉华，2016. 农民工市民化程度：基于制度供求视角的实证分析 [J]. 农业技术经济（11）：66－75.

胡元坤，2006. 中国农村土地制度变迁的动力机制 [M]. 北京：中国大地出版社.

黄枫，孙世龙，2015. 让市场配置农地资源：农村劳动力转移与农地使用权市场发育 [J]. 管理世界（7）第71－81.

黄惠春，2014. 农村土地承包经营权抵押贷款可得性分析——基于江苏试点地区的经验证据 [J]. 中国农村经济（3）：48－57.

黄锟，2011. 城乡二元制度对农民工市民化影响的实证分析 [J]. 中国人口·资源与环境（3）：76－81.

黄锟，2011. 农村土地制度对新生代农民工市民化的影响与制度创新 [J]. 农业现代化研究（2）：196－199.

黄砺，2016. 基础性制度约束与农地产权改革争论：基于制度分层的研究视角 [J]. 南京农业大学学报（社会科学版）（3）：90－100.

黄砺，谭荣，2014. 中国农地产权是有意的制度模糊吗？ [J]. 中国农村观察（6）：2－13，36.

黄少安，2004. 产权经济学导论 [M]. 北京：经济科学出版社.

黄维松，等，1992. 土地政策法规手则 [M]. 长沙：湖南科学技术出版社.

黄延信，张海阳，李伟毅，2011. 农村土地流转状况调查与思考 [J]. 农业经济问题（5）：4－9.

黄有光，2005. 福祉经济学 [M]. 长春：东北财经大学出版社.

黄忠华，杜雪君，2014. 农村土地制度安排是否阻碍农民工市民化：托达罗模型拓展和义乌市实证分析 [J]. 中国土地科学（7）：31－38.

黄祖辉，王朋，2008. 农村土地流转：现状、问题及对策——兼论土地流转对现代农业发展的影响 [J]. 浙江大学学报》（人文社会科学版）（2）：38－47.

冀县卿，钱忠好，2009. 剩余索取权、剩余控制权与中国农业阶段性增长 [J]. 江海学刊（1）：106－111.

金三林，2013. 农业转移人口市民化制度创新与对策 [N]. 东方早报4－2.

金中夏，熊鹭，2013. 农业转移人口市民化道路怎么走 [N]. 经济日报1－31.

晋洪涛，史清华，俞宁，2010. 谈判权、程序公平与征地制度改革 [J]. 中国农村经济

（12）：4-16.

柯华庆，2010. 法律经济学视野下的农村土地产权 [J]. 法学杂志 (9)：10-13.

孔泾源，1993. 中国农村土地制度：变迁过程的实证分析 [J]. 经济研究 (2)：65-72.

孔祥智，2016. 中国农村土地制度：形成、演变与完善 [J]. 中国特色社会主义研究 (4)：16-22.

孔祥智，徐珍源，2010. 转出土地农户选择流转对象的影响因素分析：基于综合视角的实证分析 [J]. 中国农村经济 (12)：17-26.

匡远配，周凌，2016. 农地流转的产业结构效应研究 [J]. 经济学家 (11)：90-96.

拉坦，1994. 诱致性制度变迁理论，科斯、阿尔钦、诺斯：财产权利与制度变迁——产权学派与新制度经济学派文集 [M]. 上海：上海三联书店.

乐章，2010. 农民土地流转意愿及解释——基于十省份千户农民调查数据的实证分析 [J]. 农业经济问题 (2)：64-70.

黎东升，刘小乐，2016. 我国农村土地流转创新机制研究——基于政府干预信息披露的博弈分析 [J]. 农村经济 (2)：34-38.

黎霆，赵阳，辛贤，2009. 当前农地流转的基本特征及影响因素分析 [J]. 中国农村经济 (10)：4-11.

李宝礼，胡雪萍，2014. 我国人口与土地城镇化的协调性测定与影响因素研究 [J]. 昆明理工大学学报（社会科学版）(5)：62-68.

李宝元，2014. 农民工陷于"双重边缘化"困境 [J]. 中国发展观察 (2)：62-63.

李春香，2015. 基于农村人口退出视角的中国农村土地制度改革研究 [D]. 武汉：武汉大学.

李春香，2015. 农民工农村退出意愿及农村土地制度改革制度需求分析——以湖北问卷调查为例 [J]. 湖北社会科学 (10)：80-85.

李谷成，冯中朝，范丽霞，2010. 小农户真的更加具有效率吗？——来自湖北省的经验证据 [J]. 经济学季刊 (1)：99-128.

李汉卿，2009. 新中国土地制度变迁与农民主体性发挥 [J]. 武汉学刊 (1)：43-48.

李恒，彭文慧，2015. 农村转移人口离农的制度困境及其实现路径 [J]. 经济学家 (11)：81-87.

李俊霞，2016. 农民工城镇落户意愿调查研究——以四川为例 [J]. 经济问题 (7)：65-69.

李孔岳，2009. 农地专用性资产与交易的不确定性对农地流转交易费用的影响 [J]. 管理世界 (3)：92-98.

李宁，陈利根，谢存旭，2015. 农地产权结构的历史演变及其阶段比较 [J]. 贵州社会科学 (8)：134-143.

李培林，2012. 城市化与我国新成长阶段——我国城市化发展战略研究 [J]. 江苏社会科学 (5)：38-46.

李强，2012. 农民工与中国社会分层 [M]. 北京：社会科学文献出版社.

李仕波，陈开江，2014. 农民工市民化面临的制约因素及破解路径 [J]. 城市问题 (5)：74-78.

李淑妍，2013. 农民工市民化视角下的农村土地流转问题研究 [D]. 沈阳：辽宁大学.

李涛，王晓青，2012. 财政分权、收益分配与土地市场化进程［J］. 江海学刊（6）：74 - 79，239.

李勇，杨卫忠，2014. 农村土地流转制度创新参与主体行为研究［J］. 农业经济问题（2）：75 - 82.

李中，2013. 农村土地流转与农民收入——基于湖南邵阳市跟踪调研数据的研究［J］. 经济地理（5）：144 - 149.

厉以宁，2009. 走向城乡一体化：建国 60 年城乡体制的变革［J］. 北京大学学报（哲学社会科学版）（6）：5 - 19.

厉以宁，2013. 中国经济双重转型之路［M］. 北京：中国人民大学出版社.

廖洪乐，2008. 中国农村土地制度六十年——回顾与展望［M］. 北京：中国财政经济出版社.

林乐芬，2015. 农村土地制度变迁的社会福利效应——基于金融视角的分析［M］. 北京：社会科学文献出版社.

林瑞瑞，2015. 土地增值收益分配问题研究［D］. 北京：中国农业大学.

林瑞瑞，朱道林，刘晶，等，2013. 土地增值产生环节及收益分配关系研究［J］. 中国土地科学（2）：3 - 8.

林善浪，王键，张锋，2010. 劳动力转移行为对土地流转意愿影响的实证研究［J］. 中国土地科学（2）：19 - 23.

林毅夫，1994. 关于制度变迁的经济学理论：诱致性制度变迁与强制性变迁载科斯、阿尔钦、诺斯：财产权利与制度变迁：产权学派与新制度学派译文集.

林毅夫，2015. 制度、技术与中国农业发展［M］. 上海：上海三联书店.

凌斌，2014. 土地流转的中国模式：组织基础与运行机制［J］. 法学研究（6）：80 - 98.

刘传江，程建林，董延芳，2009. 中国第二代农民工研究［M］. 济南：山东人民出版社.

刘传江，董延芳，2011. 农民工市民化障碍解析［J］. 人民论坛（26）：42 - 43.

刘传江，程建林，2008. 第二代农民工市民化：现状分析与进程测度［J］. 人口研究（5）：48 - 57.

刘芬华，2011. 究竟是什么因素阻碍了中国农地流转——基于农地控制权偏好的制度解析及政策含义［J］. 经济社会体制比较（2）：26 - 34.

刘广栋，程久苗，2007.1949 年以来中国农村土地制度变迁的理论和实践［J］. 中国农村观察（2）：70 - 80.

刘国臻，陈年冰，2013. 论土地权利发展的三大轨迹及其启示［J］. 学术研究（2）：52 - 58.

刘江，2000. 二十一世纪初中国农业发展战略［M］. 北京：中国农业出版社.

刘军辉，张古，2016. 户籍制度改革对农村劳动力流动影响模拟研究——基于新经济地理学视角［J］. 财经研究（10）：80 - 93.

刘俊杰，张龙耀，王梦珺，等，2015. 农村土地产权制度改革对农民收入的影响——来自山东枣庄的初步证据［J］. 农业经济问题（6）：51 - 58.

刘磊，2015. 城乡关系视野下中国农村土地制度改革的道路选择［J］. 南京农业大学学报（社会科学版）（6）：97 - 106.

刘守英，1993. 中国农地制度的合约结构与产权残缺［J］. 中国农村经济（2）：31 - 36.

刘守英，2014. 直面中国土地问题 [M]. 北京：中国发展出版社．

刘守英，2014. 中国城乡二元土地制度的特征、问题与改革 [J]. 国际经济评论（3）：9 - 25.

刘守英，2014. 中国土地制度改革的方向与途径 [J]. 上海国土资源（1）：1 - 8.

刘书楷，曲福田，2004. 土地经济学 [M]. 北京：中国农业出版社．

刘同山，张云华，孔祥智，2013. 市民化能力、权益认知与农户的土地退出意愿 [J]. 中国土地科学（11）：23 - 30.

刘晓宇，张林秀，2008. 农村地权稳定性与劳动力转移关系分析 [J]. 中国农村经济（2）：29 - 39.

刘玉铭，刘伟，2007. 对农业生产规模效益的检验———以黑龙江省数据为例 [J]. 经济经纬（2）：110 - 113.

刘元胜，2017. 农民权益：农村土地增值收益分配的根本问题 [J]. 财经科学（7）：40 - 49.

刘祚祥，黄权国，2008. 公共领域、农地产权与农民的土地发展权分享 [J]. 甘肃行政学院学报（2）：20 - 24.

娄成武，王玉波，2013. 中国土地财政中的地方政府行为与负效应研究 [J]. 中国软科学（6）：1 - 11.

楼江，祝华军，2011. 中部粮食产区农户承包地经营与流转状况研究———以湖北省 D 市为例 [J]. 农业经济问题（3）：15 - 20.

卢锋，2012. 中国农民工工资走势：1979—2010 [J]. 中国社会科学（7）：47 - 67.

卢海阳，梁海兵，2016. "城市人"身份认同对农民工劳动供给的影响———基于身份经济学视角 [J]. 南京农业大学学报（社会科学版）（3）：66 - 76.

卢海阳，郑逸芳，钱文荣，2016. 农民工融入城市行为分析———基于 1632 个农民工的调查数据 [J]. 农业技术经济（1）：26 - 36.

卢华，胡浩，2015. 土地细碎化增加农业生产成本了吗？———来自江苏省的微观调查 [J]. 经济评论（5）：129 - 141.

鲁强，徐翔，2016. 我国农民工市民化进程测度———基于 TT&DTHM 模型的分析 [J]. 江西社会科学（2）：200 - 207.

陆大道，宋林飞，任平，2007. 中国城镇化发展模式：如何走向科学发展之路 [J]. 苏州大学学报（哲学社会科学版）（2）：1 - 7.

陆文荣，段瑶，卢汉龙，2014. 家庭农场：基于村庄内部的适度规模经营实践 [J]. 中国农业大学学报（社会科学版）（3）：95 - 105.

吕添贵，吴次芳，李洪义，等，2016. 人口城镇化与土地城镇化协调性测度及优化———以南昌市为例 [J]. 地理科学（2）：239 - 246.

罗必良，2008. 农村土地制度：变革历程与创新意义 [J]. 南方经济（11）：3 - 12.

罗必良，2011. 农地产权模糊化：一个概念性框架及其解释 [J]. 学术研究（12）：48 - 56.

罗必良，2013. 农地保障和退出条件下的制度变革：福利功能让渡财产功能 [J]. 改革（1）：66 - 76.

罗必良，2014. 农地流转的市场逻辑———"产权强度—禀赋效应—交易装置"的分析线索及案例研究［J］. 南方经济（5）：1-24.

罗必良，李尚蒲，2010. 农地流转的交易费用：威廉姆森分析范式及广东的证据［J］. 农业经济问题（12）：30-40.

罗必良，汪沙，李尚蒲，2012. 交易费用、农户认知与农地流转——来自广东省的农户问卷调查［J］. 农业技术经济（1）：11-21.

罗必良，吴晨，2008. 交易效率：农地承包经营权流转的新视角［J］. 农业技术经济（2）：12-18.

罗后清，2007. 分享经济在西方的发展及其启示［J］. 现代经济探讨（7）：25-28.

马丁·威茨曼，1986. 分享经济——用分享制代替工资制［M］. 北京：中国经济出版社.

马凯，钱忠好，2009. 土地征用、农地直接入市与土地资源优化配置［J］. 农业经济问题（4）：69-75.

马贤磊，仇童伟，钱忠好，2015. 农地产权安全性与农地流转市场的农户参与——基于江苏、湖北、广西、黑龙江四省（区）调查数据的实证分析［J］. 中国农村经济（2）：22-37.

曼瑟尔·奥尔森，1995. 集体行动的逻辑［M］. 上海：上海三联书店.

毛哲山，2016. 农民工阶层的特征与流动：一个制度分析视角［J］. 农村经济（5）：23-29.

孟祥远，2012. 城市化背景下农村土地流转的成效及问题——以嘉兴模式和无锡模式为例［J］. 城市问题（12）：68-72.

苗壮，2008. 合同、政策、法律——中国农村土地经营制度改革的经济分析［J］. 中国政法大学学报（3）：42-48.

倪国华，蔡昉，2015. 农户究竟需要多大的农地经营面积？——农地经营规模决策图谱研究［J］. 经济研究（3）：159-171.

聂伟，风笑天，2016. 就业质量、社会交往与农民工入户意愿——基于珠三角和长三角的农民工调查［J］. 农业经济问题（6）：34-42.

诺克斯，2008. 城市化［M］. 北京：科学出版社.

欧名豪，陶然，2016. 促进农村土地流转、增加农民收入的改革政策与配套措施研究［M］. 北京：科学出版社16-19.

潘家华，魏后凯，2013. 中国城市发展报告：农业转移人口的市民化［M］. 北京：社会科学文献出版社.

彭建超，吴群，钱畅，2017. 农村土地"增值"对农民市民化实现的贡献研究［J］. 人口学刊（6）：51-61.

彭新万，2013. 我国农村土地产权清晰化配置与实现——基于农村土地功能变迁视角［J］. 江西社会科学（6）：219-223.

戚攻，2008. 我国工业化进程中的农村土地流转——以重庆统筹城乡中的农民工土地流转为例［J］. 探索（3）：169-173.

钱忠好，1999. 中国农村土地制度变迁和创新研究［M］. 北京：中国农业出版社.

钱忠好，2003. 农地承包经营权市场流转：理论与实证分析——基于农户层面的经济分析［J］. 经济研究（2）：83-91.

钱忠好，2008. 非农就业是否必然导致农地流转——基于家庭内部分工的理论分析及其对中国农户兼业化的解释 [J]. 中国农村经济 (10)：13 - 21.

钱忠好，冀县卿，2016.《中国农地流转现状及其政策改进——基于江苏、广西、湖北、黑龙江四省（区）调查数据的分析 [J]. 管理世界 (2)：71 - 81.

钱忠好，徐美银，2010. 基于 ESPC 分析框架的我国农地所有制改革路径研究 [J]. 学术研究 (12)：36 - 42.

秦立建，陈波，2014. 医疗保险对农民工城市融入的影响分析 [J]. 管理世界 (10)：91 - 99.

青木昌彦，2001. 比较制度分析 [M]. 上海：远东出版社.

邱鹏旭，2013. 对"农业转移人口市民化"的认识和理解 [R]. 人民网理论频道 3 - 13.

任辉，吴群，2012. 外部利润、产权界定与土地资源优化配置——成都市农村土地股份合作制改革的制度经济学解析 [J]. 地域研究与开发 (3)：155 - 158.

邵彦敏，2007. 农业人口流动与农村土地流转 [J]. 人口学刊 (4)：36 - 39.

申兵，2011. 我国农民工市民化的内涵、难点及对策 [J]. 中国软科学 (2)：1 - 8.

施思，2012. 中国土地发展权转移与交易的浙江模式与美国比较研究 [J]. 世界农业 (10)：133 - 135.

斯密德，2004. 制度与行为经济学 [M]. 北京：中国人民大学出版社.

宋艳，苏子逢，门建营，2017. 基于 Sen 可行能力理论的农民工福利制度改进研究 [J]. 管理世界 (11)：172 - 173.

速水佑次郎，弗农·拉坦，2000. 农业发展的国际分析 [M]. 北京：中国社会科学出版社.

孙圣民，2007. 游说、权力分配与制度变迁——以 1978 年中国农村土地产权制度变迁为例 [J]. 南开经济研究 (6)：17 - 32.

孙圣民，孟愈飞，2015. 当前农村土地流转的制度背景、影响因素、模式与展望：一个文献评述与政策解读 [J]. 理论学刊 (12)：37 - 45.

孙学涛，李旭，戚迪明，2016. 就业地、社会融合对农民工城市定居意愿的影响——基于总体、分职业和分收入的回归分析 [J]. 农业技术经济 (11)：44 - 55.

谭崇台，马绵远，2016. 农民工市民化：历史、难点与对策 [J]. 江西财经大学学报 (3)：77 - 85.

谭晓婷，张广胜，2015. 农业转移人口留城定居意愿及影响因素分析——来自南京市农民工样本的调查 [J]. 调研世界 (5)：36 - 39.

汤爽爽，冯建喜，2016. 新生代农村流动人口内部生活满意度差异研究——以江苏省为例 [J]. 人口与经济 (3)：52 - 61.

唐忠，2015. 中国农村土地制度：争议与思考 [J]. 世界农业 (1)：196 - 202.

陶然，曹广忠，2008. "空间城镇化"、"人口城镇化"的不匹配与政策组合应对 [J]. 改革 (10)：83 - 88.

陶然，徐志刚，2005. 城市化、农地制度与迁移人口社会保障——一个转轨中发展的大国视角与政策选择 [J]. 经济研究 (12)：45 - 56.

田光明，曲福田，2010. 中国城乡一体化土地市场制度变迁路径研究 [J]. 中国土地科学 (2)：26 - 32.

田光明，臧俊梅，2014. 城乡统筹视角农村土地制度创新的苏南模式分析——基于苏州市渭塘镇的个案研究 [J]. 经济体制改革 (3)：80 - 84.

田明，2013. 农业转移人口空间流动与城市融入 [J]. 人口研究 (4)：43 - 55.

万海远，李实，2013. 户籍歧视对城乡收人差距的影响 [J]. 经济研究 (9)：43 - 55.

汪阳红，2011. 农民工市民化过程中的土地问题研究 [J]. 宏观经济研究 (5)：34 - 36.

王桂新，沈建法，刘剑波，2008. 中国城市农民工市民化研究——以上海为例 [J]. 人口与发展 (1)：3 - 23.

王建军，陈培勇，陈风波，2012. 不同土地规模农户经营行为及其经济效益的比较研究——以长江流域稻农调查数据为例 [J]. 调研世界 (5)：34 - 37.

王景新，2001. 中国农村土地制度的世纪变革 [M]. 北京：中国经济出版社.

王景新，2008. 中国农村土地制度变迁 30 年：回眸与瞻望 [J]. 现代经济探讨 (6)：5 - 11.

王磊，2016. 我国农地产权制度变迁的逻辑及动力 [J]. 吉首大学学报社会科学版 (2)：68 - 73.

王美艳，2013. 农民工消费水平的变化及影响因素载蔡昉主编中国人口与劳动问题报告——从人口红利到制度红利 [M]. 北京：社会科学文献出版社.

王万茂，臧俊梅，2006. 试析农地发展权的归属问题 [J]. 国土资源科技管理 (3)：8 - 11.

王伟，陈杰，艾玮依，2014. 新生代农民工在三四线城市定居意愿及其影响机制研究——基于 2014 年长三角地区劳动人口动态监测数据的考察 [J]. 华东师范大学学报 (哲学社会科学版) (4)：30 - 37.

王象永，王延海，张智，2015. 山东省土地流转对农民收入影响调查 [J]. 调研世界 (9)：30 - 32.

王学龙，于潇，白雪秋，2012. 破解城乡差距之困：基于劳动力流转模型的实证分析 [J]. 财经研究 (8)：39 - 49.

王艳萍，2011. 土地承包经营权的抵押及其限制 [J]. 经济社会体制比较 (1)：216 - 220.

王知桂，杨强，李莉，2015. 农业转移人口市民化的制度困局及破解 [M]. 北京：经济科学出版社 61 - 70.

魏后凯，2016. 新常态下中国城乡一体化格局及推进战略 [J]. 中国农村经济 (1)：2 - 16.

魏后凯，苏红健，2013. 中国农业转移人口市民化进程研究 [J]. 中国人口科学 (5)：21 - 29.

吴春梅，张伟，2014. 农民工困境：基于农村土地产权制度分析视角 [J]. 江苏农业科学 (4)：431 - 433.

吴明隆，2000. 结构方程模型——AMOS 的操作与应用 [M]. 重庆：重庆大学出版社.

吴晓燕，周京奎，王伟，2011. 土地隐形流转、福利损失与市场模式选择——一个不对称信息框架下的博弈分析 [J]. 广东商学院学报 (1)：19 - 25.

伍振军，张云华，孔祥智，2011. 交易费用、政府行为和模式比较：中国土地承包经营权流转的实证研究 [J]. 中国软科学 (4)：175 - 184.

武丽丽，黄进，2016. 农民工的政治资本现状研究 [J]. 中国劳动 (16)：17 - 24.

夏玉华，2006. 制度变迁的内在逻辑——对现阶段中国农地制度改革的思考 [J]. 财贸研究（4）：68-74.

晓叶，2016. 土地增值收益如何分配 [J]. 中国土地（4）：1.

肖卫东，梁春梅，2016. 农村土地"三权分置"的内涵、基本要义及权利关系 [J]. 中国农村经济（11）：17-29.

肖屹，钱忠好，2005. 交易费用、产权公共域与农地征收中农民土地权益侵害 [J]. 农业经济问题（9）：58-63.

谢桂华，2014. "农转非"之后的社会经济地位获得研究 [J]. 社会学研究（1）：40-56.

谢嗣胜，姚先国，2006. 农民工工资歧视的计量分析 [J]. 中国农村经济（4）：49-55.

谢勇，2012. 外出农民工的土地处置方式与影响因素研究——基于江苏省的调研数据 [J]. 中国土地科学（8）：48-53.

徐烽烽，李放，唐焱，2010. 苏南农户土地承包经营权置换城镇社会保障前后福利变化的模糊评价——基于森的可行能力视角 [J]. 中国农村经济（8）：67-79.

徐美银，2009. 基于农民认知视角的中国农地制度变迁研究 [M]. 北京：高等教育出版社.

徐美银，2009. 我国农地制度变迁的内在逻辑 [J]. 江苏社会科学（3）：38-43.

徐美银，2012. 我国农地产权结构与市场化流转：理论与实证分析 [J]. 华南农业大学学报（社会科学版）（4）：1-10.

徐美银，陆彩兰，陈国波，2012. 发达地区农民土地流转意愿及其影响因素分析——来自江苏的 566 户样本 [J]. 经济与管理研究（7）：66-74.

徐玮，董婷婷，2009. 农民工"可行能力"的贫困 [J]. 中国矿业大学学报（社会科学版）（1）：91-95.

徐增阳，翟延涛，2012. 农民工公共服务的现状与意愿——基于广东省 Z 市调查的分析 [J]. 社会科学研究（5）：61-65.

许芬，2016. 中国人口城镇化滞土地城镇化的根源——基于城乡间要素不平等交换视角的分析 [J]. 城市问题（7）：12-17.

许恒周，2011. 农民阶层分化与农村土地流转中的产权偏好 [J]. 中州学刊（4）：75-78.

许恒周，郭玉燕，吴冠岑，等，2012. 代际差异视角下农民工土地流转意愿的影响因素分析——基于天津 613 份调查问卷的实证研究 [J]. 资源科学（10）：1864-1870.

许经勇，2014.《人口城镇化是城镇化的核心》，《学习论坛》2014 年第 2 期，第 26-29 页。

许经勇，2014.《我国城乡二元土地制度的负面效应与改革路径研究》，《东南学术》2016 年第 1 期，第 110-119 页。

许庆，田士超，徐志刚，等，2008. 农地制度、土地细碎化与农民收入不平等 [J]. 经济研究（2）：83-93.

薛凤蕊，乔光华，苏日娜，2011. 土地流转对农民收益的效果评价——基于 DID 模型分析 [J]. 中国农村经济（2）：36-42.

闫小欢，霍学喜，2013. 农民就业、农村社会保障和土地流转——基于河南省 479 个农户调查的分析，2013. 农业技术经济（7）：34-44.

严冰，2014. 农地长久确权的现实因应及其可能走向 [J]. 改革（8）：90-99.

杨德才，2002. 我国农地制度变迁的历史考察及绩效分析 [J]. 南京大学学报（哲学·人文科学・社会科学）（4）：60 - 67.

杨群，2012. 城市化过半，要警惕"半城市化"［N］. 解放日报 5 - 23.

杨仁浩，王金，2016. 农民工市民化的制度性问题研究［J］. 湖北社会科学（10）：36 - 39.

杨婷，靳小怡，2015. 资源禀赋、社会保障对农民工土地处置意愿的影响——基于理性选择视角的分析［J］. 中国农村观察（4）：16 - 25.

杨永磊，2016. 农民工"积分落户"与"人地挂钩"协同推进研究［J］. 上海经济研究（2）：64 - 71.

姚洋，1998. 中国农村土地制度安排与农业绩效［J］. 中国农村观察（6）：62 - 67.

姚洋，1999. 非农业就业结构与土地租赁市场的发育［J］. 中国农村观察（2）：18 - 23.

姚洋，2000. 中国农地制度：一个分析框架［J］. 中国社会科学（2）：54 - 65.

姚洋，2003. 政治过程与有效制度变迁［J］. 制度经济学研究（1）.

叶剑平，蒋妍，丰雷，2006. 中国农村土地流转市场的调查分析——基于 2005 年 17 省调查的分析和建议［J］. 中国农村观察（4）：48 - 55.

叶俊焘，钱文荣，2016. 制度感知对农民工主观市民化的影响及其代际和户籍地差异［J］. 农业经济问题（7）：40 - 52.

叶战备，2009. 可行能力视阈中的中国农民工问题研究［J］. 学习与探索（1）：74 - 77.

伊立夫，2009. 城乡劳动力市场分割的福利影响研究［D］. 杭州：浙江大学.

易丹辉，2008. 结构方程模型——方法与应用［M］. 北京：中国人民大学出版社.

于长永，2012. 农民对新型农村合作医疗的福利认同及其影响因素［J］. 中国农村经济（4）：76 - 86.

袁铖，2006. 中国农村土地制度变迁：一个产权的视角［J］. 中南财经政法大学学报（5）：18 - 22.

臧俊梅，王万茂，陈茵茵，2008. 农地非农化中土地增值收益分配与失地农民权益保障研究——基于农地发展权视角的分析［J］. 农业经济问题（2）：80 - 85.

詹和平，张林秀，2009. 家庭保障、劳动力结构与农户土地流转——基于江苏省 142 户农户的实证研究［J］. 长江流域资源与环境（9）：658 - 663.

詹姆斯・米德，1989. 分享经济的不同形式冯举译经济体制改革（1）：115 - 124.

张安录，胡越，2016. 试论城乡建设用地增减挂钩中土地增值收益均衡分配——以湖北省襄阳市尹集乡为例［J］. 华中科技大学学报（社会科学版）（4）：91 - 98.

张春龙，2015. 现实性与现代性：农民工与土地的关联性及其走向［J］. 求实（11）：82 - 88.

张广胜，陈技伟，江金昌，等，2016. 可行能力与农民工的福利状况评价［J］. 华南农业大学学报（社会科学版）（4）：65 - 75.

张国胜，2008. 中国农民工市民化：社会成本视角的研究［M］. 北京：人民出版社.

张国胜，陈瑛，2013. 社会成本、分摊机制与我国农民工市民化——基于政治经济学的分析框架［J］. 经济学家（1）.

张海丰，2008. 新中国农地制度变迁：一个路径依赖分析范式［J］. 农村经济（1）：95 - 98.

张汉飞，2013. 论农民工市民化的可持续发展路径［J］. 中共中央党校学报（6）：74 - 78.

张红宇，2002. 中国农村的土地制度变迁［M］. 北京：中国农业出版社.

张丽凤，吕赞，2012. 中国农地非农化中的中央与地方政府博弈行为分析 [J]. 农业经济问题 (10)：53-58.

张丽艳，袁成，陈余婷，2008. 农民工市民化的社会保障机制创建——基于我国东中西部及东北部分地区的农村调查 [J]. 东岳论丛 (2)：183-187.

张鹏，高波，叶浩，2013. 土地发展权：本质、定价路径与政策启示 [J]. 南京农业大学学报 (社会科学版) (4)：83-89.

张平，2014. 城镇化与土地流转互动：机制、问题与调控研究 [J]. 社会科学战线 (6)：38-45.

张三峰，杨德才，2010. 农民的土地调整意愿及其影响因素分析——基于 2006 年中国综合社会调查数据 [J]. 中国农村观察 (1)：15-24.

张曙光，程炼，2012. 复杂产权论与有效产权论——中国地权变迁的一个分析框架 [J]. 经济学 (季刊) (4)：1219-1238.

张维迎，1996. 所有制、治理结构及委托-代理关系 [J]. 经济研究 (9)：3-15，53.

张蔚文，李学文，2011. 外部性作用下的耕地非农化权设置——"浙江模式"的可转让土地发展权真的有效率吗？[J]. 管理世界 (6)：47-62.

张五常，2014. 经济解释 [M]. 北京：中信出版社.

张永丽，王博，2016. 农民工内部分化及其市民化研究 [J]. 经济体制改革 (4)：95-101.

张正河，2009. 农民工准城市化背景下耕地流转困境研究 [J]. 学术研究 (10)：85-91.

张正河，武晋，2001. 论农村生产要素的准城市化 [J]. 农业经济问题 (7)：20-25.

赵丙奇，贾日斗，2011. 农村集体土地流转的公平与效率研究 [J]. 经济体制改革 (3)：77-80.

赵丙奇，周露琼，杨金忠，等，2011. 发达地区与欠发达地区土地流转方式比较及其影响因素分析——基于对浙江省绍兴市和安徽省淮北市的调查 [J]. 农业经济问题 (11)：60-65.

赵光，李放，2012. 非农就业、社会保障与农户土地转出——基于 30 镇 49 村 476 个农民的实证分析 [J]. 中国人口·资源与环境 (10)：102-110.

赵鲲，刘磊，2016. 关于完善农村土地承包经营制度发展农业适度规模经营的认识与思考 [J]. 中国农村经济 (4)：12-16，69.

赵排风，2016. 农民工城市融入过程中社会保障制度创新问题研究 [J]. 经济研究导刊 (2)：108-109.

赵阳，2007. 共有与私用——中国农地产权制度的经济学分析 [M]. 北京：生活·读书·新知三联书店.

赵云，2014. 促进农村土地流转推动农民工市民化 [J]. 人民论坛 (7)：72-74.

赵振军，2007. 新农村建设中的城市发展、农地制度与户籍制度改革 [J]. 农村经济 (2)：100-103.

郑鑫，2014. 城镇化对中国经济增长的贡献及其实现途径 [J]. 中国农村经济 (6)：4-15.

郑雄飞，2017. 地租的时空解构与权利再生产——农村土地"非农化"增值收益分配机制探索 [J]. 社会学研究 (4)：80-90.

郑子青，2014. 土地制度变革对农村人口流动的影响研究——以湖南省平江县某村民小组

为例 [J]. 中国人民大学学报 (2)：73 - 82.

中共中央党史研究室，1991. 中国共产党的七十年 [M]. 北京：中共党史出版社.

中共中央文献研究室，国务院发展研究中心，1992. 新时期农业和农村工作重要文献选编 [M]. 北京：中央文献出版社.

中国金融 40 人论坛课题组，2013. 加快推进新型城镇化：对若干重大体制改革问题的认识与政策建议 [J]. 中国社会科学 (7)：59 - 76.

中国金融 40 人论坛课题组，2013. 土地制度改革与新型城镇化 [J]. 金融研究 (5)：114 - 125.

钟甫宁，王兴稳，2010. 现阶段农地流转市场能减轻土地细碎化程度吗？——来自江苏兴化和黑龙江宾县的初步证据 [J]. 农业经济问题 (1)：23 - 33.

钟水映，李春香，2015. 乡城人口流动的理论解释：农村人口退出视角——托达罗模型的再修正 [J]. 人口研究 (11)：13 - 21.

钟文晶，2013. 禀赋效应、认知幻觉与交易费用——来自广东省农地经营权流转的农户问卷 [J]. 南方经济 (3)：13 - 22.

周立群，张红星，2010. 从农地到市地：地租性质、来源及演变 [J]. 经济学家 (12)：79 - 87.

周密，张广胜，黄利，2012. 新生代农民工市民化进程的测度 [J]. 农业技术经济 (1)：90 - 98.

周其仁，2004. 产权与制度变迁——中国改革的经验研究 [M]. 北京：北京大学出版社.

周其仁，2013. 城乡中国 [M]. 北京：中信出版社.

周荣荣，王渭，于翠萍，2016. 农民工市民化实证分析及对策研究 [J]. 江苏社会科学 (2)：242 - 249.

周业安，2005. 政策制定过程的新制度经济学视角 [J]. 管理世界 (1)：162 - 168.

周跃辉，2015. 构建"按权能分配"的农村土地增值收益分配格局 [J]. 农村经营管理 (10)：48.

朱冬亮，2003. 社会变迁中的村级土地制度 [M]. 厦门：厦门大学出版社.

朱冬梅，刘桂琼，2015. 基于农村土地流转的农民工基本公共服务均等化问题研究 [J]. 商业经济研究 (1)：112 - 113.

朱一中，曹裕，2012. 农地非农化过程中的土地增值收益分配研究——基于土地发展权的视角 [J]. 经济地理 (10)：133 - 138.

诸培新，唐鹏，2013. 农地征收与供应中的土地增值收益分配——基于江苏省的实证分析 [J]. 南京农业大学学报（社会科学版）(1)：66 - 72.

邹宝玲，罗必良，钟文晶，2016. 农地流转的契约期限选择——威廉姆森分析范式及其实证 [J]. 农业经济问题 (2)：25 - 32 页。

Alchian, Armen A. , Woodward Susan. 1987. Reflections on The Theory of the Firm [J]. Journal of Institutional Theoretical Economics，143 (1) 110 - 136.

Armen A. Alchian and Harold Demsetz. 1973. The Property Rights Paradigm [J]. The Journal of Economic History，Vol. 33，No. 3.

Arther & North，1993，"Shared Mental Models：Ideologies and Institution [R]. Working Papers for the Center of the Study of Political Economy Washington University.

Avinash K. Dixit, 1996, The Making of Economic Policy: A Transaction Cost Politics Perspective [R]. Cambridge, The MIT Press.

Barzel, Y., 1997, Economical Analysis of Property Rights [R]. Cambridge University Press.

Besley, T., 1995, Property Rights and Investment Incentives: Theory and Evidence from Ghana [J]. Journal of Political Economy, Vol. 103, 903–937.

Carter. M. R. and Yang Yao, Specialization with Regret: Transfer Rights, Agricultural Productivity and Investment in an Industrializing Economy [R]. Policy Research Working Paper.

Cerioli A, Zani S. A Fuzzy Approach to the Measurement of Poverty. Income and Wealth Distribution, Inequality and Poverty. Studies in Contemporary Economics [R]. Springer Verlag, Berlin, 272–284, 1990.

Cheli B, Lemmi A. 1995. A 'Totally' Fuzzy and Relative Approach to the Multidimensional Analysis of Poverty [R]. Economic Notes, Vol. 24, No. 1, 115–133.

De Soto, H., 2000, The Mystery of Capital: Why Capitalism Triumphs in the West and Fails [M]. Everywhere Else. Basic Books, New York.

Deng Xiang–zheng, Huang Ji-kun, Rozelle S, et. al, 2008. Growth, Population and Industrialization and Urban Land Expansion of China [J]. Journal of Urban Economics, 63 (1) .

Dixon G I J. Land and Human Migrations [J] . American Journal of Economics and Sociology, 1950, 9 (2): 223–234.

Dong, X., 1996. Two–tier Land Tenure System and Sustained Economic Growth in Psot–1 978 Rural China, World Development, Vol. 24, No. 5.

Fischel M A. 1985. The Economics of Zoning Laws: a Property Rights Approach to American Land Use Controls [R]. The Johns Hopkins University Press.

Hart, O. and J. Moore, 1988, Incomplete Contracts and Renegotiation [R]. Econometrica, 56, 755–785.

Hayami, Y., and V. W. Ruttan, 1971. Agricultural Development: an International Perspective [R]. Baltimore: The Johns Hopkins University Press.

Ho, Peter, 2005. Institutions in Transition, Land Ownership [R]. Property Rights and Social Conflict in China, Oxford Press.

Jensen, Michael and William Meckling, 1976. The Theory of the Firm: Managerial Behavior, Agency Costs and Capital Structure [J]. Journal of Financial Economics, 3: 305–360.

Jin S Q, Deininger K., 2009. Land rental markets in the process of rural structural transformation: Productivity and equity impacts from China [J]. Journal of Comparative Economics.

John Knight, Lina Song, 2005. Towards a Labour Market in China [R]. Oxford University Press.

Kahneman D, Knetsch J L, Thaler R H. 1991. The endowment effect, loss aversion, and status quo bias [J] . Journal of Economic Perspectives, 5 (1): 193 - 206.

Kung, J. K. , Egalitarianism, 1994. Subsistence Provision and Work Incentives in China's Agricultural Collectives [R]. World Development, 22, 2.

Kung, J. K. , Ying Bai, 2010. Induced Institutional Change or Transaction Costs? The Economic Logic of Land Reallocations in Chinese Agriculture [R]. Journal of Development Studies.

Lall S V, Mila Freire, Belinda Yen, 2009. Urban land market [R]. World Bank Springer.

Lin, Justin Yifu, 1989, An Economic Theory of Institutional Change: Induced and Imposed Change [R]. Cato Journal, 9 (1): 1 - 33.

Lin, J. Y. , Endowments, Technology, 1995. and Factor Markets: A Natural Experiment from China's Institutional Reform [R]. American Journal of Agricultural Economics, 77.

Liu Shouying, 2009, Land system reform should protect farmers' interests [J]. China Economist, 6 (1): 70 - 81.

Liu, Shouying, Michael Carter et. al. 1990. "dimensions and Diversity of the Land Tenure in Rural China: Dilemma for Further Reform", World Development 26, 10.

Muelbroek, L. , 2002, Company Stock in Pension Plans: How Costly Is It? [R]. Harvard Business School Working Paper 2 - 58.

North, 1990. Institutions, Institutional Change and Economic Performance [R]. Cambridge University Press.

North, D. C. , 1981, Structure and changes in economic history [R]. W. W. Norton and Cambridge University Press.

North, D. C. , 2005, Understanding the Process of Economic Change [J]. Princeton University Press.

North, D. C. and R. Thomas, 1973, The Rise of the Western World [R]. Cambridge University Press.

Northam R M. , 1975. Urban Geography [R]. New York, J. Wiley Sons.

Richard R. Nelson and Sidney G. Winter, 1982. An Evolutionary Theory of Economic Change [R]. The Belknap Press of Harvard University Press.

Ruttan, V. , and Y. , Hayami, 1984, Toward a Theory of Induced Institutional Innovation [R]. Journal of Development Studies 20 (4): 203 - 223.

Tan, S. , N. Heerink, and A. Kuyvenhove. 2010. Impact of Land Fragmentation on Rice Producers' Technical Efficiency in South - East China [M]. NJAS - Wageningen Journal of Life Science 57 (2): 117 - 123.

Tan, S. , N. Heerink, F. Qu. 2006. Land Fragmentation and Its Driving Forces in China [R]. Land Use Policy 23 (3): 272 - 285.

The World Bank, 2002, Building Institutions of Markets [R]. Oxford University Press.

Turner, R. , L. Brandt and S. Rozelle, 1998. Property Rights Formation and the Organization of Exchange and Production in Rural China [R]. 中国农地制度与农业绩效国际研讨

会论文.

Weitzman，M. L. 1984，The Share Economy ［R］． Harvard University Press.

Yang，Dennis，1994，Knowledge Spillovers and Labor Assignments of the Farm House-
hold. Ph. D. dissertation ［R］． University of Chicago.